Sven Eric Panitz

Java will nur spielen

„Besonders gut gefällt mir die Idee, die Studenten an die Java Programmierung dank der Spiele heranzuführen."

Professor Dr. Thomas Kessel, DHBW Stuttgart

„Die Theorie wird kurz und knapp in viele umfassende Beispiele eingebaut. Die Online-Ergänzung ist hervorragend."

Dipl.-Inform. Kurt Seidel, Technikerschule Erlangen

„Man bekommt einen Eindruck von den Möglichkeiten des JDK anhand von Spielen, das motiviert Programmieranfänger!"

Dr. Dietrich Boles, Uni Oldenburg

„Insgesamt sehr anregend mit instruktiven Beispielen."

Professor Dr. Stephan Euler, FH Friedberg

„Mir gefällt die Tiefe, mit der in die Spielprogrammierung reingegangen wird und das Thema insgesamt." *Professor Dr. Heinrich Faßbender, FH Aachen*

Sven Eric Panitz

Java will
nur spielen

Programmieren lernen mit Spaß und Kreativität

2. Auflage

Mit 17 Abbildungen mit Online Service

STUDIUM

**VIEWEG+
TEUBNER**

Bibliografische Information der Deutschen Nationalbibliothek
Die Deutsche Nationalbibliothek verzeichnet diese Publikation in der
Deutschen Nationalbibliografie; detaillierte bibliografische Daten sind im Internet über
<http://dnb.d-nb.de> abrufbar.

Das in diesem Werk enthaltene Programm-Material ist mit keiner Verpflichtung oder Garantie irgendeiner Art verbunden. Der Autor übernimmt infolgedessen keine Verantwortung und wird keine daraus
folgende oder sonstige Haftung übernehmen, die auf irgendeine Art aus der Benutzung dieses
Programm-Materials oder Teilen davon entsteht.

Höchste inhaltliche und technische Qualität unserer Produkte ist unser Ziel. Bei der Produktion und
Auslieferung unserer Bücher wollen wir die Umwelt schonen: Dieses Buch ist auf säurefreiem und
chlorfrei gebleichtem Papier gedruckt. Die Einschweißfolie besteht aus Polyäthylen und damit aus
organischen Grundstoffen, die weder bei der Herstellung noch bei der Verbrennung Schadstoffe frei-
setzen.

1. Auflage 2008
2., verbesserte Auflage 2011

Alle Rechte vorbehalten
© Vieweg+Teubner Verlag | Springer Fachmedien Wiesbaden GmbH 2011

Lektorat: Christel Roß / Maren Mithöfer

Vieweg+Teubner Verlag ist eine Marke von Springer Fachmedien.
Springer Fachmedien ist Teil der Fachverlagsgruppe Springer Science+Business Media.
www.viewegteubner.de

Umschlaggestaltung: KünkelLopka Medienentwicklung, Heidelberg
Druck und buchbinderische Verarbeitung: MercedesDruck, Berlin
Gedruckt auf säurefreiem und chlorfrei gebleichtem Papier.
Printed in Germany

ISBN 978-3-8348-1410-4

Vorwort

Spiele sind primär ein Hort der Entspannung, Kreativität und Geselligkeit. Programmieren dagegen erscheint den meisten Menschen als eine abstrakte, komplizierte, mechanische und einsame Beschäftigung. Dabei beschäftigen sich viele Menschen zur Entspannung mit Tätigkeiten, die denen der Programmierung recht nahe kommen. Schon auf dem Weg zur Arbeit kann man viele Pendler in den U- und S-Bahnen Sudokus lösen sehen. In langweiligen Mathematikstunden malen sich Schüler gerne ein 4-Gewinnt Spielfeld auf die Karos der Mathehefte und ganze Nächte durch können sich erwachsene Menschen mit Strategiespielen wie *Die Siedler von Catan* beschäftigen. Der *homo ludens*, der spielende Mensch, ist mehr als nur eine abstrakte Idee.

Wir wollen diesen Spieltrieb nutzen, um Programmieren zu erlernen und als eine spannende, kreative und auch gesellige Tätigkeit schätzen zu lernen. Als Programmiersprache dient hierzu die Sprache *Java* in der aktuellen Version 1.6. Treibende Kraft zum Erlernen der Programmierfähigkeit soll dabei die Entwicklung von unterschiedlichen Spielen sein. Angefangen von einfachen Reaktionsspielen beweglicher Objekte im zweidimensionalen Raum, über Strategie- und Denkspiele, bis hin zu verteilten Spielanwendungen über ein Netzwerk oder Spiele auf mobilen Endgeräten wie dem Handy.

Unterschiedliche Programmiertechniken und Technologien, wie Sammlungsklassen, Netzwerke, XML-Verarbeitung, GUI-Programmierung, Applets und Programmierung von Handys werden bedarfsgesteuert zur Lösung spezieller Fragen der Spieleprogrammierung eingesetzt und immer in einem konkreten Kontext eingeführt.

Viele der Spielideen führen in Fragestellungen der künstlichen Intelligenz und eröffnen damit einen Einblick in die wohl faszinierendste Sparte der Informatik.

Der Kurs ist so konzipiert, dass er sich sehr auf den Code konzentriert. Keine Zeile Code ist versteckt. Die Programme des Kurses können komplett auf der zum Kurs gehörenden Webseite www.panitz.name/ludens heruntergeladen werden.

Der Kurs ist auch geeignet als Anregung für Progammierprojekte in AGs, die in Schulen begleitend zum Informatikunterricht durchgeführt werden.

Dieses Buch ist die Quintessenz aus den Programmiervorlesungen, die ich an der Hochschule RheinMain gehalten habe. Nach der Anleitung sind als studentische Arbeiten viele interessante und beeindruckende Spieleanwendungen entstanden, von denen auch einige auf der zum Buch gehörenden Webseite zu finden sind.

Gegenüber der ersten Auflage wurde die zweite Auflage ergänzt um eine kurze generelle Einführung in Konzepte der imperativen Programmierung. Damit muss für diese nicht mehr auf ein weiteres Lehrbuch zurück gegriffen werden.

Ein Lehrbuch entsteht selten ohne Unterstützung und Hilfe von Dritten. Von den vielen Menschen, die mir beim Schreiben dieses Buches zur Seite standen, seien insbesondere erwähnt die Studenten, die mir mit ihrem Feed-Back geholfen haben, den Kurs zu entwickeln und zu verbessern, Diana Conradi, deren geübtes Auge viele Rechtschreibfehler und falsche Endungen aufgefunden hat, und vor allen mit Sabine Koch die beste aller Frauen, die mir nicht nur moralisch zur Seite steht, sondern deren gutes Sprachgefühl die Leser auch vor vielen abstrusen und verqueren Formulierungen bewahrt hat.

Wiesbaden, im September 2010

Sven Eric Panitz

Inhaltsverzeichnis

I 2D Spiele 39

II Logikrätsel und strategische Spiele   179

Kapitel 1

Einführung

1.1 Wort an die Leser

Wer sind die Spieler?

William Shakespeare, Ein Sommernachtstraum

Ist es erst einmal gelungen, sich von all den technischen Unwegsamkeiten eines Computers zu lösen und lässt man einmal alle Ärgerlichkeiten im Umgang mit bestehender Software, fehlenden Treibern, nicht ansprechenden Druckern, verloren gegangenen Netzwerken oder muckender Hardware hinter sich, kann Programmieren eine faszinierende und kreative Tätigkeit sein. Aus einer verhältnismäßig kleinen Menge von Grundkonzepten lässt sich eine unvorstellbar vielfältige Menge unterschiedlicher Welten schaffen. Programme, die einen sinnvollen Zweck erfüllen oder aber einfach nur zum Selbstzweck erfreuen. Eine tiefe Befriedigung kann aus dem Gefühl herrühren, einfach mit der Kraft der eigenen Gedanken ein logisches Gebilde geschaffen zu haben, das eine Funktionalität realisiert. Das einzige Werkzeug für diese Tätigkeit ist der Rechner, der heute auf fast jedem Schreibtisch zu finden ist. Die Tätigkeit des Programmierens gleicht dabei ein wenig der eines Komponisten, der aus wenigen musikalischen Grundkonzepten Sonaten und Sinfonien erschafft.

Dieses Buch zeigt einen Weg in diese Welt der Programmierung, der auf die Kreativität und Schaffenskraft des Programmierers setzt.

Kapitel 2

Erste Programmierschritte in Java

Ehe wir im Kapitel 3 mit dem eigentlichen Kurs zur Erlernung objektorientierter Programmierkonzepte anhand eines Spieleprojektes beginnen, werden in diesem Kapitel die klassischen Grundlagen der Programmierung und der Umgang mit Java gezeigt. Wir widmen uns dem Übersetzen und Ausführen von Javaprogrammen sowie Javas Paketkonzept. Es werden Ausdrücke, Variablen, Funktionen und strukturierte Bedingungs- und Schleifen-Befehle eingeführt.

Leser, die mit dem grundlegenden Umgang mit Java vertraut sind und die traditionellen Konzepte der imperativen Programmierung kennen, sollten dieses Kapitel überspringen und direkt mit Kapitel 3 weiterarbeiten.

2.1 Übersetzung und Ausführung von Javaprogrammen

Java bedient sich einer abstrakten Maschine. Um zur Ausführung von Programmen zu gelangen, ist sowohl ein Übersetzer als auch ein Interpreter notwendig. Der zu übersetzende Quelltext steht in Dateien mit der Endung `.java`, der erzeugte *Bytecode* in Dateien mit der Endung `.class`.

Der Quelltext ist die Textdatei, die der Programmierer schreibt. Der Bytecode ist eine binäre Datei, die für den Menschen nicht lesbar ist, sondern vom Javainterpreter ausgeführt wird.

In einer Javaquelltextdatei steht immer nur genau eine so genannte Klasse[1]. Klassennamen beginnen mit einem Großbuchstaben.

Der Javaübersetzer kann von der Kommandozeile mit dem Befehl `javac` aufgerufen werden. Um eine Programmdatei `Test.java` zu übersetzen, kann folgendes Kommando eingegeben werden:

```
1  javac Test.java
```

Im Falle einer fehlerfreien Übersetzung wird eine Datei `Test.class` im Dateisystem erzeugt. Dieses erzeugte Programm wird allgemein durch folgendes Kommando im Javainterpreter ausgeführt:

```
1  java Test
```

2.1.1 Hello Java world

Wir geben das übliche *HelloWord*-Programm an, das eine einfache Ausgabe auf den Bildschirm macht:

```
─────────────── HelloWord.java ───────────────
1  class HelloWord{
2    public static void main(String [] args){
3      System.out.println("hello world");
4    }
5  }
```

Eine Klasse, die durch den Interpreter ausgeführt werden soll, muss eine statische Funktion `main` enthalten. Diese fungiert als Ausgangspunkt aller weiteren Berechnungen. Sie muss als `public` attributiert sein und einen Parameter des Typs `String[]` enthalten. Dieses ist die Reihung der Strings, die als Parameter auf der Kommandozeile mitgegeben wurden.

Da Java eine objektorientierte Sprache ist, werden in der Regel Funktionen als Methoden auf Objekten aufgerufen. Nur die als `static` attributierten Funktionen sind von diesem objektorientierten Paradigma ausgenommen und entsprechen den Funktionen der imperativen Programmierung. Daher tragen in diesem Kapitel noch alle Funktionen das Attribut `static`.

---

[1]Es gibt Ausnahmen, aber davon lassen wir vorerst die Finger.

Aufgabe 1 Schreiben Sie das obige Programm mit einem Texteditor ihrer Wahl. Speichern Sie es als `HelloWorld.java` ab. Übersetzen Sie es mit dem Java-Übersetzer `javac`. Es entsteht eine Datei `HelloWorld.class`. Führen Sie das Programm mit dem Javainterpreter `java` aus. Führen Sie dieses sowohl einmal auf Linux als auch einmal unter Windows durch.

Wir können in der Folge diesen Programmrumpf benutzen, um beliebige Objekte auf den Bildschirm auszugeben. Hierzu werden wir das `"hello world"` durch andere Ausdrücke ersetzen.

Wollen Sie z.B. eine Zahl auf dem Bildschirm ausgeben, so ersetzen Sie den in Anführungszeichen eingeschlossenen Ausdruck durch diese Zahl:

```
                           ───────── Answer.java ──────────
1   class Answer {
2     public static void main(String [] args){
3       System.out.println(42);
4     }
5   }
```

2.2 Imperative Konzepte

Der Leser ist in dem vorangegangenen Abschnitt mit den gängigen Arbeitsschritten bei der Entwicklung von Javaanwendungen vertraut gemacht worden. Bevor wir im nächsten Kapitel mit den eigentlichen Kurs, der schrittweise objektorientierte Konzepte am Beispiel kleiner Spieleanwendung einführen, sollen in diesem Abschnitt die Grundkonzepte der traditionellen imperativen Programmierung in Kürze vorgestellt werden. Leser, die mit Konzepten, wie Ausdrücken, Zuweisungen, Bedingungen, Schleifen und Funktionen in zumindest einer Programmiersprache vertraut sind, können direkt zum nächsten Kapitel springen.

2.2.1 Primitive Datentypen

In der Programmierung geht es um die Verarbeitung von Daten. Man unterscheidet verschiedene Daten in der Art und Weise, wie sie strukturiert sind und was sie darstellen. Diese Unterscheidung bezeichnet man als Datentypen. Die einfachsten Datentypen stellen Zahlenmengen dar. Sie werden werden in Java als primitive Datentypen bezeichnet. Die entsprechenden Daten werden direkt binär in Speicherzellen abgelegt. Sie stellen in der Regel Zahlenwerte dar und unterscheiden sich primär in der Anzahl Speicherzellen, die zu ihrer Binärdarstellung benötigt werden. Die Größe des benötigten Speicherbereichs wird dabei in Bytes gemessen. Java kennt genau acht dieser primitiven Datentypen. Von diesen 8 dienen 4 Datentypen der Darstellung von ganzen Zahlen (byte, short, int, long), ein Datentyp der Darstellung von Wahrheitswerten (boolean), ein Datentyp der Darstellung von Zeichen wie Buchstaben und Ziffern (char) und schließlich zwei Datentypen der Darstellung von Kommazahlen (float, double).

Wie man sieht, beginnen die Namen der acht primitiven Typen jeweils mit einem Kleinbuchstaben. Darin unterscheiden sie sich von Klassen, die strukturiertere Daten darstellen und die stets mit einem Großbuchstaben beginnen.

Ganzzahlige Daten

Für die vier Datentypen zur Darstellung ganzer Zahlen ist in Java fest spezifiziert, wie viel Bytes im Speicher für ihre Darstellung verwendet werden. Daraus ergibt sich der Zahlenbereichs, der mit diesen Datentypen dargestellt werden kann. Der kleinste dieser Typen für ganze Zahlen heißt byte und er benötigt, wie der Name sagt einen Byte zu seiner Darstellung. Damit können genau $2^8 = 256$ verschiedene Zahlen in diesem Typ ausgedrückt werden. Der Zahlenbereich geht von -128 bis 127.

Der nächst größere Datentyp für ganze Zahlen heißt short. Hier werden zwei Bytes zur Speicherung vorgesehen. Damit ergeben sich $2^{16} = 65536$ verschiedene darstellbare Zahlen. Der Zahlenbereich geht hier von -32768 bis -32767.

Der nächst größere Typ für ganze Zahlen ist der gebräuchlichste Datentyp int. Für diesen sind vier Bytes zur Speicherung vorgesehen und es ergeben sich damit $2^{32} = 4294967296$ verschiedene Zahlen, die im Bereich von -2147483648 bis 2147483647 liegen.

Der vierte Typ für die Darstellung ganzer Zahlen heißt long. Hier stehen 8 Byte zur Zahlendarstellung zur Verfügung. Dieses ergibt $2^{64} = 18446744073709551616$ Zahlen im Bereich von -9223372036854775808 bis 9223372036854775807.

Innerhalb eines Javaprogramms können die obigen Werte für die kleinst und größt möglichen Werte eines primitiven Typen erfragt werden. Hierzu gibt es zu jeden dieser Typen eine Klasse (Byte, Short, Integer, Long), in der der maximale und minimale Wert des Typen erfragt werden kann.

Das folgende Programm zeigt, wie diese Grenzen erfragt werden können.

```
                        GanzzahlGrenzen.java
1  public class GanzzahlGrenzen{
2    public static void main(String[] args){
3      byte b = 42;
4      short s = 42;
5      int i = 42;
6      long l = 42L;
7      System.out.println(b);
8      System.out.println(s);
9      System.out.println(i);
```

```
10     System.out.println(1);
11     System.out.println(Byte.MIN_VALUE);
12     System.out.println(Byte.MAX_VALUE);
13     System.out.println(Short.MIN_VALUE);
14     System.out.println(Short.MAX_VALUE);
15     System.out.println(Integer.MIN_VALUE);
16     System.out.println(Integer.MAX_VALUE);
17     System.out.println(Long.MIN_VALUE);
18     System.out.println(Long.MAX_VALUE);
19   }
20 }
```

Wahrheitswerte

In Programmen gibt es häufig Ja/Nein-Entscheidungen zu treffen. Es werden also zwei Werte gebraucht. Man spricht von Wahrheitswerten. Hierfür ist in Java auch ein primitiver vorgesehen, der Typ boolean. Er ist benannt nach George Boole und der sogenannten Bool'schen Logik. Der Typ boolean kennt genau zwei Werte: true und false.

Zeichen

Vielfach werden in der Datenverarbeitung nicht Zahlen benutzt sondern Buchstaben oder andere Zeichen. Je nach kulturellen Hintergrund können dieses sehr unterschiedliche Zeichen sein, man denke nicht nur an lateinische, griechische oder kyrillische Zeichen, sondern auch an die Vielzahl der Zeichen im asiatischen Raum. In Java steht der Typ char zur Darstellung eines einzelnen Zeichens zur Verfügung. Technisch werden hierzu im Speicher auch zwei Bytes verwendet. Somit kann Java 65536 verschiedene Zeichen in diesem Typen ausdrücken. Dieses reicht für alle gängigen heute weltweit benutzten Zeichen aus. In der sogenannten Unicode Tabelle ist festgelegt welcher der 65536 möglichen Zeichen welchem tatsächlichen Symbol entspricht. Ein einzelnes Zeichen kann im Javaquelltext in einfachen Anführungszeichen eingeschlossen angegeben werden. Zeichen können aber auch unter Angabe ihrer Unicodenummer angegeben werden. Hierzu schreibt man in den einfachen Anführungszeichen den rückwärtigen Schrägstrich gefolgt von einem u (für Unicode) und schließlich der in Hexadezimaler Schreibweise codierten Unicodezahl des gewünschten Zeichens. So lassen sich dann z.B. auch chinesische Zeichen in einem europäischen Texteditor in einem Javaprogramm ausdrücken.

```
———————————— PaarZeichen.java ————————————
1 public class PaarZeichen{
2   public static void main(String[] args){
3     System.out.println('A');
4     System.out.println('ß');
```

```
5      System.out.println('\ud9ad');
6   }
7 }
```

Man beachte, dass es sich bei dem Datentyp char um einen Typen handelt, der genau ein Zeichen darstellen kann. Folgen von Zeichen, die schließlich Wörter oder ganze Texte darstellen werden mit dem Datentyp String ausgedrückt. Der Typ String ist aber kein primitiver Typ, sondern eine Klasse.

Kommazahlen

Für Kommazahlen wurde in der Informatik das Prinzip der Fließkommazahlen entwickelt und in den Prozessoren implementiert.

Die beiden primitiven Javadatentypen für Fließkommazahlen sind float für vier Byte im Speicher und der meist gebrauchte Typ double mit acht Bytes im Speicher,

2.2.2 Operatoren

Wir haben jetzt gesehen, was Java uns für Typen zur Darstellung von Zahlen zur Verfügung stellt. Jetzt wollen wir mit diesen Zahlen nach Möglichkeit auch noch rechnen können. Hierzu stellt Java eine feste Anzahl von Operatoren wie *, -, / etc. zur Verfügung. Prinzipiell gibt es in der Informatik für Operatoren drei mögliche Schreibweisen:

- **Präfix:** Der Operator wird vor den Operanden geschrieben, also z.B. (* 2 21). Eine Notation wie sie in der Programmiersprache Lisp ursprünglich verwendet wurde.

- **Postfix:** Der Operator folgt den Operanden, also z.B. (21 2 *). Forth und Postscript sind Beispiele von Sprachen mit Postfixnotation.

- **Infix:** Der Operator steht zwischen den Operanden. Dieses ist die gängige Schreibweise in der Mathematik und für das Auge die gewohnteste. Aus diesem Grunde bedient sich Java wie viele andere Programmiersprechen der Infixnotation: 21 * 2.

Die Grundrechenarten

Java stellt für Zahlen die vier Grundrechenarten zur Verfügung.

Bei der Infixnotation gelten für die vier Grundrechenarten die üblichen Regeln der Bindung, nämlich Punktrechnung vor Strichrechnung. Möchte man diese Regel durchbrechen, so sind Unterausdrücke in Klammern zu setzen. Folgende kleine Klasse demonstriert den Unterschied:

```
                            PunktVorStrich.java
1 class PunktVorStrich{
2   public static void main(String [] args){
3     System.out.println(17 + 4 * 2);
4     System.out.println((17 + 4) * 2);
5   }
6 }
```

Bei ganzen Zahlen kann die Division einen Rest ergeben. Um diesen Rest, der bei der Division entsteht, zu errechnen, gibt es einen fünften arithmetischen Operator, den sogenannten Modulo-Operator, der in Java mit dem Zeichen % ausgedrückt wird. Er gibt denn Rest an, der bei einer Division mit ganzen Zahlen entsteht.

Man beachte, dass eine Division durch Null in der Mathematik undefiniert ist. In Java führt diese auf ganzen Zahlen zu einem Fehler mit Programmabbruch.

```
                            ModuloDiv.java
1 class ModuloDiv{
2   public static void main(String [] args){
3     System.out.println(17 / 3);
4     System.out.println(17 % 3);
5     System.out.println(17 / (1-1));
6   }
7 }
```

Vorsicht ist bei ganzen Zahlen geboten, wenn durch arithmetische Operationen Zahlen entstehen, die nicht mehr in den durch den primitiven Typen darstellbaren Datentyp passen. Dann kommt es nicht zu einer Fehlermeldung sondern einem Überlauf. Plötzlich gerät man z.B. von der größten darstellbarren Zahl durch Überlauf zur Kleinsten.

Man betrachte folgendes Programm:

```
                            Ueberlauf.java
1 class Ueberlauf{
2   public static void main(String [] args){
3     System.out.println(Integer.MAX_VALUE);
4     System.out.println(Integer.MAX_VALUE+1);
5   }
6 }
```

Es führt zu der Ausgabe:

```
sep@pc305-4:~$ java Ueberlauf
2147483647
-2147483648
sep@pc305-4:~$
```

Vergleichsoperatoren

Obige Operatoren rechnen jeweils auf zwei Zahlen und ergeben wieder eine Zahl als Ergebnis. Vergleichsoperatoren vergleichen zwei Zahlen und ergeben einen bool'schen Wert, der angibt, ob der Vergleich wahr oder falsch ist. Java stellt die folgenden Vergleichsoperatoren zur Verfügung: <, <=, >, >=, !=, ==. Für die Gleichheit ist in Java das doppelte Gleichheitszeichen == zu schreiben, denn das einfache Gleichheitszeichen ist bereits für den Zuweisungsbefehl vergeben. Die Ungleichheit wird mit != bezeichnet.

Folgende Tests demonstrieren die Benutzung der Vergleichsoperatoren:

─────────────── Vergleich.java ───────────────
```
 1  class Vergleich{
 2
 3    public static void main(String[] args){
 4      System.out.println(1+1 <  42);
 5      System.out.println(1+1 <= 42);
 6      System.out.println(1+1 >  42);
 7      System.out.println(1+1 >= 42);
 8      System.out.println(1+1 == 42);
 9      System.out.println(1+1 != 42);
10    }
11  }
```

Bedingungsoperator

Java kennt auch einen Operator mit drei Operanden. Er besteht aus zwei einzelnen Zeichen, die als Trenner zwischen den Operanden stehen. Zunächst kommt der erste Operand, dann das Zeichen ?, dann der zweite Operand, gefolgt vom Zeichen :, dem der dritte Operand folgt. Schematisch sehen die Ausdrücke dieses Operators wie folgt aus:

$cond ? alt_1 : alt_2$

Das Ergebnis dieses Operators wird wie folgt berechnet: Der erste Operand wird zu einem Wahrheitswert ausgewertet. Wenn dieser *true* ist, so wird der zweite Operand als Ergebnis ausgewertet, wenn er *false* ist, wird der dritte Operand als Ergebnis ausgewertet.

─────────────── SoOderSo.java ───────────────
```
 1  class SoOderSo{
 2    public static void main(String[] args){
 3      System.out.println(
 4          (17+4)*2==42?"tatsaechlich gleich":"unterschiedlich");
 5    }
 6  }
```

Der Bedingungsoperator ist unser erstes Konstrukt, um Verzweigungen auszudrücken. Da der Bedingungsoperator auch einen Wert errechnet, können wir diesen benutzen, um mit ihm weiter zu rechnen. Der Bedingungsoperator kann also tatsächlich ineinander gesteckt werden:

─────────────────── Signum1.java ───────────────────
```
1  class Signum1{
2    public static void main(String[] args){
3      System.out.println("signum(42) = ");
4      System.out.println((42>0)?1:((42<0)?-1:0));
5    }
6  }
```

Hier wird zunächst geschaut, ob die Zahl 42 größer als 0 ist. Ist dieses der Fall wird die Zahl 1 ausgegeben, ansonsten wird weitergeschaut, ob die Zahl 42 kleiner als 1 ist. Hier wird im Erfolgsfall die Zahl −1 ausgegeben. Wenn beides nicht der Fall war, wird die Zahl 0 ausgegeben.

Zugegebener Maßen ist dieser Ausdruck schon schwer zu lesen. Wir werden später bessere Konstrukte kennenlernen, um verschiedene Fälle zu unterscheiden.

Bool'sche Operatoren

In der bool'schen Logik gibt es eine ganze Reihe von binären Operatoren für logische Ausdrücke. Für zwei davon stellt Java auch Operatoren bereit: && für das logische *Und* ($\wedge$) und || für das logische *Oder* ($\vee$).

Zusätzlich kennt Java noch den unären Operator der logischen Negation ¬. Er wird in Java mit ! bezeichnet.

Wie man im folgenden Test sehen kann, gibt es auch unter den bool'schen Operatoren eine Bindungspräzedenz, ähnlich wie bei der Regel Punktrechnung vor Strichrechnung. Der Operator && bindet stärker als der Operator ||:

─────────────────── TestboolOperator.java ───────────────────
```
1  class TestboolOperator{
2    public static void main(String [] args){
3      System.out.println(true && false);
4      System.out.println(true || false);
5      System.out.println(!true || false);
6      System.out.println(true || true && false);
7    }
8  }
```

Es gibt von den beiden bool'schen Operatoren zur Konjunktion und Disjunktion in Java noch jeweils eine Variante, die nur aus dem einfachen Zeichen & bzw. | bestehen. Sie Berechnen im Prinzip für bool'sche Werte die gleiche Wahrheitstabelle, benutzen allerdings ein anderes Verfahren hierzu. Die Unterschiede werden wir in Kürze an einem Beispiel sehen.

2.2.3 Funktionen

Im letzten Abschnitt haben wir die wichtigsten Operatoren in Java kennengelernt. Mit diesen lassen sich im Prinzip schon komplexe Berechnungen durchführen. Allerdings können uns die theoretischen Informatiker beweisen, dass wir mit den Operatorausdrücken allein noch nicht mächtig genug sind, um alle erdenklichen berechenbaren mathematischen Funktionen berechnen zu können. Hierzu Bedarf es noch dem Konzept der Funktionen. Betrachten wir hierzu eine Funktion im klassischen mathematischen Sinn: eine Funktion hat eine Reihe von Argumenten und berechnet für die Argumente ein Ergebnis. Wichtig ist, dass eine Funktion immer für die gleichen Argument ein und dasselbe Ergebnis auf deterministische Weise errechnet. Die Anzahl der Argumente einer Funktion wird als ihre Stelligkeit bezeichnet.

Im folgenden Beispiel wird die Funktion quadrat definiert. Sie hat ein Argument. Als Ergebnis gibt sie das Quadrat dieser Zahl zurück. Nachdem diese Funktion definiert wurde, benutzen wir sie in der Funktion main mehrfach, jeweils mit anderen Argumenten.

```
─────────── Quadrat.java ───────────
1  class Quadrat{
2    static int quadrat(int x){
3      return x*x;
4    }
5
6    public static void main(String[] args){
7      System.out.println(quadrat(5));
8      System.out.println(quadrat(10));
9      System.out.println(quadrat(0));
10     System.out.println(quadrat(-12));
11   }
12 }
```

Wichtig bei der Definition einer Funktion ist, der return-Befehl. Eine Funktion berechnet ein Ergebnis. Dieses Ergebnis ist der Ausdruck, der hinter dem Befehlswort return steht.

Java wertet jetzt jedes Mal, wenn eine Funktion benutzt wird, diesen Aufruf aus und ersetzt ihn quasi durch sein Ergebnis, nämlich den Ausdruck, der hinter dem Befehlswort return steht.

In Programmiersprachen werden die Argumente einer Funktion als Parameter bezeichnet. Bei der Definition der Funktion spricht man von den formalen Parametern, in unserem Falle das x. Bei der Definition der formalen Parameter ist vor seinem Namen, sein Typ zu schreiben.

Beim Aufruf der Funktion quadrat wird nun das x durch einen konkreten Ausdruck, z.B. die Zahl 5 ersetzt.

In der Wahl des Namens für einen formalen Parameter ist der Programmierer weitgehendst frei. Dieser Name existiert nur innerhalb des Funktionsrumpfes. Verschiedene Funktionen können Parameter gleichen Namens haben. Diese Parameter sind dann trotzdem vollkommen unabhängig.

Wir können, nachdem eine Funktion einmal definiert ist, sie beliebig oft und an beliebig vielen Stellen aufrufen, sogar mehrfach verschachtelt:

──────── QuadratUndDoppel.java ────────
```
1  class QuadratUndDoppel{
2    static int quadrat(int x){
3      return x*x;
4    }
5    static int doppelt(int x){
6      return x*x;
7    }
8    public static void main(String[] args){
9      System.out.println(doppelt(quadrat(5)));
10   }
11 }
```

Hier wird in der Funktion main zunächst die Funktion quadrat mit der Zahl 5 aufgerufen, das Ergebnis (die Zahl 25) wird dann als Argument der Funktion doppelt benutzt.

Innerhalb einer Funktion können auch andere Funktionen aufgerufen werden.

──────── SummeDerQuadrate.java ────────
```
1  class SummeDerQuadrate{
2    static int quadrat(int x){
3      return x*x;
4    }
5
6    static int summeDerQuadrate(int x,int y){
7      return quadrat(x)+quadrat(y);
8    }
9    public static void main(String[] args){
10     System.out.println(summeDerQuadrate(3,4));
11   }
12 }
```

In diesem Programm ruft die zweistellige Funktion summeDerQuadrate für jedes ihrer Argumente die Funktion quadrat auf, und addiert anschließend die Ergebnisse.

Die erste Zeile (bis zur öffnenden Klammer) einer Funktion wird als Signatur bezeichnet. Sie beinhaltet den Rückgabetyp, den Namen und die Argumente der Funktion. Alles innerhalb der geschweiften Klammern wird als Rumpf bezeichnet.

Die Berechnungen, die eine Funktion vornimmt, können beliebig komplexe Ausdrücke sein:

──────── Signum2.java ────────
```
1  class Signum2{
2    static int signum(int i){
3      return (i>0)?1:((i<0)?-1:0);
4    }
5    public static void main(String[] args){
6      System.out.println("signum(42) = "+signum(42));
7      System.out.println("signum(-42) = "+signum(-42));
8    }
9  }
```

Seiteneffekte

Bisher waren alle unsere Funktionen streng im mathematischen Sinne. Sie haben nichts gemacht, außer ihr Ergebnis zu berechnen. Das Ergebnis war deterministisch nur von den Argumenten abhängig. Wir können aber auch Funktionen schreiben, die nebenbei noch etwas anderes machen. Bisher haben wir noch nicht viel Möglichkeiten etwas zu programmieren, außer Ausgaben auf die Kommandozeile zu geben. Wir können Funktionen so schreiben, dass sie nicht nur ihr Ergebnis berechnen, sondern zuvor noch eine Ausgabe auf der Kommandozeile machen.

──────── Seiteneffekt.java ────────
```
1  class Seiteneffekt{
2    static boolean positiv(int x){
3      System.out.println("teste ob "+x+" positiv ist.");
4      return x>0;
5    }
6    public static void main(String[] args){
7      System.out.println(positiv(6)&&positiv(5));
8      System.out.println(positiv(6)||positiv(5));
9      System.out.println(positiv(-6)&&positiv(5));
10     System.out.println(positiv(-6)||positiv(5));
11     System.out.println(positiv(6)&positiv(5));
12     System.out.println(positiv(6)|positiv(5));
13     System.out.println(positiv(-6)&positiv(5));
14     System.out.println(positiv(-6)|positiv(5));
15   }
16 }
```

Wenn eine Funktion nicht nur ein Ergebnis berechnet, sondern quasi nebenher noch etwas anderes macht, so spricht man von einem Seiteneffekt. Seiteneffekte scheinen zunächst nicht besonders tragisch zu sein, sofern es sich nur um ein paar Ausgaben handelt. Wir werden in Kürze sehen, dass eine Funktion den Wert von Objekten als Seiteneffekt ändern kann. Je mehr Seiteneffekte ein Programm enthält, umso schwerer wird es, das Programm zu verstehen. Deshalb sollte man Seiteneffekte möglichst bewusst einsetzen.

Betrachten wir die Ausgabe des obigen Programms einmal genau, so können wir etwas über die Auswertung der verschiedenen logischen Operatoren lernen:

```
sep@pc305-4:~$ java Seiteneffekt
teste ob 6 positiv ist.
teste ob 5 positiv ist.
true
teste ob 6 positiv ist.
true
teste ob -6 positiv ist.
false
teste ob -6 positiv ist.
teste ob 5 positiv ist.
true
teste ob 6 positiv ist.
teste ob 5 positiv ist.
true
teste ob 6 positiv ist.
teste ob 5 positiv ist.
true
teste ob -6 positiv ist.
teste ob 5 positiv ist.
false
teste ob -6 positiv ist.
teste ob 5 positiv ist.
true
sep@pc305-4:~$
```

Die ersten zwei Zeilen der Ausgabe leuchten ein. Um herauszubekommen, ob beides die 6 und die 5 eine positive Zahl sind, muss für beide Zahlen die Funktion positiv ausgewertet werden. Beide Male kommt es als Seiteneffekt zu der Ausgabe auf der Kommandozeile.

Um aber zu testen, ob eine der Zahlen 6 oder 5 eine positive Zahl ist, reicht es, wenn die Funktion positiv für das Argument 6 schon true als Ergebnis zurück gegeben hat. Damit ist einer der beiden Operanden des *oder*-Operators bereits *wahr* und damit auch der gesamte Oder-Ausdruck. Warum also noch testen, ob auch die 5 positiv ist? Und tatsächlich erhalten wir keinen Seiteneffekt, der angibt, dass auch die Funktion positiv für das Argument 5 ausgewertet wurde.

Ähnlich verhält es sich beim dritten Aufruf. Wenn der erste Operand des *und* schon nicht *wahr* ist, braucht man sich den zweiten gar nicht mehr anzuschauen.

Nun sieht man den Unterschied zwischen **&&** und **&** sowie zwischen **||** und **|**. Die einfachen Versionen werten beide Operanden aus und errechnen dann aus den Teilergebnissen der Operanden ein Gesamtergebnis. Die doppelten Versionen schauen sich zunächst den ersten Operanden an, und entscheiden, ob es notwendig ist für das Gesamtergebnis sich auch noch den zweiten Operanden anzuschauen. Die Ausgabe auf der Kommandozeile, die wir als Seiteneffekt in die Funktion `positiv` eingebaut haben, macht diesen Unterschied sichtbar.

Die einfache Version der logischen Operatoren werden auch als *strikt* bezeichnet, die doppelte Version als *nicht-strikt*.

Prozeduren

Manchmal will man gar keine Funktion schreiben, sondern ein mehrfach aufrufbares Stück Programmcode, das im Prinzip nur einen oder mehrere Seiteneffekt hat. Im Prinzip also Unterprogramme, die nichts Neues berechnen, sondern etwas machen, z.B. eine Mail verschicken, etwas in die eine Datenbank schreiben oder sonstige beliebige Aktionen. Bisher haben alle unsere Funktionen ein Ergebnis berechnet und zurückgegeben.

Wenn kein Ergebnis berechnet wird, so ist einer Funktion statt eines Rückgabetyps das Wort **void** voranzustellen.

─────────── PrintNumber.java ───────────
```
 1  class PrintNumber{
 2    static void printNumber(int x){
 3      System.out.println(x);
 4    }
 5
 6    public static void main(String[] args){
 7      printNumber(1);
 8      printNumber(17+4);
 9      printNumber((17+4)*2);
10    }
11  }
```

Solche Funktionen werden gerne als `void`-Funktionen bezeichnet. Sie brauchen keinen `return`-Befehl zum Abschluss.

In der Informatik werden solche Funktionen auch als *Prozeduren* bezeichnet. Besonders in der Programmiersprache Pascal[Wir71] hat man deutlich schon syntaktisch zwischen Funktionen und Prozeduren unterschieden.

Rekursive Funktionen

Sobald wir die Signatur einer Funktion oder Prozedur definiert haben, dürfen wir sie benutzen, sprich aufrufen. Damit ergibt sich eine sehr mächtige Möglichkeit der

Programmierung. Wir können Funktionen bereits in ihren eigenen Rumpf aufrufen. Solche Funktionen werden rekursiv genannt. *Recurrere* ist das lateinische Wort für zurücklaufen. Eine rekursive Funktion läuft während ihrer Auswertung wieder zu sich selbst zurück.

Damit lassen sich wiederholt Programmteile ausführen. Das folgende Programm wird z.B. nicht müde, uns mit dem Wort **hallo** zu erfreuen.

———————— HalloNerver.java ————————
```
 1  class HalloNerver{
 2    static void halloNerver(){
 3      System.out.println("hallo");
 4      halloNerver();
 5    }
 6
 7    public static void main(String[] args){
 8      halloNerver();
 9    }
10  }
```

Die Funktion **main** ruft die Funktion **halloNerver** auf. Diese druckt einmal das Wort **hallo** auf die Konsole und ruft sich dann selbst wieder auf. Dadurch wird wieder **hallo** auf die Konsole geschrieben und so weiter. Wir haben ein endlos laufendes Programm. Tatsächlich endlos? Lassen sie es mal möglichst lange auf Ihrem Rechner laufen.

Was zunächst wie eine Spielerei anmutet, kann verfeinert werden, indem mit Hilfe eines Arguments mitgezählt wird, wie oft die Prozedur bereits rekursiv aufgerufen wurde:

———————— HalloZaehler.java ————————
```
 1  class HalloZaehler{
 2    static void halloZaehler(int i){
 3      System.out.println("hallo "+i);
 4      halloZaehler(i+1);
 5    }
 6
 7    public static void main(String[] args){
 8      halloZaehler(1);
 9    }
10  }
```

Auch dieses Programm läuft endlos.

Mit dem Bedingungsoperator haben wir aber ein Werkzeug, um zu verhindern, dass rekursive Programme endlos laufen. Wir können den Bedingungsoperator nämlich benutzen, um zu unterscheiden, ob wir ein weiteres Mal einen rekursiven Aufruf vornehmen wollen, oder nicht mehr.

Hierzu folgt ein kleines Programm, in dem die rekursive Prozedur eine Zahl als Parameter enthält. Zunächst druckt die Prozedur den Wert des Parameters auf der Kommandozeile aus, dann unterscheidet die Prozedur. Wenn der Parameter den Wert 0 hat, dann wird nur noch das Wort **ende** ausgedruckt, ansonsten kommt es zu einen rekursiven Aufruf. Für den rekursiven Aufruf wird der Parameter eins kleiner genommen, als beim Originalaufruf.

```
──────────────────────── CountDown.java ────────────────────────
1  class CountDown{
2    static String countDown(int i){
3      System.out.println("hallo "+i);
4      System.out.print(i==0?"":countDown(i-1));
5      return "";
6    }
7    public static void main(String[] args){
8      countDown(10);
9    }
10 }
```

Damit verringert sich in jedem rekursiven Aufruf der Parameter um eins. Wenn er anfänglich positiv war, wird er schließlich irgendwann einmal 0 sein. Dann verhindert der Bedingungsoperator einen weiteren rekursiven Aufruf. Die Auswertung endet. Man sagt, das Programm terminiert.

In diesem Zusammenhang gibt es mehrere interessante Ergebnisse aus der theoretischen Informatik. Mit der Möglichkeit rekursive Funktionen zu schreiben und mit der Möglichkeit über den Bedingungsoperator zu entscheiden, wie weiter ausgewertet wird, hat eine Programmiersprache die Mächtigkeit, dass mit ihr alle berechenbaren mathematischen Funktionen programmiert werden können.

Allerdings haben wir dafür auch einen Preis zu zahlen: wir können jetzt Programme schreiben, die nicht terminieren. Und das muss auch so sein, denn nach Ergebnissen der Theoretiker, muss es in einer Programmiersprache, die alle berechenbaren mathematischen Funktionen ausdrücken kann, auch Programme geben, die nicht terminieren.

Nach soviel esoterisch anmutenden Ausflügen in die Theorie, wollen wir nun auch eine rekursive Funktion schreiben, die etwas interessantes berechnet. Hierzu schreiben wir einmal die Fakultätsfunktion, die mathematisch definiert ist als:

$$fac(n) = \begin{cases} 1 & \text{für } n = 0 \\ n * fac(n-1) & \text{für } n > 1 \end{cases}$$

Diese Definition lässt sich direkt in ein Java Programm umsetzen:

```
──────────────────────── Fakultaet.java ────────────────────────
1  class Fakultaet{
2    static int fac(int i){
```

```
3    return i==0?1:i*fac(i-1);
4  }
5  public static void main(String[] args){
6    System.out.println("fac(5) = "+fac(5));
7  }
8 }
```

Wir können dieses Programm von Hand ausführen, indem wir den Methodenaufruf für
`fac` für einen konkreten Parameter `i` durch die für diesen Wert zutreffende Alternative
der Bedingungsabfrage ersetzen. Wir kennzeichnen einen solchen Ersetzungsschritt
durch einen Pfeil →:

```
fac(4)
→4*fac(4-1)
→4*fac(3)
→4*(3*fac(3-1))
→4*(3*fac(2))
→4*(3*(2*fac(2-1)))
→4*(3*(2*fac(1)))
→4*(3*(2*(1*fac(1-1))))
→4*(3*(2*(1*fac(0))))
→4*(3*(2*(1*1)))
→4*(3*(2*1))
→4*(3*2)
→4*6
→24
```

Aufgabe 2 Nehmen Sie das Programm zur Berechnung der Fakultät und testen sie
es mit verschiedenen Argumenten.

Aufgabe 3 Im Bestseller *Sakrileg (der Da Vinci Code)* spielen die Fibonaccizahlen
eine Rolle. Für eine natürliche Zahl n ist ihre Fibonaccizahl definiert durch:

$$f(n) = \begin{cases} n & \text{für } n \leq 1 \\ f(n-1) + f(n-2) & \text{für } n > 1 \end{cases}$$

Programmieren Sie eine Funktion `int fib(int n)`, die für eine Zahl, die entsprechende Fibonaccizahl zurückgibt.

Geben Sie in der Hauptfunktion die ersten 20 Fibonaccizahlen aus.

2.2.4 Variablen

Bisher haben wir uns der Programmierung von einer sehr mathematischen funktionalen Seite genähert. Ein Grundkonzept fast aller Programmiersprachen leitet sich aus unserem tatsächlichen Rechnermodell her. Ein Computer hat einen Speicher, der in verschiedene Speicherzellen eingeteilt ist. In den Speicherzellen sind Zahlen gespeichert. In eine Speicherzelle können neue Werte hineingeschrieben werden und sie können auch wieder ausgelesen werden.

Die meisten Programmiersprachen bilden dieses Modell ab, indem sie das Konzept der Variablen haben. Eine Variable steht dabei für eine Speicherzelle, in der Werte geschrieben und später wieder ausgelesen werden können.

Zuweisung

Um eine Variable zu definieren ist zunächst zu definieren, welche Art von Daten dort hinein geschrieben werden sollen. Der Typ der Variablen. Dann folgt ein frei wählbarer Name für die Variable. Schließlich kann in die Variable mit einem Gleichheitszeichen ein Wert hinein geschrieben werden. Dieses wird dann als Zuweisung bezeichnet.

Im folgenden Programm wird eine Variable x deklariert, der sogleich der Wert 0 zugewiesen wird. Anschließend wird die Variable benutzt. Sie wird manipuliert, indem ihr neue Werte zugewiesen werden.

```
───────────── Var1.java ─────────────
1  class Var1{
2    public static void main(String[] args){
3      int x=0;
4      System.out.println("x = "+x);
5      x=2;
6      System.out.println("x = "+x);
7      x=x*x;
8      System.out.println("x = "+x);
9    }
10 }
```

Interessant ist die Zeile 8. Hier wird der Variablen x ein neuer Wert zugewiesen. Dieser neue Wert berechnet sich aus dem Quadrat des alten Werts der Variablen x.

Wir sind natürlich in der Zahl der benutzen Variablen nicht beschränkt. Das folgende Programm benutzt zwei Variablen.

```
───────────── Var2.java ─────────────
1  class Var2{
2    public static void main(String[] args){
3      int x=17;
4      int y=4;
```

```
5    System.out.println("x+y = "+(x+y));
6    x=x+y;
7    System.out.println("x = "+x);
8    System.out.println("y = "+y);
9    y=x*2;
10   System.out.println("y = "+y);
11   }
12 }
```

Variablen können natürlich dazu benutzt werden, um das Ergebnis einer Funktion zu speichern:

```
──────────────────── VarQuadrat.java ────────────────────
1  class VarQuadrat{
2    static int quadrat(int x){
3      return x*x;
4    }
5    public static void main(String[] args){
6      int y = quadrat(quadrat(2));
7      System.out.println(y);
8    }
9  }
```

2.2.5 Zusammengesetzte Befehle

Streng genommen kennen wir bisher nur einen Befehl, den Zuweisungsbefehl, der einer Variablen einen neuen Wert zuweist.[2] In diesem Abschnitt lernen wir weitere Befehle kennen. Diese Befehle sind in dem Sinne zusammengesetzt, dass sie andere Befehle als Unterbefehle haben.

Bedingungsabfrage mit: if

Ein häufig benötigtes Konstrukt ist, dass ein Programm abhängig von einer bool'schen Bedingung sich verschieden verhält. Wir haben schon einen Operator kennen gelernt, der dieses leistet, den Bedingungsoperator. Java stellt zur Fallunterscheidung auch die **if**-Bedingung zur Verfügung. Dem Schlüsselwort **if** folgt in Klammern eine bool'sche Bedingung, anschließend kommen in geschweiften Klammern die Befehle, die auszuführen sind, wenn die Bedingung wahr ist. Anschließend kann optional das Schlüsselwort **else** folgen mit den Befehlen, die andernfalls auszuführen sind:

```
──────────────────── FirstIf.java ────────────────────
1  class FirstIf {
2    static void firstIf(boolean bedingung){
```

[2]Konstrukte mit Operatoren nennt man dagegen Ausdrücke.

21

```
 3      if (bedingung) {
 4         System.out.println("Bedingung ist wahr");
 5      } else {
 6         System.out.println("Bedingung ist falsch");
 7      }
 8    }
 9    public static void main(String [] args){
10        firstIf(true || false);
11    }
12 }
```

Das if-Konstrukt erlaubt es uns also, Fallunterscheidungen zu treffen. Wenn in den Alternativen nur ein Befehl steht, so können die geschweiften Klammern auch fortgelassen werden. Unser Beispiel lässt sich also auch schreiben als:

```
────────────────── FirstIf2.java ──────────────────
 1 class FirstIf2 {
 2   static void firstIf(boolean bedingung){
 3     if (bedingung) System.out.println("Bedingung ist wahr");
 4     else System.out.println("Bedingung ist falsch");
 5   }
 6   public static void main(String [] args){
 7       firstIf(true || false);
 8   }
 9 }
```

Eine Folge von mehreren if-Konstrukten lässt sich auch direkt hintereinanderschreiben, so dass eine Kette von if- und else-Klauseln entsteht:

```
────────────────── ElseIf.java ──────────────────
 1 class ElseIf {
 2   static String lessOrEq(int i,int j){
 3     if (i<10)   return "i kleiner zehn";
 4     else if (i>10)   return "i größer zehn";
 5     else if (j>10)   return "j größer zehn";
 6     else if (j<10)   return "j kleiner zehn";
 7     else return "j=i=10";
 8   }
 9   public static void main(String [] args){
10       System.out.println(lessOrEq(10,9));
11   }
12 }
```

Wenn zu viele if-Bedingungen in einem Programm einander folgen und ineinander verschachtelt sind, dann wird das Programm schnell unübersichtlich. Man spricht auch von *Spaghetti-Code*. In der Regel empfiehlt es sich, in solchen Fällen noch einmal über das Design nachzudenken, ob die abgefragten Bedingungen sich nicht durch verschiedene Klassen mit eigenen Methoden darstellen lassen.

Iteration

Die bereits kennen gelernte Programmierung der Programmwiederholung durch Rekursion kommt ohne zusätzliche zusammen gesetzte Befehle von Java aus. Da Rekursionen von der virtuellen Maschine Javas nur bis zu einem gewissen Maße unterstützt werden, bietet Java spezielle Befehle an, die es erlauben, einen Programmteil kontrolliert mehrfach zu durchlaufen. Die entsprechenden zusammengesetzten Befehle heißen Iterationsbefehle. Java kennt drei unterschiedliche Iterationsbefehle.

Schleifen mit: while   Ziel der Iterationsbefehle ist es, einen bestimmten Programmteil mehrfach zu durchlaufen. Hierzu ist es notwendig, eine Bedingung anzugeben, für wie lange eine Schleife zu durchlaufen ist. `while`-Schleifen in Java haben somit genau zwei Teile:

- die Bedingung

- und den Schleifenrumpf.

Java unterscheidet zwei Arten von `while`-Schleifen: Schleifen, für die vor dem Durchlaufen der Befehle des Rumpfes die Bedingung geprüft wird, und Schleifen, für die nach Durchlaufen des Rumpfes die Bedingung geprüft wird.

Vorgeprüfte Schleifen   Die vorgeprüften Schleifen haben folgendes Schema in Java:

$$\boxed{\texttt{while } (\textit{pred})\,\{\textit{body}\}}$$

pred ist hierbei ein Ausdruck, der zu einem bool'schen Wert auswertet. *body* ist eine Folge von Befehlen. Java arbeitet die vorgeprüfte Schleife ab, indem erst die Bedingung *pred* ausgewertet wird. Ist das Ergebnis **true**, dann wird der Rumpf *(body)* der Schleife durchlaufen. Anschließend wird wieder die Bedingung geprüft. Dieses wiederholt sich so lange, bis die Bedingung zu **false** auswertet.

Ein simples Beispiel einer vorgeprüften Schleife ist folgendes Programm, das die Zahlen von 0 bis 9 auf dem Bildschirm ausgibt:

```
──────────────────────── WhileTest.java ────────────────────
1 class WhileTest {
2   public static void main(String [] args){
3     int i = 0;
4     while (i < 10){
5       i = i+1;
6       System.out.println(i);
7     }
```

```
8    }
9 }
```

Mit diesen Mitteln können wir jetzt versuchen, die im letzten Abschnitt rekursiv geschriebene Methode `fac` iterativ zu schreiben:

```
———————————————————— Fakultaet2.java ————————————————————
1 class Summe2 {
2   public static int fac(int n){
3     int erg = 1 ;              // Variable für Ergebnis.
4     int j   = n ;              // Variable zur Schleifenkontrolle.
5
6     while (j>0){               // j läuft von n bis 1.
7       erg = erg * j;           // akkumuliere das Ergebnis.
8       j = j-1;                 // verringere Laufzähler.
9     }
10
11    return erg;
12  }
13 }
```

Wie man an beiden Beispielen oben sieht, gibt es oft eine Variable, die zur Steuerung der Schleife benutzt wird. Diese Variable verändert innerhalb des Schleifenrumpfes ihren Wert. Abhängig von diesem Wert wird die Schleifenbedingung beim nächsten Bedingungstest wieder wahr oder falsch.

Schleifen haben die unangenehme Eigenschaft, dass sie eventuell nie verlassen werden. Eine solche Schleife lässt sich minimal wie folgt schreiben:

```
———————————————————— Bottom.java ————————————————————
1 class Bottom {
2   static public void bottom(){
3     while (wahr()){};
4   }
5   static boolean wahr(){return true;}
6   public static void main(String [] _){bottom();}
7 }
```

Ein Aufruf der Methode `bottom` startet eine nicht endende Berechnung.

Häufige Programmierfehler sind inkorrekte Schleifenbedingungen oder falsch kontrollierte Schleifenvariablen. Das Programm terminiert dann mitunter nicht. Solche Fehler sind in komplexen Programmen oft schwer zu finden.

Nachgeprüfte Schleifen In der zweiten Variante der `while`-Schleife steht die Schleifenbedingung syntaktisch nach dem Schleifenrumpf:

$$\boxed{\texttt{do \{body\} while (pred)}}$$

Bei der Abarbeitung einer solchen Schleife wird entsprechend der Notation, die Bedingung erst nach der Ausführung des Schleifenrumpfes geprüft. Am Ende wird also geprüft, ob die Schleife ein weiteres Mal zu durchlaufen ist. Das impliziert insbesondere, dass der Rumpf mindestens einmal durchlaufen wird.

Die erste Schleife, die wir für die vorgeprüfte Schleife geschrieben haben, hat folgende nachgeprüfte Variante:

```
━━━━━━━━━━━━━━━ DoTest.java ━━━━━━━━━━━━━━━
1  class DoTest {
2    public static void main(String [] args){
3      int i = 0;
4      do {
5        System.out.println(i);
6        i = i+1;
7      } while (i < 10);
8    }
9  }
```

Man kann sich leicht davon vergewissern, dass die nachgeprüfte Schleife mindestens einmal durchlaufen[3] wird:

```
━━━━━━━━━━━━━━ VorUndNach.java ━━━━━━━━━━━━━━
1   class VorUndNach {
2     public static void main(String [] args){
3       while (falsch()){
4         System.out.println("vorgeprüfte Schleife");
5       }
6
7       do {
8         System.out.println("nachgeprüfte Schleife");
9       }while (false);
10    }
11    public static boolean falsch(){return false;}
12  }
```

Schleifen mit: for   Das syntaktisch aufwendigste Schleifenkonstrukt in Java ist die *for*-Schleife.

Wer sich die obigen Schleifen anschaut, sieht, dass sie an drei verschiedenen Stellen im Programmtext Code haben, der kontrolliert, wie oft die Schleife zu durchlaufen ist. Oft legen wir eine spezielles Variable an, deren Wert die Schleife kontrollieren soll.

---

[3]Der Javaübersetzer macht kleine Prüfungen auf konstanten Werten, ob Schleifen jeweils durchlaufen werden oder nicht terminieren. Deshalb brauchen wir die Hilfsfunktion `falsch()`.

Dann gibt es im Schleifenrumpf einen Zuweisungsbefehl, der den Wert diese Variablen verändert. Schließlich wird der Wert dieser Variable in der Schleifenbedingung abgefragt.

Die Idee der *for*-Schleife ist, diesen Code, der kontrolliert, wie oft die Schleife durchlaufen werden soll, im Kopf der Schleife zu bündeln. Solche Daten sind oft Zähler vom Typ `int`, die bis zu einem bestimmten Wert herunter oder hoch gezählt werden. Später werden wir noch die Standardklasse `Iterator` kennenlernen, die benutzt wird, um durch Listenelemente durch zu iterieren.

Eine *for*-Schleife hat im Kopf

- eine Initialisierung der relevanten Schleifensteuerungsvariablen *(init)*,

- ein Prädikat als Schleifenbedingung *(pred)*

- und einen Befehl, der die Schleifensteuerungsvariable weiterschaltet *(step)*.

$$\boxed{\texttt{for}\ (\textit{init, pred, step})\{\textit{body}\}}$$

Entsprechend sieht unsere jeweilige erste Schleife (die Ausgabe der Zahlen von 0 bis 9) in der `for`-Schleifenversion wie folgt aus:

```
───────────────────── ForTest.java ─────────────────────
1  class ForTest {
2    public static void main(String [] args) {
3      for (int i=0; i<10; i=i+1) {
4        System.out.println(i);
5      }
6    }
7  }
```

Die Reihenfolge, in der die verschiedenen Teile der `for`-Schleife durchlaufen werden, wirkt erst etwas verwirrend, ergibt sich aber natürlich aus der Herleitung der `for`-Schleife aus der vorgeprüften `while`-Schleife:

Als erstes wird genau einmal die Initialisierung der Schleifenvariablen ausgeführt. Anschließend wird die Bedingung geprüft. Abhängig davon wird der Schleifenrumpf ausgeführt. Als letztes wird die Weiterschaltung ausgeführt, bevor wieder die Bedingung geprüft wird.

Die nun schon hinlänglich bekannte Methode `fac` stellt sich in der Version mit der `for`-Schleife wie folgt dar:

```
───────────────────── Fakultaet3.java ─────────────────────
1  class Summe3 {
2    public static int fac(int n) {
3      int erg = 1 ;                    // Variable für Ergebnis
```

```
 4
 5      for (int j = n;j>0;j=j-1){      // j läuft von n bis 1
 6        erg = erg * j;                // akkumuliere das Ergebnis
 7      }
 8
 9      return erg;
10    }
11  }
```

Beim Vergleich mit der **while**-Version erkennt man, wie sich die Schleifensteuerung im Kopf der **for**-Schleife nun gebündelt an einer syntaktischen Stelle befindet.

Die drei Teile des Kopfes einer **for**-Schleife können auch leer sein. Dann wird in der Regel an einer anderen Stelle der Schleife entsprechender Code zu finden sein. So können wir die Summe auch mit Hilfe der **for**-Schleife so schreiben, dass die Schleifeninitialisierung und Weiterschaltung vor der Schleife bzw. im Rumpf durchgeführt wird:

```
                          ───── Summe4.java ─────
 1  class Summe4 {
 2    public static int summe(int n){
 3      int erg = 0 ;                   // Variable für Ergebnis.
 4      int j   = n ;                   // Variable zur Schleifenkontrolle
 5
 6      for (;j>0;){                    // j läuft von n bis 1
 7        erg = erg + j;                // akkumuliere das Ergebnis.
 8        j = j-1;                      // verringere Laufzähler
 9      }
10
11      return erg;
12    }
13  }
```

Wie man jetzt sieht, ist die **while**-Schleife nur ein besonderer Fall der **for**-Schleife. Obiges Programm ist ein schlechter Programmierstil. Hier wird ohne Not die Schleifensteuerung mit der eigentlichen Anwendungslogik vermischt.

Vorzeitiges Beenden von Schleifen Java bietet innerhalb des Rumpfes seiner Schleifen zwei Befehle an, die die eigentliche Steuerung der Schleife durchbrechen. Entgegen der im letzten Abschnitt vorgestellten Abarbeitung der Schleifenkonstrukte, führen diese Befehle zum plötzlichen Abbruch des aktuellen Schleifendurchlaufs.

Verlassen der Schleife Der Befehl, um eine Schleife komplett zu verlassen, heißt **break**. Der **break**-Befehl führt zum sofortigen Abbruch der nächsten äußeren Schleife.

Der **break**-Befehl wird in der Regel mit einer **if**-Bedingung auftreten.

Mit diesem Befehl lässt sich die Schleifenbedingung auch im Rumpf der Schleife ausdrücken. Das Programm der Zahlen 0 bis 9 lässt sich entsprechend unschön auch mit Hilfe des **break**-Befehls wie folgt schreiben.

```
_____ BreakTest.java _____
1  class BreakTest {
2    public static void main(String [] args){
3      int i = 0;
4      while (true){
5        if (i>9) {break;};
6        System.out.println(i);
7        i = i+1;
8      }
9    }
10 }
```

Gleichfalls lässt sich der **break**-Befehl in der **for**-Schleife anwenden. Dann wird der Kopf der **for**-Schleife vollkommen leer:

```
_____ ForBreak.java _____
1  class ForBreak {
2    public static void main(String [] args){
3      int i = 0;
4      for (;;){
5        if (i>9) break;
6        System.out.println(i);
7        i=i+1;
8      }
9    }
10 }
```

In der Praxis wird der **break**-Befehl gerne für besondere Situationen inmitten einer längeren Schleife benutzt, z.B. für externe Signale.

Verlassen des Schleifenrumpfes Die zweite Möglichkeit, den Schleifendurchlauf zu unterbrechen, ist der Befehl **continue**. Diese Anweisung bricht nicht die Schleife komplett ab, sondern nur den aktuellen Durchlauf. Es wird zum nächsten Durchlauf gesprungen.

Folgendes kleines Programm druckt mit Hilfe des **continue**-Befehls die Zahlen aus, die durch 17 oder 19 teilbar sind:

```
_____ ContTest.java _____
1  class ContTest{
2    public static void main(String [] args){
3      for (int i=1; i<1000;i=i+1){
```

```
 4    // wenn die Zahl nicht durch 17 oder 19
 5    // ohne Rest teilbar ist
 6    if (!(i % 17 == 0 || i % 19 == 0) ){
 7        continue;
 8    }
 9    System.out.println(i);
10    }
11  }
12 }
```

Wie man an der Ausgabe dieses Programms sieht, wird mit dem Befehl `continue` der Schleifenrumpf verlassen und die Schleife im Kopf weiter abgearbeitet. Für die `for`-Schleife heißt das insbesondere, dass die Schleifenweiterschaltung der nächste Ausführungsschritt ist.

Die switch Anweisung

Aus der Programmiersprache C hat Java eine sehr spezielle zusammengesetzte Anweisung übernommen, die **switch**-Anweisung. Es ist eine Anweisung für eine Fallunterscheidung mit mehreren Fällen, die `switch`-Anweisung. Die Idee dieser Anweisung ist, eine Kette von mehreren `if-then`-Anweisungen zu vermeiden. Leider ist die `switch`-Anweisung in ihrer Anwendungsbereite recht begrenzt und in Form und Semantik ziemlich veraltet.

Schematisch hat die `switch`-Anweisung die folgende Form:

```
switch (expr){
    case const: stats
        ...
    case const: stats
    default: stats
}
```

Dem Schlüsselwort `switch` folgt ein Ausdruck, nach dessen Wert eine Fallunterscheidung getroffen werden soll. In geschweiften Klammern folgen die verschiedenen Fälle. Ein Fall beginnt mit dem Schüsselwort `case` gefolgt von einer Konstante. Diese Konstante ist von einem ganzzahligen Typ und darf kein Ausdruck sein, der erst während der Laufzeit berechnet wird. Es muss hier eine Zahl stehen. Die Konstante muss während der Übersetzungszeit des Programms feststehen. Der Konstante folgt ein Doppelpunkt, dem dann die Anweisungen für diesen Fall folgen.

Ein besonderer Fall ist der `default`-Fall. Dieses ist der Standardfall. Er wird immer ausgeführt, egal was für einen Wert der Ausdruck nach dem die `switch`-Anweisung unterschieden hat.

Ein kleines Beispiel soll die operationale Semantik dieser Anweisung verdeutlichen.

```
                              ───── Switch.java ─────
 1  class Switch {
 2    public static void main (String [] args){
 3      int i = 13;
 4      switch (4*i){
 5        case 42 : System.out.println(42);
 6        case 52 : System.out.println(52);
 7        case 32 : System.out.println(32);
 8        case 22 : System.out.println(22);
 9        case 12 : System.out.println(12);
10        default : System.out.println("default");
11      }
12    }
13  }
```

Starten wir das Programm mit dem Wert, so wertet der Ausdruck, nach dem wir die Fallunterscheidung durchführen zu **52** aus. Es kommt zu folgender Ausgabe:

```
sep@swe10:~/fh/internal/beispiele> java Switch
52
32
22
12
default
sep@swe10:~/fh/internal/beispiele>
```

Wie man sieht, springt die `switch`-Anweisung zum Fall für den Wert 52, führt aber nicht nur dessen Anweisungen aus, sondern alle folgenden Anweisungen.

Das oben beobachtete Verhalten ist verwirrend. Zumeist will man in einer Fallunterscheidung, dass nur die entsprechende Anweisung für den vorliegenden Fall ausgeführt werden und nicht auch für alle folgenden Fälle. Um dieses zu erreichen, gibt es die `break`-Anweisung, wie wir sie auch schon von den Schleifenanweisungen kennen. Endet man jeden Fall mit der `break`-Anweisung, dann erhält man das meistens erwünschte Verhalten.

Das obige Beispiel lässt sich durch Hinzufügen der `break`-Anweisung so ändern, dass immer nur ein Fall ausgeführt wird.

```
 1  class Switch2 {
 2    public static void main (String [] args){
 3      switch (4*new Integer(args[0]).intValue()){
 4        case 42 : System.out.println(42);break;
 5        case 52 : System.out.println(52);break;
 6        case 32 : System.out.println(32);break;
 7        case 22 : System.out.println(22);break;
```

```
8      case 12 : System.out.println(12);break;
9      default : System.out.println("default");
10    }
11  }
12 }
```

An der Ausgabe sehen wir, dass zu einem Fall gesprungen wird und am Ende dieses
Falls die Anweisung verlassen wird.

```
sep@swe10:~/fh/internal/beispiele> java Switch2 13
52
sep@swe10:~/fh/internal/beispiele>
```

Rekursion und Iteration

Wir kennen zwei Möglichkeiten, um einen Programmteil wiederholt auszuführen: Iteration und Rekursion. Während die Rekursion kein zusätzliches syntaktisches Konstrukt benötigt, sondern lediglich auf dem Aufruf einer Methode in ihrem eigenen Rumpf beruht, benötigt die Iteration spezielle syntaktische Konstrukte, die wir erlernen mussten.

Javas virtuelle Maschine ist nicht darauf ausgerichtet, Programme mit hoher Rekursionstiefe auszuführen. Für jeden Methodenaufruf fordert Java intern einen bestimmten Speicherbereich an, der erst wieder freigegeben wird, wenn die Methode vollständig beendet wurde. Dieser Speicherbereich wird als der *stack* bezeichnet. Er ist natürlich endlich und kann bei zu tiefen Rekursionen nicht mehr ausreichen. Javas Maschine hat keinen Mechanismus, um zu erkennen, wann dieser Speicher für den Methodenaufruf eingespart werden kann.

Folgendes Programm illustriert, wie für eine Iteration über viele Schleifendurchläufe gerechnet werden kann, die Rekursion hingegen zu einen Programmabbruch führt, weil nicht genug Speicherplatz auf dem *stack* vorhanden ist.

──────── StackTest.java ────────
```
1  class StackTest {
2    public static void main(String [] args){
3      System.out.println(count1(0));
4      System.out.println(count2(0));
5    }
6    public static int count1(int k){
7      int j = 2;
8      for (int i= 0;i<1000000000;i=i+1){
9        j=j+1;
10      }
11      return j;
12    }
```

```
13   public static int count2(int i){
14       if (i<1000000000) return count2(i+1) +1; else return 2;
15   }
16 }
17
```

2.3 Pakete

Java bietet die Möglichkeit, Klassen in Paketen zu sammeln. Die Klassen eines Paketes bilden zumeist eine funktional logische Einheit. Pakete sind hierarchisch strukturiert, d.h. Pakete können Unterpakete haben. Damit entsprechen Pakete Ordnern im Dateisystem. Pakete ermöglichen verschiedene Klassen gleichen Namens, die unterschiedlichen Paketen zugeordnet sind.

2.3.1 Paketdeklaration

Zu Beginn einer Klassendefinition kann eine Paketzugehörigkeit für die Klasse definiert werden. Dieses geschieht mit dem Schlüsselwort `package` gefolgt von dem gewünschten Paket. Die Paketdeklaration schließt mit einem Semikolon.

Paketnamen werden per Konvention in lateinischer Schrift immer mit Kleinbuchstaben als ersten Buchstaben geschrieben. Unterpakete werden von Paketen mit Punkten abgetrennt.

Man kann eine weltweite Eindeutigkeit seiner Paketnamen erreichen, wenn man die eigene Webadresse hierzu benutzt.[4] Dabei wird die Webadresse rückwärts verwendet.

Paketname und Klassenname zusammen identifizieren eine Klasse eindeutig. Jeder Programmierer schreibt sicherlich eine Vielzahl von Klassen `Test`, es gibt aber in der Regel nur einen Programmierer, der diese für das Paket `name.panitz.test` schreibt. Paket- und Klassenname zusammen durch einen Punkt getrennt werden der *vollqualifizierte Name* der Klasse genannt. Der Name einer Klasse ohne die Paketnennung heißt *unqualifiziert*.

Im Folgenden wird eine Klasse **FirstPackage** definiert, die dem Paket `name.panitz.ludens.test` zugehörig ist:

```
————————————————— FirstPackage.java ——————
1 package name.panitz.ludens.test;
2 public class FirstPackage{
3   public static void main(String [] args){
```

---

[4]Leider ist es in Deutschland weit verbreitet, einen Bindestrich in Webadressen zu verwenden. Der Bindestrich ist leider eines der wenigen Zeichen, die Java in Klassen- und Paketnamen nicht zulässt.

```
4     System.out.println("Willkommen in der Welt der Pakete!");
5   }
6 }
```

Der vollqualifizierte Name der Klasse ist:
name.panitz.ludens.test.FirstPackage.

2.3.2 Übersetzen von Paketen

Bei größeren Projekten ist es zu empfehlen, die Quelltexte der Javaklassen in Dateien zu speichern, die im Dateisystem in einer Ordnerstruktur liegen, die der Paketstruktur entspricht. Dieses ist allerdings nicht zwingend notwendig. Hingegen zwingend notwendig ist es, die erzeugten Klassendateien in Ordnern entsprechend der Paketstruktur zu speichern.

Der Javainterpreter java sucht nach Klassen auf dem Dateisystem in den Ordnern entsprechend ihrer Paketstruktur. java erwartet also, dass die obige Klasse FirstPackage in einem Ordner test steht, der ein Unterordner des Ordners ludens ist, der ein Unterordner des Ordners panitz ist usw. java sucht diese Ordnerstruktur von einem oder mehreren Startordnern ausgehend. Die Startordner werden in einer Umgebungsvariablen CLASSPATH des Betriebssystems oder über den Kommandozeilenparameter -classpath oder -cp festgelegt.

Der Javaübersetzer javac hat eine Option, mit der gesteuert wird, dass javac für seine .class-Dateien die notwendige Ordnerstruktur erzeugt und die Klassen in die ihren Paketen entsprechenden Ordner schreibt. Die Option heißt -d. Dem -d ist nachgestellt, von welchem Startordner aus die Paketordner erzeugt werden sollen. Memotechnisch steht das -d für *destination*.

Wir können die obige Klasse z.B. mit folgendem Befehl auf der Kommandozeile übersetzen:
javac -d . FirstPackage.java

Damit wird ausgehend vom aktuellen Verzeichnis[5] ein Ordner name mit Unterordner panitz etc. erzeugt.

2.3.3 Starten von Klassen in Paketen

Um Klassen vom Javainterpreter zu starten, reicht es nicht, ihren Namen anzugeben, sondern der vollqualifizierte Name ist anzugeben. Unsere obige kleine Testklasse wird also wie folgt gestartet:

---

[5]Der Punkt steht in den meisten Betriebssystemen für den aktuellen Ordner, in dem gerade ein Befehl ausgeführt wird.

```
~/> java name.panitz.ludens.test.FirstPackage
Willkommen in der Welt der Pakete!
sep@swe10:~/>
```

Jetzt erkennt man auch, warum dem Javainterpreter nicht die Dateiendung .class mit angegeben wird. Der Punkt separiert Paket- und Klassennamen.

Aufmerksame Leser werden bemerken, dass der Punkt in Java durchaus konsistent mit einer Bedeutung verwendet wird: Hierzu lese man ihn als *'enthält ein'*. Der Ausdruck:

```
name.panitz.ludens.test.FirstPackage.main(args)
```

liest sich so als: Das Paket name enthält ein Unterpaket panitz, das ein Unterpaket ludens enthält, das ein Unterpaket test enthält, das eine Klasse FirstPackage enthält, die eine Methode main enthält.

Aufgabe 4 Übersetzen und Starten Sie die obige Klasse, die in einem Paket liegt, auf der Kommandozeile.

2.3.4 Das Java Standardpaket

Die mit Java mitgelieferten Klassen sind ebenfalls in Paketen gruppiert. Die Standardklassen wie z.B. String und System liegen im Java-Standardpaket java.lang. Java hat aber noch eine ganze Reihe weiterer Pakete, so z.B. java.util, in dem sich Listenklassen befinden; java.applet, in dem Klassen zur Programmierung von Applets auf HTML-Seiten liegen oder java.io, welches Klassen für Eingaben und Ausgaben enthält.

2.3.5 Benutzung von Klassen in anderen Paketen

Vollqualifizierte Namen oder Imports

Um Klassen benutzen zu können, die in anderen Paketen liegen, müssen diese eindeutig über ihr Paket identifiziert werden. Dieses kann dadurch geschehen, dass die Namen der Klassen immer vollqualifiziert angegeben werden.

Vollqualifizierte Namen können sehr lang werden. Wenn Klassen, die in einem anderen Paket als die eigene Klasse liegen, unqualifiziert benutzt werden sollen, kann dieses zuvor angegeben werden. Dieses geschieht zu Beginn einer Klasse in einer Importanweisung. Nur die Klassen aus dem Standardpaket java.lang brauchen nicht explizit durch eine Importanweisung bekannt gemacht zu werden. Es können mehrere Importanweisungen in einer Klasse stehen.

Als Beispiel sei eine Klasse im Paket name.panitz.ludens.math geschrieben:

```
─────────────────── Square.java ───────────────────
1  package name.panitz.ludens.math;
2  public class Square{
3    public static int square(int n){
4      return n*n;
5    }
6  }
```

In einem anderen Paket sei eine weitere Klasse geschrieben, in der auch eine einfache Funktion realisiert ist:

```
─────────────────── Doppelt.java ───────────────────
1  package de.duoliederlich.math;
2  public class Doppelt{
3    public static int doppelt(int n){
4      return 2*n;
5    }
6  }
```

In einer dritten Klasse, die in einem dritten Paket definiert ist, sollen die Funktionen aus den beiden vorherigen Klassen benutzt werden. Hierzu wird die Klasse **Doppelt** importiert:

```
─────────────────── TestMaths.java ───────────────────
1  package de.hsrm.informatik.panitz.test;
2  import de.duoliederlich.math.Doppelt;
3  public class TestMaths{
```

Jetzt kann die Klasse **Doppelt** unqualifiziert, d.h. ohne Angabe des Pakets innerhalb der Klasse **TestMaths** benutzt werden:

```
─────────────────── TestMaths.java ───────────────────
4    public static void main(String [] args){
5      System.out.println("Doppelte:");
6      System.out.println("doppelt(5) : "
7                          +Doppelt.doppelt(5));
```

Soll hingegen die Klasse **Square** benutzt werden, so ist dieses nur vollqualifiziert mit Angabe des kompletten Pakets möglich:

```
─────────────────── TestMaths.java ───────────────────
8     System.out.println
9       ("square(5): "
10        +name.panitz.ludens.math.Square.square(5));
11   }
12 }
```

Wenn in einem Programm viele Klassen eines Paketes benutzt werden, so können mit einer Importanweisung alle Klassen dieses Paketes importiert werden. Hierzu gibt man in der Importanweisung einfach statt des Klassennamens ein * an.

Öffentliche Sichtbarkeit

Um eine Klasse in anderen Paketen benutzen zu können, ist diese Klasse mit dem Schlüsselwort `public` als öffentlich benutzbar zu attributieren, so wie in den Klassen dieses Abschnitts geschehen. Ist eine Klasse nicht als öffentlich attributiert, so kann sie nur innerhalb von Klassen, die im selben Paket liegen, benutzt werden.

2.4 Entwicklungsumgebungen

Zum Entwickeln von Programmen reicht ein beliebiger Texteditor aus, mit dem die Quelltexte geschrieben werden. Zum Übersetzen der Klassen kann der Befehl `javac` auf der Kommandozeile aufgerufen werden. Mit dem Befehl `java` können die übersetzten Programme über die Kommandozeile ausgeführt werden.

Entwicklungsumgebungen können diese Arbeit erheblich erleichtern. Insbesondere gilt dies in einer Sprache wie Java, in der die Programme aus einer Vielzahl von Klassen bestehen, die alle in eigenen Dateien gespeichert werden.

Für Java gibt es eine große Anzahl unterschiedlicher Entwicklungsumgebungen. Die zwei wohl gebräuchlichsten sind dabei *Netbeans*, die von der Firma Sun zur Verfügung gestellt wird und *Eclipse*, die ursprünglich aus dem Hause IBM stammt. Beide Umgebungen vereinfachen die Entwicklung von Javaprogrammen erheblich, allerdings zum Preis, sich in die Werkzeuge einarbeiten zu müssen. Ein weiterer Nachteil ist, dass Entwicklungsumgebungen den Entwickler vor vielen technischen Details abschotten. Für den Anfang sei deshalb empfohlen, die ersten Programme ohne Entwicklungsumgebung sozusagen von Hand zu schreiben und vor allen Dingen auch zu übersetzen und zu starten. Wird dieses beherrscht, ist es sehr nützlich, sich mit einer der Entwicklungsumgebungen zu beschäftigen.

2.4.1 Einstieg in die Entwicklung mit Eclipse

Auch wenn eine Einführung in die Arbeit mit einem Tool von geringer Halbwertszeit ist, da schnell neue Versionen eines Tools alte Einführungen obsolet machen, und somit eher Online-Medien für die entsprechenden Informationen geeignet sind, soll dem Leser hier eine kurze Einführung in das Arbeiten mit der Entwicklungsumgebung *eclipse* gegeben werden.

Alle Quelltextdateien, Klassen und sonstige Ressourcen, die zu einem Java-Programm gehören, werden in *eclipse* in einem Projekt zusammengefasst. Somit ist der erste Schritt nach dem Start von *eclipse* ein Projekt anzulegen. Hierzu findet sich in der Menüleiste als erster Menüpunkt unter dem Menü *File* der Eintrag *New*. Mit diesem Menüpunkt sind viele verschiedene Dinge neu zu erzeugen. Insbesondere, da *eclipse* nicht allein eine Entwicklungsumgebung für Java ist, kann die Auswahl hier sehr groß sein. Für unsere Zwecke ist natürlich in diesem Menü der Eintrag *Java Project* auszuwählen.

Es folgt ein Dialog, in dem nach dem Namen des neuen Javaprojektes gefragt wird.

Nach Erzeugen des neuen Projektes erscheint dieses auf der linken Seite in einer Art Dateibrowser als Ordner aufgelistet. Für das weitere Arbeiten an dem Projekt ist dieser Ordner mit der Maus zu markieren. Es befindet sich innerhalb des Ordners ein Ordner mit Namen `src`. In diesem werden unsere Javaquelltexte geordnet nach Paketen zu finden sein.

Nach dem Erzeugen des Projektes empfiehlt es sich ein Paket anzulegen. Auch dieses geht über den Menüeintrag *New*. Anschließend befindet sich das Paket in der Ansicht auf der linken Seite aufgelistet.

Nun lassen sich Klassen innerhalb eines Paketes erzeugen. Hierzu kann wieder der Menüeintrag *New* benutzt werden. Ist dabei das Paket mit der Maus markiert worden, so wird eine Klasse automatisch für das Paket erzeugt.

Im Dialog für die Erzeugung einer Klasse gibt es eine Ankreuzbox, über die auch gleich eine Methode `main` für die Klasse erzeugt werden kann.

Nach Erzeugung der Klasse wird diese im entsprechenden Paket angezeigt. Per Mausklick wird die Datei für die Klasse geöffnet und im Hauptfenster von *eclipse* in einem Editor angezeigt. Farbige Markierungen erleichtern in diesem Fenster das Lesen der Klasse.

Zum Editieren und Schreiben des Codes bietet die Entwicklungsumgebung nun mannigfaltige Hilfen, die das Arbeiten wesentlich erleichtern. Die schnellste Hilfe wird erhalten, durch Drücken der Steuerungstaste zusammen mit der Leertaste. Gehen Sie hierzu mit dem Mauszeiger innerhalb der Methode `main` der erzeugten Klasse. Tippen Sie einmal nur die drei Buchstaben `Sys` und Drücken Anschließend die Tastenkombination aus Steuerung und Leertaste. *eclipse* schlägt Ihnen dann in einem Menü vor, wie das Wort, das mit den drei Buchstaben `Sys` beginnt, sinnvoll in Java fortgeführt werden kann. Gleich der erste Vorschlag ist die Klasse `System`. Setzt man, nachdem das Wort `System` so im Editorfenster steht, hinter diesem einen Punkt und drückt gleich wieder die Steuerung-Leertastenkombination, so kommt wieder eine mögliche Auswahl an sinnvollen Weiterführungen dieses Ausdrucks in Java. In dem erscheinenden Menü findet sich das bekannte `out` relativ weit vorne. Das gleiche Spiel lässt sich fortsetzen. Ein Punkt nach dem `out` gesetzt, die magische Tastenkombination und wieder kommt eine Auswahl von möglichen Fortsetzungen. Erstaunlich viele dieses Mal. Und auch hier findet sich das bereits bekannte `println`.

Auf diese Wiese bietet *eclipse* viele Hilfen und kann die Tipparbeit bei der Entwicklung um einiges minimieren. Zusätzlich blendet *eclipse* die Dokumentationen zu den einzelnen benutzen Konstrukten ein, wenn man sie mit der Maus berührt.

Schließlich soll das Programm auch noch ausgeführt werden. Da in einem Projekt mehrere Klassen sein können, die eine Methode `main` enthalten, ist *eclipse* zu verstehen zu geben, welches **main** in dem Projekt auszuführen ist. Hierzu lässt sich am sichersten mit der rechten Maustaste ins Editorfenster der entsprechenden Klasse klicken. Das dadurch geöffnete Auswahlmenü enthält unter anderem *Run as Java Application*. Die entsprechende Methode **main** wird vom Interpreter ausgeführt. Das Ergebnis in einem weiteren Fenster angezeigt.

Der Zustand des *eclipse*-Fensters nach den beschriebenen Schritten ist in Abbildung 2.1 dargestellt.

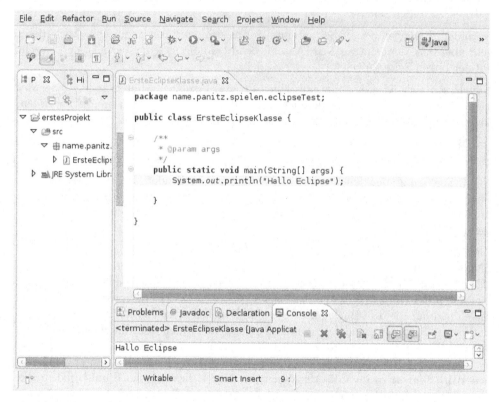

Abbildung 2.1: Die Entwicklungsumgebung *eclipse*.

Damit ist hoffentlich der Startschuss gegeben, dass der Leser sich schrittweise mit der Funktionalität von *eclipse* vertraut machen kann.

Teil I

2D Spiele

Kapitel 3

Spielobjekte

> Nein, das ist wahr! Ich irr nicht um ein Haar breit:
> Ihr steht zum Spiel auf, geht ins Bett zur Arbeit!
> *William Shakespeare, Othello*

In diesem Teil des Buches wird ein Baukasten zum Erstellen von Spielen im zweidimensionalen Raum entwickelt. Am Ende dieses Teils sollten die Leser in der Lage sein, einfache zweidimensionale *Jump 'n' Run-* oder Ballerspiele zu entwerfen. Im Laufe der Kapitel werden die grundlegenden Konzepte der objektorientierten Programmierung eingeführt und verfeinert.

3.1   Punkte im zweidimensionalen Raum

Die Spiele, die wir entwerfen, laufen in einem zweidimensionalen Raum. Beginnen wir mit der wahrscheinlich kleinsten Abstraktion, die im zweidimensionalen Raum zu finden ist: einem Punkt innerhalb dieses Raumes. Ein solcher Punkt setzt sich aus zwei Teilinformationen zusammen:

- dem Wert der x-Koordinate für die erste Dimension,

- dem Wert der y-Koordinate für die zweite Dimension.

Ein Punkt im zweidimensionalen Raum wird also durch genau zwei Eigenschaften eindeutig identifiziert.

Eigenschaften bestimmter Klassen von Objekten werden in Java in einer entsprechenden Javaklasse gebündelt. Daher ist der erste Schritt, eine entsprechende Klasse für Punkte im zweidimensionalen Raum zu definieren.

Beginnen wir mit der Definition der Klasse `Vertex`. *Vertex* ist die englische Bezeichnung für Punkte im geometrischen Raum. Wir werden innerhalb dieses Buches für fast alle Klassen englische Bezeichner wählen.

Die Klasse `Vertex` sei im Paket `name.panitz.ludens.animationGame` definiert. Die entsprechende Javaklassendefinition beginnt mit:

```
———————————————— Vertex.java ————————————————
1  package name.panitz.ludens.animationGame;
2  public class Vertex
```

Mit einer öffnenden Klammer beginnt der Rumpf einer Klassendefinition. Im Rumpf werden die Eigenschaften, die Objekte einer Klasse charakterisieren, definiert:

```
———————————————— Vertex.java ————————————————
3  {
```

3.1.1 Felder

Wir haben überlegt, dass ein geometrischer Punkt genau zwei Eigenschaften hat. Der Raum, den die x- und y-Achse aufspannen, soll stetig sein. Daher wählen wir für die Darstellung der Werte auf den Achsen den primitiven Typ `double` der Programmiersprache Java.

Die beiden Eigenschaften eines Punktes im zweidimensionalen Raum führen zu genau zwei so genannten Felddefinitionen in der Klasse `Vertex`.

Eine Felddefinition in einer Klasse beginnt mit dem Typ des Feldes, gefolgt von einem Feldnamen. Eine Namenskonvention ist, dass Feldnamen mit einem Kleinbuchstaben beginnen:

```
———————————————— Vertex.java ————————————————
4    public double x;
5    public double y;
```

Vor den jeweiligen Felddefinitionen ist das Attribut `public` gestellt. Damit wird erlaubt, von anderen Klassen die Werte dieser Felder von einem `Vertex`-Objekt zu erfragen.

Einzelne Werte in einem Objekt zusammenzufassen, die zusammen ein komplexeres Objekt beschreiben, ist der erste fundamentale Schritt zur objektorientierten Programmierung.

3.1.2 Konstruktoren

Nachdem definiert ist, welche Eigenschaften die Objekte der Klasse `Vertex` haben, sollen solche Objekte konkret erzeugt werden. Diese beschreiben bestimmte Punkte im zweidimensionalen Raum. Hierzu müssen wir in der Lage sein zu sagen: *Es soll ein neues Vertex-Objekt erzeugt werden, mit bestimmten Werten x und y für die Koordinaten des Raums.*

Um Objekte einer Klasse aus den Teilinformationen, die die einzelnen Objekteigenschaften darstellen, zu erzeugen, müssen geeignete Konstruktoren definiert werden. Konstruktoren haben eine Parameterliste der einzelnen Eigenschaften, die für ein neu zu erzeugendes Objekt gelten sollen. Für die Klasse `Vertex` gibt es nur zwei Eigenschaften, die ein solches Objekt charakterisieren. Insofern liegt es nahe, einen Konstruktor zu schreiben, der diese zwei Eigenschaften in zwei Parametern übergeben bekommt. Konstruktoren werden in Java mit dem Namen der Klasse bezeichnet. Somit erhalten wir einen Konstruktor mit folgender Signatur:

```
————————————————— Vertex.java —————————————————
6    public Vertex(double xx,double yy){
```

Ein Konstruktor braucht ebenso wie eine Funktion einen Rumpf, in dem der auszuführende Code steht, wenn der Konstruktor zum Erzeugen eines neuen Objekts aufgerufen wird. Im Standardfall werden im Rumpf eines Konstruktors die Felder des neu erzeugten Objekts mit den als Parameter übergebenen Werten initialisiert. Daraus ergeben sich die folgenden zwei Zuweisungen im Rumpf des Konstruktors für Punkte im Raum:

```
————————————————— Vertex.java —————————————————
7        x=xx;
8        y=yy;
9    }
```

3.1.3 Ein erster Test

Obwohl die Klasse `Vertex` damit noch nicht beendet ist, soll schon jetzt ein erster Test demonstrieren, wie Objekte einer Klasse erzeugt und benutzt werden können. Objekte einer Klasse können erzeugt werden, indem dem Schlüsselwort **new** der Klassenname folgt. Dann kommen als Argumente in runden Klammern die Eigenschaftswerte, für die das neue Objekt erzeugt werden soll.

Hierzu schreiben wir eine kleine Hauptmethode in unserer Klasse:

```
————————————————— Vertex.java —————————————————
10   public static void main(String[] args){
```

Darin soll als erstes ein Punktobjekt erzeugt werden. Hierzu benutzen wir den Konstruktor. Dieser hat zwei Parameter. Es wird ein Vertex-Objekt erzeugt, das konkrete Werte für diese zwei Parameter aufweist:

```
                          ── Vertex.java ──
11 │    Vertex v1 = new Vertex(17,4);
```

Weitere Objekte können so erzeugt werden:

```
                          ── Vertex.java ──
12 │    Vertex v2 = new Vertex(42,0);
13 │    Vertex vv = new Vertex(0,0);
```

Die Objekte haben als Typ die Klasse, von der sie erzeugt werden. Drei Objekte der Klasse Vertex sind in den letzten Codezeilen erzeugt wurden. Um mit diesen weiter arbeiten zu können, sind die Objekte in den Variablen v1, v2 und vv gespeichert. Solche Variablen werden auch als lokale Felder bezeichnet.

Wir haben nun drei voneinander unabhängige Objekte, die je einen Punkt im zweidimensionalen Raum darstellen.

Nun sollen solche Objekte benutzt werden. Eine elementare Nutzung eines Objektes ist, das Objekt nach bestimmten Eigenschaften zu befragen. Mit dem Punkt-Operator lassen sich für ein bestimmtes Objekt Eigenschaften erfragen. Wollen wir wissen, welchen x-Wert das Objekt hat, das über sie Variable v1 angesprochen wird, so erhalten wir den Wert durch den Ausdruck v1.x. Zusammen mit der Anweisung println, die eine Ausgabe vornimmt, können wir diese Information auf der Kommandozeile ausgeben:

```
                          ── Vertex.java ──
14 │    System.out.println("v1.x = "+v1.x);
```

Desgleichen lassen sich von verschiedenen Objekten unterschiedliche Eigenschaften erfragen:

```
                          ── Vertex.java ──
15 │    System.out.println("v2.y = "+v2.y);
16 │    System.out.println("v1.y = "+v1.y);
```

Über die Punkt-Notation werden die einzelnen Eigenschaften eines bestimmten Objekts angesprochen. Diese können dann auch verändert werden. Dabei soll die Eigenschaft einen neuen Wert erhalten. So lässt sich für das Objekt v1 mit folgendem Befehl der Wert für die y-Koordinate verdoppeln:

```
                          ── Vertex.java ──
17 │    v1.y= 2*v1.y;
18 │    System.out.println("v1.y = "+v1.y);
```

Schließlich können wir versuchen, ein ganzes Objekt komplett der Ausgabemethode `println` zu übergeben und nicht nur einzelne Eigenschaften des Objektes:

```
─────────────────── Vertex.java ───────────────────
19        System.out.println(v1);
20    }
```

Der zweite fundamentale Schritt zur objektorientierten Programmierung besteht darin, aus Einzeldaten über Konstruktoren Objekte zu erzeugen, die nach ihren Eigenschaften befragt oder deren Eigenschaften verändert werden können.

Aufgabe 5   Beenden Sie die Klasse `Vertex`, indem Sie die bisher noch fehlende schließende geschweifte Klammer hinzufügen und führen Sie die Klasse mit dem Javainterpreter aus. Wie sieht insbesondere die letzte Ausgabe aus?

3.1.4   Methoden

Bisher haben wir uns nur mit Daten beschäftigt. In der Regel sollen Daten verarbeitet werden, d.h. sie sollen miteinander verglichen oder aus ihnen sollen neue Werte berechnet werden.

Programmteile, die bestimmte Berechnungen durchführen, werden in der Programmierung allgemein als Unterprogramme bezeichnet. In der objektorientierten Programmierung schreibt man die Unterprogramme, die mit den Eigenschaften einer Klasse arbeiten, innerhalb dieser Klasse. Diese Unterprogramme werden als Methoden bezeichnet. Damit stehen in einer Klasse eng beieinander definiert die Daten, die zusammen ein bestimmtes Objekt beschreiben und die Operationen, die auf diesem Objekt ausgeführt werden können. Methoden können in ihrem Rumpf alle Eigenschaften eines Objektes direkt benutzen.

Textuelle Darstellung

Eine für fast alle Klassen sinnvolle Methode ist `toString`, die eine textuelle Darstellung in Form einer Zeichenkette für ein Objekt erzeugt. In der Regel setzt man alle Eigenschaften eines Objekts in dieser Methode in Textform um. Für die Klasse `Vertex` können wir z.B. die folgende Umsetzung einer Methode `toString` implementieren:

```
─────────────────── Vertex.java ───────────────────
21    public String toString(){return "("+x+","+y+")";}
```

In obiger Methode und auch schon in den Ausgaben der Methode `main` haben wir einen der wenigen magischen *Hacks* der Programmiersprache Java verwendet: der Operator + im Zusammenhang mit Strings. Der Operator + ist in Java ein fest eingebauter Operator. Seine Semantik ist: Wenn mindestens einer der beiden Operanden ein String ist, wird der andere Operand in einen String umgewandelt und beide Strings dann zur Berechnung des Ergebnisses der Operation aneinander gehängt. Mit Hilfe dieses Operators lässt sich auf kürzeste Weise für Daten primitiver Typen, wie dem Zahlentyp `double`, eine textuelle Darstellung erzeugen. Hierzu kann der Operator + mit einer Zahl als ersten Operanden und dem leeren String als zweiten Operanden angewendet werden, also z.B. 42+"" ergibt den String aus den zwei Zeichen 4 und 2.

Aufgabe 6 Mit der erweiterten Bedeutung des Operators +, der nun nicht nur Zahlen addiert, sondern auch Zeichenketten mit beliebigen Daten verknüpft, ist eine fundamentale Eigenschaft der Addition für den Operator + in Java nicht mehr gültig: die Assoziativität. Diese besagt, dass bei einer Kette von Verknüpfungen mit dem Operator, z.B. x+y+z das Ergebnis unabhängig davon ist, ob man erst die hintere oder die vordere Verknüpfung durchführt, also ob man (x+y)+z oder x+(y+z) rechnet. Zeigen Sie an einem Beispiel von Verknüpfungen von Zeichenketten und Zahlen, dass diese zwei Klammerungen nicht mehr gleichwertig sind und zu unterschiedlichen Ergebnissen führen können.

Betrag

Eine weitere Methode soll für einen Punkt seine Entfernung zum Ursprung berechnen. Dieses lässt sich über den Satz des Pythagoras ermitteln. Zählt man die Werte von x und y auf den jeweiligen Achsen ab, so entsteht ein rechtwinkliges Dreieck, dessen Hypotenuse die direkte Verbindung vom Ursprung zum Punkt darstellt. Als Hypotenuse bezeichnen Mathematiker die Seite eines rechtwinkeligen Dreiecks, die gegenüber des rechten Winkels liegt.

Die Abbildung 3.1 veranschaulicht diesen Zusammenhang noch einmal.

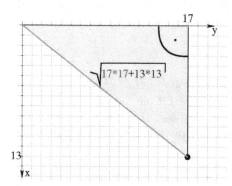

Abbildung 3.1: Entfernung eines Punktes zum Ursprung mit Satz des Pythagoras

Addieren wir also die Quadrate der x- und y-Koordinaten eines Punktes, erhalten wir das Quadrat seiner Entfernung zum Ursprung. Mit Hilfe der Quadratwurzelfunktion

`Math.sqrt`, können wir die Entfernung eines Punktes zum Ursprung leicht berechnen:

```
──────────────── Vertex.java ────────────────
22  public double length(){ return Math.sqrt(x*x+y*y);}
```

Wie man sieht, reicht ein Einzeiler zur Realisierung dieser Methode. Die Klasse `Math` befindet sich im Standardpaket `java.lang`. Deshalb wird keine Importanweisung benötigt, um diese Klasse unqualifiziert benutzen zu können. Die Methode `sqrt` ist eine statische Methode innerhalb der Klasse `Math`. Statische Methoden können für eine Klasse direkt aufgerufen werden. Es ist kein Objekt der Klasse hierzu notwendig.

Parameter

Methoden dienen nicht allein dazu, um aus den Eigenschaften eines Objektes allein einen Wert zu errechnen, sondern auch dazu, die Objekteigenschaften mit anderen externen Daten zu verarbeiten. Daher können Methoden auch Parameter haben.

Als erstes Beispiel betrachten wir die Methode, die als Parameter eine weitere Fließkommazahl erhält. Mit diesem auch als Skalar bezeichneten Wert sollen sowohl die x- als auch die y-Koordinate multipliziert werden, um ein neues `Vertex`-Objekt zu erzeugen:

```
──────────────── Vertex.java ────────────────
23  public Vertex skalarMult(double s){return new Vertex(x*s,y*s);}
```

Die obige Methode hat als Ergebnistyp die Klasse `Vertex`. Es ist mit der **return**-Anweisung ein Objekt dieser Klasse zurück zu geben. Dieses Objekt wird mit der **new**-Anweisung neu erzeugt.

Rückgabelose Methode

Alle bisher geschriebenen Methoden berechnen ein Ergebnis, das sie beim Methodenaufruf zurück geben. Das muss nicht sein. Mit `void` als Rückgabe markierte Methoden berechnen kein Ergebnis. Trotzdem sollen sie etwas Sinnvolles machen. In der Regel verändern `void`-Methoden das Objekt. Auf einem konkreten Objekt aufgerufen bedeutet das, dass das Objekt nach dem Aufruf der Methode andere Werte in den Feldern hat, als vor dem Aufruf. Eine solche Methode modifiziert, verändert das Objekt.

Entsprechend der letzten Methode `skalarMult` können wir eine Variante der Multiplikation mit einem Skalar definieren, die kein neues `Vertex`-Objekt erzeugt. Das bestehende Objekt wird stattdessen verändert. Die beiden Felder bekommen die Ergebnisse der Multiplikation zugewiesen:

```
───────────────── Vertex.java ─────────────────
24    public void skalarMultMod(double s){
25        x=s*x;
26        y=s*y;
27    }
```

Addition

Natürlich sind Art und Anzahl der Parameter nicht beschränkt. Hatten wir in den letzten beiden Methoden einen Parameter vom Typ **double**, so folgen hier noch zwei Methoden, die ein zweites **Vertex**-Objekt als Parameter haben (das erste Objekt ist bei Methoden immer implizit vorhanden, nämlich als das Objekt, auf dem die Methode aufgerufen wird).

Diesmal seien die das Objekt modifizierenden und nicht modifizierenden Varianten einer Addition zweier Punkte definiert. Dabei werden die Punkte wie Vektoren behandelt und die Vektoraddition durchgeführt.

Zunächst die Version, die das Ergebnis als ein neues Rückgabeobjekt erzeugt:

```
───────────────── Vertex.java ─────────────────
28    public Vertex add(Vertex v2){return new Vertex(x+v2.x,y+v2.y);}
```

Und schließlich die das Objekt selbst mit dem Ergebnis modifizierende Variante:

```
───────────────── Vertex.java ─────────────────
29    public void addMod(Vertex v2){
30        x=x+v2.x;
31        y=y+v2.y;
32    }
```

Tatsächlich sind modifizierende Methoden, die ein Objekt verändern, gefährlich. Nach Aufruf der Methode ist das Objekt nicht mehr dasselbe wie vor Aufruf der Methode. Wenn sich Objekte beim Ablauf eines Programms verändern, dann kann es für den Programmierer manchmal schwer nachvollziehbar sein, wann und weshalb ein Objekt verändert wurde.

Werte setzende Methoden

Mit **skalarMultMod** und **addMod** haben wir bereits zwei Methoden definiert, die das Objekt verändern. Die einfachste Form ein Objekt zu verändern ist, einem Feld einen neuen Wert zuzuweisen. Dieses kann, wie wir im ersten Test gesehen haben, direkt gemacht werden. In vielen Situationen empfiehlt es sich, hierzu eine Methode zu verwenden.

Die folgende Methode setzt lediglich den Wert des Feldes x auf den per Parameter übergebenen Wert:

```
──────── Vertex.java ────────
33   public void setzeX(double xx){x=xx;}
```

Tatsächlich ist an dieser Stelle noch nicht einsichtig, worin der Vorteil liegt, ein Feld nicht direkt zu setzen, sondern eine Methode zum Setzen des Wertes hierfür bereit zu halten.

Der this-Bezeichner

In der letzten Methode wirkte der Parametername xx schon ein wenig künstlich. Er sollte den neuen Wert für das Feld x enthalten. Wir hätten diesen Parameter gerne einfach nur x genannt; nur dann hätte man ihn aber nicht mehr vom Feld x unterscheiden können. Genauer gesagt hätte er das Feld x überdeckt, so dass man nicht mehr an das Feld x herangekommen wäre. Unter anderem aus diesem Grund gibt es einen festen eingebauten Bezeichner in Java, der das Objekt bezeichnet, für das die Methode (bzw. der Konstruktor) gerade ausgeführt wird. Dieser Bezeichner ist das Schlüsselwort this. Unter Zuhilfenahme des this-Bezeichners lässt sich obige Wert setzende Methode auch wie folgt schreiben:

```
──────── Vertex.java ────────
34   public void setX(double x){this.x = x;}
```

Der Rumpf liest sich jetzt als: Das Feld x soll in diesem Objekt auf den Wert des Parameters x gesetzt werden.

Entsprechendes lässt sich natürlich auch mit der y-Koordinate machen:

```
──────── Vertex.java ────────
35   public void setY(double y){this.y = y;}
```

Methoden, die nur in einem Feld eines Objektes einen neuen Wert setzen, werden als Set-Methoden oder auch kurz als *Setter* bezeichnet. Es hat sich als Namenskonvention durchgesetzt, diese Methoden mit dem Wort set beginnen zu lassen und dann den Namen des Feldes, das gesetzt wird, folgen zu lassen. Dabei wird der erste Buchstabe des Feldnamens in einem Großbuchstaben geschrieben.

Get-Methoden

Im letzten Abschnitt haben wir Set-Methoden eingeführt, deren Zweck es ist, ein Feld für ein Objekt mit einem neuen Wert zu belegen. Als Get-Methoden werden analog Methoden bezeichnet, deren Zweck es ist, den Wert, der in einem Feld gespeichert ist, zurück zu geben. Es gilt die gleiche Namenskonvention für Get-Methoden wie auch schon für Set-Methoden. Get-Methoden haben keinen Parameter, dafür aber einen Rückgabewert. Der Typ der Rückgabe ist der Typ des Feldes, für das die Get-Methode den Wert zurück gibt.

Es folgen für die beiden Felder der Klasse `Vertex` die Get-Methoden:

```
                                    Vertex.java
36   public double getX(){return x;}
37   public double getY(){return y;}
```

Gleichheit, instanceof und Typzusicherung

Es soll noch eine letzte Methode für die Klasse `Vertex` umgesetzt werden. Diese soll auf die Gleichheit zweier Objekte testen.

In der deutschen Sprache gibt es einen subtilen Unterschied zwischen dem Wort *dasselbe* und der Bezeichnung *das Gleiche*. Verlangen Sie in einem Lokal dasselbe, wie die Dame am Nebentisch erhalten hat, so wird der Ober der Dame am Nebentisch den Teller wegnehmen und Ihnen denselben servieren. Verlangen Sie hingegen das Gleiche wie die Dame am Nebentisch, so wird der Ober in der Küche den Koch beauftragen, noch einmal das Gericht zu kochen, um es dann Ihnen zu servieren.

Auch in Java gibt es diesen subtilen Unterschied, der durchaus zu einer Fehlerquelle führen kann. Die Gleichheit für Objekte wird in Java mit der Methode `equals` ausgedrückt. Das Verhalten der Methode `equals` ist zu programmieren. Darüber hinaus gibt es den eingebauten Gleichheitsoperator `==`. Ein Test mit dem Gleichheitsoperator testet, ob es sich um ein identisches Objekt handelt, im Sinne von *dasselbe* Objekt.

Tatsächlich will man nur in seltenen Fällen in der Javaprogrammierung die Identität testen, meistens wird man die Gleichheit überprüfen wollen. Also wird zumeist die Methode `equals` benötigt. Leider ist der Operator `==` sehr verführerisch, weil er auch für primitive Typen benutzt wird. So passiert es auch erfahrenen Programmierern oft, dass sie fälschlicher Weise zum Operator `==` greifen, statt zur Methode `equals`. Insbesondere bei Objekten der Klasse `String` passiert das gerne. Also Achtung: Wann immer auf die Gleichheit zweier Objekte geprüft werden soll, muss die Methode `equals` aufgerufen werden.

Aufgabe 7 Überzeugen Sie sich durch ein kleines Testprogramm davon, dass für Strings das Gleiche und dasselbe nicht zu identischen Ergebnissen führen muss. Benutzen Sie hierzu zwei Stringobjekte z.B. `String s1="hallo"` und `String s2="HallO".toLowerCase()`. Dann lassen Sie sich die Ergebnisse von `s1==s2` und `s1.equals(s2)` einmal ausgeben.

Es gibt in Java keine Automatik für die Methode `equals`, ähnlich, wie es ja auch keine Automatik für die Methode `toString` gibt. Es obliegt dem Programmierer, diese

Methoden in seinen Klassen nach seinen Bedürfnissen auszuprogrammieren. Schreiben wir also die Methode **equals** für die Klasse **Vertex**:

```
─────────── Vertex.java ───────────
38   public boolean equals(Object thatObject){
```

Es fällt auf, dass die Methode **equals** in Bezug auf ihren Parameter sehr allgemein gehalten ist. Er hat den Typ **Object**. Der Typ **Object** passt für alle Javaobjekte. Methoden mit dem Parametertyp **Object** können mit Objekten jeder beliebigen Klasse aufgerufen werden. Allerdings kann man innerhalb der Klasse nicht mehr ohne Weiteres erkennen, von welcher konkreten Klasse das übergebene Objekt stammt.

Es wird also in der obige Methode gefragt, ob ein bestimmtes **Vertex**-Objekt gleich ist mit einem beliebigen zweiten Objekt.

Die instanceof-Abfrage Das zweite Objekt ist einem **Vertex**-Objekt sicher nur als gleich anzusehen, wenn dieses zweite Objekt auch ein **Vertex** ist. Es wird also eine Möglichkeit benötigt, ein beliebiges Objekt zu fragen, ob es von einer bestimmten Klasse ist. Diese Möglichkeit bietet Java mit dem eingebauten Operator **instanceof** an. Links von diesem Operator schreibt man ein beliebiges Objekt und rechts als zweiten Operanden einen Klassennamen. Ein **instanceof**-Ausdruck hat einen Wahrheitswert als Ergebnis, je nachdem ob das Objekt zu der spezifizierten Klasse gehört oder nicht.

Daher sollten wir uns in der Methode **equals** der Klasse **Vertex** zunächst davon überzeugen, ob das zweite Objekt auch ein **Vertex**-Objekt ist:

```
─────────── Vertex.java ───────────
39      if (thatObject instanceof Vertex){
```

Typzusicherung Innerhalb des Rumpfes der *if*-Anweisung können wir jetzt sicher sein, dass es sich bei dem Objekt **thatObject** um ein Objekt der Klasse **Vertex** handelt. Leider kann der Typchecker des Compilers davon nichts wissen. Für ihn ist es weiterhin lediglich irgendein Objekt. Um mit diesem Objekt wie mit einem **Vertex**-Objekt arbeiten zu können, ist es notwendig, dem Objekt den Typ **Vertex** zuzusichern. Dieses kann in Java syntaktisch durch den in runde Klammern eingeschlossenen Typ erreicht werden. Diesen zuzusichernden Typen stellt man dem Objekt voran. Im Englischen spricht man auch von einem *cast*.

Sichern wir auf diese Weise dem Objekt **thatObject** den Typ **Vertex** zu, so lässt sich das Ergebnis in eine Variable des Typs **Vertex** speichern:

```
─────────── Vertex.java ───────────
40      Vertex that = (Vertex)thatObject;
```

Nun lässt sich das Objekt auch als ein `Vertex` behandeln und somit nach seinen x- und y-Koordinaten fragen. Jetzt kann die Gleichheit definiert werden als Gleichheit auf den einzelnen Feldern der Klasse:

```
——————————————— Vertex.java ———————————————
41        return this.x==that.x && this.y == that.y;
42    }
```

Im Falle, dass es sich bei `thatObject` nicht um ein Objekt der Klasse `Vertex` gehandelt hat, wird als Ergebnis der Gleichheit `false` zurück gegeben:

```
——————————————— Vertex.java ———————————————
43    return false;
44  }
```

Wunscheigenschaften an die Gleichheit Es ist einem Programmierer vollkommen freigestellt, auf welche Art und Weise er die Gleichheit implementiert. So hätte auch die Methode `equals` für die Klasse `Vertex` so implementiert werden können, dass zwei Objekte mit demselben Wert in der x-Koordinate bereits als gleich angesehen werden, auch wenn sie sich im Wert der y-Koordinaten unterscheiden. Oder wir hätten zwei Punkte als gleich ansehen können, wenn sie den gleichen Betrag haben.

Jedoch sollte man sich bei der Implementierung darauf beschränken, die Gleichheit auf Objekten so zu definieren, dass die fundamentalen Eigenschaften, die auch ein Mathematiker an die Gleichheit legt, erfüllt sind:

- **Reflexivität:** Die Reflexivität sagt aus, dass ein Objekt mit sich selbst gleich ist; sprich, dass für jedes Objekt o gilt: `o.equals(o)` ergibt immer `true`.

- **Symmetrie:** Die Symmetrie sagt aus, dass, wenn für zwei Objekte o1 und o2 gilt: `o1.equals(o2)`, dann soll auch der umgekehrte Aufruf `true` als Ergebnis liefern: `o2.equals(o1)`.

- **Transitivität:** Die Transitivität sagt aus, dass sich die Gleichheit verkettet. Wenn für drei Objekte o1, o2 und o3 gilt: `o1.equals(o2)` und `o2.equals(o3)` soll auch gelten: `o1.equals(o3)`.

Unsere obige Implementierung, sofern die Methode `equals` nur für Objekte der Klasse `Vertex` aufgerufen wird, erfüllt diese drei Bedingungen.

Die Klasse `Vertex` enthält schon fast alles, was eine anständige Javaklasse an Eigenschaften haben soll: ein paar Felder, einen Konstruktor zum Initialisieren dieser Felder beim Erzeugen neuer Objekte, ein paar interessante Methoden und insbesondere sinnvolle Implementierungen der beiden Methoden `toString` und `equals`. Somit schließen wir die Klasse `Vertex`:

```
―――――――― Vertex.java ――――――――
45  }
```

Die in der Gleichheitsmethode angewendete Typzusicherung ist allgemein eine gefährliche Operation. Es kann nicht durch den Typchecker geprüft werden, ob diese Operation erfolgreich durchgeführt werden kann. Diese Operation kann zur Laufzeit scheitern und zum Programmabbruch führen.

Diesen Fehler provoziert das folgende kleine Programm. Es enthält eine Methode, die versucht, dem Parameter des Typs **Object** den Typ **String** zuzusichern:

```
―――――――― Cast.java ――――――――
1  package name.panitz.ludens.error.runtime;
2  import name.panitz.ludens.animationGame.Vertex;
3  public class Cast{
4    public static String asString(Object o){
5      return (String)o;
6    }
```

Wenn diese Methode mit einem **String**-Objekt als Argument aufgerufen wird, so erhält man ein **String**-Objekt als Rückgabe:

```
―――――――― Cast.java ――――――――
7    public static void main(String[] _){
8      String s1 = asString("hello");
```

Ein Aufruf dieser Methode mit einem **Vertex**-Objekt lässt der Compiler zwar zu, wird aber zur Laufzeit zu einen Fehler führen:

```
―――――――― Cast.java ――――――――
9      String s2 = asString(new Vertex(17,4));
10   }
11 }
```

Wird dieses Programm gestartet, so bricht es beim zweiten Methodenaufruf mit einer Fehlermeldung ab:

```
sep@pc305-3:~/fh/ludens> java -cp classes/ name.panitz.ludens.error.runtime.Cast
Exception in thread "main" java.lang.ClassCastException:
    name.panitz.ludens.animationGame.Vertex cannot be cast to java.lang.String
        at name.panitz.ludens.error.runtime.Cast.asString(Cast.java:5)
        at name.panitz.ludens.error.runtime.Cast.main(Cast.java:11)
sep@pc305-3:~/fh/ludens/tutor>
```

Der dritte entscheidende Schritt zur objektorientierten Programmierung ist die Definition von Methoden innerhalb einer Klasse, in denen mit den Eigenschaften des Objektes gearbeitet wird.

3.1.5   Tests der Methoden

Es ist an der Zeit, die oben geschriebenen Methoden der Klasse `Vertex` auch einmal auszutesten. Da wir bereits eine kleine Testfunktion `main` innerhalb der Klasse `Vertex` implementiert haben, ist der zweite Test in einer eigenen Klasse geschrieben. Zunächst seien wieder ein paar Objekte erzeugt:

```
                         ─────── TestVertex.java ───────
1 package name.panitz.ludens.animationGame;
2 public class TestVertex{
3   public static void main(String [] args){
4     Vertex v1 = new Vertex(17,4);
5     Vertex v2 = new Vertex(42,23);
6     Vertex v3 = new Vertex(0,0);
7     Vertex v4 = new Vertex(42,23);
```

Methoden werden für Objekte in gleicher Weise aufgerufen, wie der Zugriff auf die Felder eines Objekts erfolgt: mit dem Punkt-Operator. Im Unterschied zum Feldzugriff hat ein Methodenaufruf noch die Parameter in runden Klammern eingeschlossen. Rufen wir jetzt also die Methoden der Klasse `Vertex` auf unseren Beispielobjekten auf.

Als Erstes können wir eine interessante Beobachtung machen. Aufgrund dessen, dass wir eine eigene Methode `toString` geschrieben haben, kann diese jetzt zur Ausgabe eines Punktes auf der Kommandozeile benutzt werden:

```
                         ─────── TestVertex.java ───────
8     System.out.println(v2.toString());
```

Interessanterweise wird die Methode `toString` sogar zur Ausgabe auf der Kommandozeile benutzt, wenn wir diese nicht explizit selbst aufrufen:

```
                         ─────── TestVertex.java ───────
9     System.out.println(v2);
```

Es liegt an der Methode `println`, die beliebige Objekte zunächst mit einem Aufruf an deren Methode `toString` in eine textuelle Form umwandelt und diese dann auf der Kommandozeile ausgibt.

Testen wir zunächst die Länge der Punkte in Form ihrer Entfernung zum Ursprung:

```
                         ─────── TestVertex.java ───────
10    System.out.println(v1.length());
11    System.out.println(v2.length());
12    System.out.println(v3.length());
```

Wenn wir ein neues Punktobjekt erzeugen, indem wir ein bestehendes Punktobjekt mit einem Skalar multiplizieren, können wir uns davon überzeugen, dass das eigentliche Objekt unverändert bleibt:

```
                      ── TestVertex.java ──
13    System.out.println(v1.skalarMult(0.8));
14    System.out.println(v1);
```

Anders hingegen, wenn wir die modifizierende Version der Multiplikation mit einem Skalar anwenden:

```
                      ── TestVertex.java ──
15    v1.skalarMultMod(0.8);
16    System.out.println(v1);
```

Gleiches lässt sich natürlich auch mit den beiden Varianten der Additionsmethode zeigen:

```
                      ── TestVertex.java ──
17    System.out.println(v1.add(v2));
18    System.out.println(v1);
19    System.out.println(v2);
20    v1.addMod(v2);
21    System.out.println(v1);
22    System.out.println(v2);
```

Schließlich sollen noch ein paar Aufrufe der Gleichheitsmethode folgen:

```
                      ── TestVertex.java ──
23    System.out.println(v1.equals(v2));
24    System.out.println(v2.equals(v3));
25    System.out.println(v2.equals(v4));
26    System.out.println(v4.equals(v2));
27    }
28  }
```

Aufgabe 8 Führen Sie die Klasse `TestVertex` aus. Versuchen Sie die Ausgabe nachzuvollziehen.

Aufgabe 9 Erweitern Sie die Klasse `Vertex` um die folgenden weiteren Methoden. Schreiben Sie kleine Tests für alle Methoden.

a) `Vertex sub(Vertex that)`: Diese Methode soll analog zur Methode `add` sein. Dabei soll statt einer Addition eine Subtraktion durchgeführt werden.

b) `double distance(Vertex that)`: Das Ergebnis soll die Entfernung von Vertex `this` zum Vertex `that` sein.

c) `Vertex normalized()`: Ein Vertex gelte als normalisiert, wenn sein Betrag 1 ist. Das Verhältnis von x zu y des normalisierten Punktes soll dabei identisch zum entsprechenden Verhältnis im Vertex `this` sein.

3.2 Klasse geometrischer Figuren

Punkte im Raum allein reichen natürlich nicht aus, um komplexe Zusammenhänge im Raum darzustellen. Wir brauchen mächtigere Abstraktionen, die auf Punkten aufbauen. Eine schöne Eigenschaft von Java ist, dass bereits geschriebene Klassen ohne besonderen Aufwand in neuen Klassen verwendet werden können.

Auf der zweidimensionalen Spielfläche sollen sich zunächst einfache geometrische Objekte wie Vierecke und Kreise bewegen können. Hierzu ist zu definieren, was ein solches geometrisches Objekt ist, welche Eigenschaften es hat und was alles mit ihm angestellt werden kann. Bei der Definition einer Klasse geometrischer Figuren kann die Klasse `Vertex` benutzt werden.

Wir definieren eine Klasse zur Darstellung geometrischer Objekte:

```
——————————— GeometricObject.java ———————————
1  package name.panitz.ludens.animationGame;
2  public class GeometricObject
```

Und nun sind die gleichen Überlegungen anzustellen, wie in der Klasse `Vertex`:

- Was hat ein geometrisches Objekt für Eigenschaften und mit welchen Feldern können sie sinnvoll dargestellt werden?

- Wie sehen geeignete Konstruktoren für geometrische Objekte aus?

- Was für Operationen sollen auf geometrischen Objekten ausführbar sein und wie lassen sich diese in Methoden umsetzen?

```
——————————— GeometricObject.java ———————————
3  {
```

3.2.1 Felder

Zunächst müssen wir uns über die Eigenschaften klar werden, die ein geometrisches Objekt in einem zweidimensionalen Raum charakterisieren. Solche Fragen werden im Allgemeinen in einer Entwurfsphase gemacht. Für die Klasse `Vertex` war die Entwurfsphase relativ schnell und eindeutig abgeschlossen. Doch für geometrische Objekte? Viele Eigenschaften für ein geometrisches Objekt wären denkbar: seine Farbe, sein Umfang, sein Flächeninhalt, die Anzahl der Ecken, die Information, ob es eine gebogene Kante gibt, die Höhe oder Breite des Objekts, ob die Ecken abgerundet sind, etc.

In der Entwurfsphase eines Programms kommt es darauf an, die Eigenschaften einer Klasse von Objekten zu identifizieren, die für die endgültig zu lösende Problemstellung relevant sind. Die relevanten Eigenschaften einer Klasse von Objekten münden dann in der Implementierung in Felder der zu definierenden Javaklasse. Außerdem ist darauf zu achten, dass innerhalb der Eigenschaften keine Abhängigkeiten bestehen. Für ein Rechteck lassen sich aus der Höhe und Breite sowohl der Umfang als auch der Flächeninhalt berechnen, d.h. die Werte für die Fläche und den Umfang hängen von der Höhe und Breite ab. Daher sollte auf eigene Felder zur Speicherung von Umfang und Fläche verzichtet werden. Auch in der Klasse `Vertex` wurde kein eigenes Feld für die Entfernung zum Ursprung vorgesehen. Dieser Wert konnte aus den Werten der Koordinaten mit einer Methode errechnet werden.

Die geometrischen Objekte werden wir zunächst möglichst klein und handlich halten. Daher seien nur drei Eigenschaften als relevant angesehen:

- Position der linken oberen Ecke des Objekts im zweidimensionalen Raum

- maximale Breite des Objekts

- maximale Höhe des Objekts

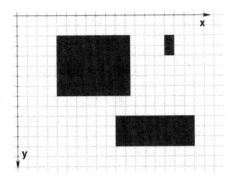

Abbildung 3.2: Drei Rechtecke in einem Koordinatensystem.

Die drei als relevant erachteten Eigenschaften geometrischer Objekte führen zu drei Feldern in der Implementierung der Javaklasse.

Und hier die drei Felddefinitionen der Klasse `GeometricObject`:

```java
                        ─── GeometricObject.java ───
4 |  public Vertex pos;
5 |  public double width;
6 |  public double height;
```

Wir können also die Klasse `Vertex` benutzen, um die Position des geometrischen Objekts im Koordinatensystem zu beschreiben. Genau dafür haben wir die Klasse `Vertex` schließlich entwickelt. Es ist in unserem Fall nicht einmal etwas zu unternehmen, um die Klasse `Vertex` benutzen zu dürfen. Sie muss nicht explizit importiert, inkludiert oder zum Programm hinzu gebunden werden.

Im letzten Abschnitt haben wir das Prinzip von **get**-Methoden kennen gelernt. Entsprechend können für die drei Felder solche **get**-Methoden implementiert werden:

```
────────────────────── GeometricObject.java ──────────────────
7   public double getWidth(){return width;}
8   public double getHeight(){return height;}
9   public Vertex getPos(){return pos;}
```

3.2.2 Konstruktoren

Wir haben in unserer ersten Klasse bereits einen Konstruktor geschrieben. Dieser hat die Felder der Klasse mit bestimmten Werten so initialisiert, dass ein neu erzeugtes Objekt stets mit definierten Werten erzeugt wird. Wir brauchen uns im Konstruktor auf eine solche Initialisierung allein nicht zu beschränken. Wir können beliebigen weiteren Code im Konstruktor zur Ausführung bringen.

Konstruktoren zur Normalisierung der Daten

Eine sinnvolle weitere Aufgabe des Konstruktors ist es, dafür zu sorgen, dass für die Klasse `GeometricObject` keine Objekte mit negativer Höhe oder Breite erzeugt werden. Im Fall negativer Höhen oder Breiten stellt das Feld **pos** nicht mehr die linke obere Ecke der geometrischen Figur dar. Wir können die Werte im Konstruktor entsprechend normalisieren, dass kein Objekt mit negativer Höhe oder Breite erzeugt wird. Hierzu werden in einem ersten Schritt die Felder initialisiert:

```
────────────────────── GeometricObject.java ──────────────────
10   public GeometricObject(double w,double h,Vertex poss){
11       pos=poss;
12       width=w;
13       height=h;
```

Anschließend wird geschaut, ob die Weite eventuell einen negativen Wert hat. In diesem Fall ist die in **pos** gespeicherte Ecke nicht die linke obere Ecke sondern die rechte obere Ecke. Die x-Koordinate der Ecke wird korrigiert und die Weite in eine positive Strecke geändert:

```
────────────────────── GeometricObject.java ──────────────────
14       if (width<0){
15           width = -width;
16           pos.x = pos.x - width;
17       }
```

Desgleichen wird anschließend mit der Höhe verfahren:

```
                       GeometricObject.java
18      if (height<0){
19         height = -height;
20         pos.y = pos.y - height;
21      }
22   }
```

Überladen von Konstruktoren

Es kann sein, dass wir manchmal geometrische Objekte direkt am Ursprung des Koordinatensystems erzeugt haben wollen. Solche Objekte sind mit dem obigen Konstruktor zu erzeugen, indem ihm für den letzten Parameter der Wert `new Vertex(0,0)` übergeben wird. Sollen häufig solche Objekte am Ursprung erzeugt werden, empfiehlt es sich, hierfür einen spezialisierten Konstruktor vorzusehen. Er hat nur noch zwei Parameter:

```
                       GeometricObject.java
23   public GeometricObject(double w,double h){
```

Der Rumpf ließe sich nun so implementieren, dass die Werte für Höhe und Breite des Objekts mit den übergebenen Werten initialisiert werden und die Koordinaten mit dem Wert 0. Also könnte folgender Code benutzt werden:

```
width=w;
height=h;
pos=new Vertex(0,0);
if (width<0){
  width = -width;
  pos.x = pos.x - width;
}
if (height<0){
  height = -height;
  pos.y = pos.y - height;
}
```

In der Programmierung ist man bestrebt, den bereits geschriebenen Code zu benutzen. Eine Verdoppelung von bereits existierenden Codes ist zu vermeiden. Obiger Code sieht dem Rumpf des ersten Konstruktors sehr ähnlich. Es hat eine Codeverdoppelung stattgefunden und in diesem Fall sogar von einem nicht mehr trivialen Code. Also liegt es nahe, diesen verdoppelten Code zu ersetzen durch einen Aufruf des Codes vom ersten Konstruktor. Dieses ist in Java über das Schlüsselwort `this` möglich. Innerhalb eines Konstruktors kann ein anderer Konstruktor aufgerufen werden, indem dem Schlüsselwort `this` in runden Klammern die Argumente folgen. Über einen solchen Aufruf lässt sich der Rumpf des zweiten Konstruktors wie folgt in einer Zeile schreiben:

```
───────────────────── GeometricObject.java ─────────
24    this(w,h,new Vertex(0,0));
25    }
```

Allerdings darf im Rumpf eines Konstruktors ein solcher Aufruf zu einem anderen Konstruktor nur als erster Befehl auftreten.

Aufgabe 10 Verletzen Sie einmal die obige Einschränkung. Schreiben Sie eine Javaklasse, die innerhalb eines Konstruktors über **this** einen weiteren Konstruktor der Klasse aufruft, wobei dies nicht der erste Befehl im Konstruktor ist. Versuchen Sie diese Klasse zu übersetzen. Was für eine Fehlermeldung erhalten Sie?

Wir können das Spiel von Konstruktoren, die andere Konstruktoren aufrufen und quasi mit Werten für die Parameter füttern, weiter treiben. So lässt sich ein weiterer Konstruktor schreiben, der nur noch einen Parameter hat. Dieser Parameter soll die Weite des Objekts ausdrücken. Das Objekt, das erzeugt wird, soll ebenso hoch wie weit sein und im Ursprung liegen:

```
───────────────────── GeometricObject.java ─────────
26    public GeometricObject(double w){this(w,w);}
```

Und weil es so schön war, folgt gar ein vierter Konstruktor, der gar keinen Parameter hat. Er soll immer ein Objekt mit Weite und Höhe 10 im Ursprung erzeugen:

```
───────────────────── GeometricObject.java ─────────
27    public GeometricObject(){this(10);}
```

Vielleicht wollen wir auch die Möglichkeit haben, die Position einer geometrischen Figur im Konstruktor zu spezifizieren und für Weite und Höhe Standardwerte zu benutzen. Auch dafür lässt sich ein Konstruktor überladen:

```
───────────────────── GeometricObject.java ─────────
28    public GeometricObject(Vertex pos){this(0,0,pos);}
```

Wir haben fünf Konstruktoren definiert. Sie unterscheiden sich in der Anzahl ihrer Parameter. In einem solchen Fall spricht man davon, dass der Konstruktor überladen wurde.

3.2.3 Methoden

Wir sind jetzt in der Lage, Objekte sogar auf unterschiedliche Weise zu erzeugen und hernach mit ihren Eigenschaften zu arbeiten. Jetzt fängt das eigentliche Programmieren an, nämlich mit den Objekten zu rechnen. Schon mit den drei Eigenschaften der Klasse **GeometricObject** lässt sich viel berechnen. So lässt sich der Umfang einer

Figur oder ihr Flächeninhalt berechnen. Es lässt sich eine textuelle Darstellung einer geometrischen Figur erstellen. Es lässt sich prüfen, ob ein bestimmter Punkt innerhalb einer geometrischen Figur ist, es lässt sich vergleichen ob eine Figur einen größeren Flächeninhalt als ein zweite Figur hat und es lässt sich testen, ob eine Figur mit einer zweiten deckungsgleich ist etc.

Textuelle Darstellung

Schreiben wir aber als allererstes auch für die Klasse `GeometricObject` die Methode `toString`:

```
──────────────────── GeometricObject.java ────────────────────
29    public String toString(){
30        return "width="+width+", height="+height+", pos="+pos;
31    }
```

Tatsächlich wird in dieser Methode auf versteckte Weise auch die Methode `toString` der Klasse `Vertex` aufgerufen. Schuld daran ist wieder der Operator `+`. Sobald einer der Operanden ein String ist, wird der andere Operand, wenn es ein beliebiges Objekt ist, mit der Methode `toString` in einen String umgewandelt. Dieses hätte natürlich auch explizit programmiert werden können mit: `", pos="+pos.toString();`. Es ist somit also davon auszugehen, dass jede Klasse eine Methode `toString` hat.

Umfang und Flächeninhalt

Eine weitere Methode soll den Umfang einer geometrischen Figur berechnen. Der Umfang sei in dem einfachen Fall unserer geometrischen Figuren als das Doppelte der Summe aus Weite und Höhe definiert:

```
──────────────────── GeometricObject.java ────────────────────
32    public double circumference(){return 2*(width+height);}
```

Gehen wir bei unseren geometrischen Figuren standardmäßig von Rechtecken aus, so berechnet sich der Flächeninhalt aus dem Produkt von Höhe und Weite:

```
──────────────────── GeometricObject.java ────────────────────
33    public double area(){return width*height;}
```

Punkte innerhalb der Figur

Eine weitere interessante Methode soll testen, ob ein Punkt innerhalb der geometrischen Figur liegt. Hierzu muss sowohl die x-Koordinate als auch die y-Koordinate innerhalb des Breiten- und Höhenbereichs der Figur liegen:

61

```
────────────────── GeometricObject.java ──────────────
34    public boolean contains(Vertex v){
35      return v.x >= pos.x && v.x <= pos.x+width    //x is within
36          && v.y >= pos.y && v.y <= pos.y+height; //y is within
37    }
```

Die Vergleichsoperatoren <=, >=, < und > haben einen Wahrheitswert vom eingebauten Typ boolean als Ergebnis. Der Operator && ist das logische *Und* auf Wahrheitswerten. Das logische *Oder* wird mit dem Operator || bezeichnet.

Größenvergleich

In einer weiteren Methode sollen zwei geometrische Figuren auf ihre Größe hin verglichen werden. Der Test ist erfolgreich, wenn das Objekt einen größeren Flächeninhalt als das übergebene Objekt hat:

```
────────────────── GeometricObject.java ──────────────
38    public boolean isLargerThan(GeometricObject that){
39      return this.area() > that.area();
40    }
```

Dem Parameter haben wir den sprechenden Namen that gegeben[1]. Mit that wird nun auf das übergebene Objekt zugegriffen und mit dem eingebauten Schlüsselwort this auf das Objekt, für das die Methode aufgerufen wurde.

Objekte verschieben

Drei Methoden seien definiert, die sich damit beschäftigen, den Eckpunkt der Figur auf eine andere Position zu bewegen. Zunächst soll in der Methode moveTo ein neuer Eckpunkt absolut festgelegt werden:

```
────────────────── GeometricObject.java ──────────────
41    public void moveTo(Vertex pos){this.pos=pos;}
```

Ebenso, wie wir bereits den Konstruktor überladen haben, lassen sich auch beliebige Methoden überladen. Wir können eine zweite Version der Methode moveTo schreiben, die sich in der Art der Parameter unterscheidet. In dieser zweiten Version wird nicht der neue Eckpunkt als Vertex-Objekt übergeben, sondern die beiden Koordinaten des neuen Eckpunktes einzeln:

```
────────────────── GeometricObject.java ──────────────
42    public void moveTo(double x, double y){
```

---

[1]Eine zweite weit verbreitete Konvention ist, solchen Parametern, die von derselben Klasse sind, den Namen other zu geben.

Ebenso wie es möglich ist, innerhalb eines überladenen Konstruktors einen anderen Konstruktor derselben Klasse aufzurufen, ist es möglich, von einer überladenen Version einer Methode eine andere Version aufzurufen. So kann in diesem Fall die moveTo-Methode mit dem **Vertex**-Objekt als Parameter aufgerufen werden:

```
────────────────── GeometricObject.java ──────────────────
43    moveTo(new Vertex(x,y));
44  }
```

Eine dritte Methode zum Verändern des Eckpunktes soll diesen nicht absolut sondern relativ verschieben. Hierzu lässt sich die Additionsmethode auf der Klasse **Vertex** verwenden, um den neuen Eckpunkt zu berechnen:

```
────────────────── GeometricObject.java ──────────────────
45  public void move(Vertex v) {moveTo(pos.add(v));}
```

Gleichheit

Die Standardimplementierung einer Gleichheit war bereits in der Klasse **Vertex** zu sehen. Für die Klasse der geometrischen Figuren sei diese Methode in gleicher Weise realisiert. Zunächst wird durch eine **instanceof**-Abfrage sichergestellt, dass das zu vergleichende Objekt von der gleichen Klasse ist. Schließlich kann eine entsprechende Typzusicherung vorgenommen werden, um dann die Felder der Klasse paarweise zu vergleichen:

```
────────────────── GeometricObject.java ──────────────────
46  public boolean equals(Object thatObject){
47    if (thatObject instanceof GeometricObject){
48      GeometricObject that = (GeometricObject)thatObject;
49      return that.width==this.width
50          && this.height==that.height
51          && this.pos.equals(that.pos);
52    }
53    return false;
54  }
55  }
```

Aufgabe 11 Schreiben Sie eine Methode, die prüft ob zwei geometrische Figuren sich berühren, also ob sie einen gemeinsamen Punkt haben. Sollten Sie keine einfache Lösung finden, so verzweifeln Sie nicht. Diese Methode wird zu einem späteren Zeitpunkt in diesem Buch implementiert.

Ein zweiter Test

Auch die Klasse `GeometricObject` enthält somit alle Eigenschaften, die von einer gängigen Javaklasse zu erwarten sind. Ein paar einfache Tests sollen von der Funktionsweise der Klasse überzeugen:

```
                        ———— TestGeometricObject.java ————
1  package name.panitz.ludens.animationGame;
2  public class TestGeometricObject{
3    public static void main(String [] args){
4      GeometricObject o1
5        = new GeometricObject(17,4,new Vertex(42,23));
6      GeometricObject o2 = new GeometricObject(17,4);
7      GeometricObject o3 = new GeometricObject(17);
8      GeometricObject o4 = new GeometricObject();
9
10     System.out.println(o1.equals(o2));
11     o2.moveTo(42,23);
12     System.out.println(o1.equals(o2));
13     System.out.println(o3.contains(new Vertex(10,3)));
14     System.out.println(o4);
15   }
16 }
```

Aufgabe 12 Übersetzen Sie die Klasse `GeometricObject` und führen Sie die Tests aus. Interpretieren Sie die Ausgabe. Erweitern Sie die `main`-Methode um weitere Testaufrufe von Methoden der Klasse.

3.2.4 Unterklasse

Klassen mit Feldern, Methoden und Konstruktoren, um Objekte zu erzeugen; damit ist die Hälfte der objektorientierten Programmierung bereits geschafft. Der nächste wahrscheinlich entscheidende Trick der Objektorientierung ist, spezialisierte Klassen zu definieren. Die Klasse `GeometricObject` des letzten Abschnitts drückt nur sehr allgemein Eigenschaften geometrischer Figuren aus. Lediglich eine Position des Eckpunktes und eine maximale Breite und Höhe sind bekannt. Es gibt viele unterschiedliche geometrische Figuren: Vierecke, Kreise, Ellipsen, Dreiecke oder beliebige Polygone. Allen diesen speziellen Objekten sei gemein, dass sie eine maximale Breite und Höhe haben und einen Eckpunkt, wenn ein Viereck mit dieser maximalen Weite und Höhe um das Objekt herum gezeichnet wird.

Die meisten Methoden solcher spezielleren geometrischen Figuren werden identisch funktionieren, wie in der allgemeinen Klasse `GeometricObject`. So werden mit Sicherheit die Methoden, die ein Objekt auf eine andere Position im Koordinatensystem setzen, unabhängig von der speziellen Art der geometrischen Figur sein.

Mit dem Wort **extends** wird nach dem Klassennamen angegeben, von welcher Klasse eine Unterklasse definiert werden soll. Wir können z.B. Ovale als spezielle geometrische Figuren definieren, indem eine entsprechende Unterklasse von `GeometricObject` geschrieben wird:

```
————————————————— SimpleOval.java —————————————————
1  package name.panitz.ludens.animationGame;
2  public class SimpleOval extends GeometricObject {
```

Tatsächlich hat jede Klasse genau eine Oberklasse[2]. Auch wenn wir keine **extends**-Angabe in der Klassendeklaration haben, hat eine Klasse eine Oberklasse. Dann setzt der Compiler die Standardklasse `java.lang.Object` als Oberklasse ein. Mit Hilfe eines kleinen Programms, das mit den Javaentwicklungswerkzeugen mitgeliefert wird, können wir auch einen Einblick in eine Klasse werfen, wie sie der Compiler übersetzt hat. Dieses Programm heißt `javap` und wird in etwa so aufgerufen wie der Javainterpreter, nämlich mit dem vollqualifizierten Namen einer Klasse. Anstatt wie der Javainterpreter `java` in dieser Klasse nach einer Methode **main** zu suchen, um diese auszuführen, zeigt das Programm `javap` den Inhalt der Klasse auf der Kommandozeile an. Ein Aufruf von `javap` für die Klasse `Vertex` führt zu folgender Ausgabe:

```
sep@pc305-3:~/fh/ludens> javap name.panitz.ludens.animationGame.Vertex
Compiled from "Vertex.java"
public class name.panitz.ludens.animationGame.Vertex extends java.lang.Object{
    double x;
    double y;
    public name.panitz.ludens.animationGame.Vertex(double, double);
    public static void main(java.lang.String[]);
    public java.lang.String toString();
    double length();
    name.panitz.ludens.animationGame.Vertex skalarMult(double);
    void skalarMultMod(double);
    name.panitz.ludens.animationGame.Vertex
                        add(name.panitz.ludens.animationGame.Vertex);
    void addMod(name.panitz.ludens.animationGame.Vertex);
    void setzeX(double);
    void setX(double);
    public boolean equals(java.lang.Object);
}

sep@pc305-3:~/fh/ludens>
```

Diese Ausgabe gibt Einblick darin, wie der Compiler die Klasse in die Datei `Vertex.class` übersetzt hat. Tatsächlich findet sich eine **extends**-Angabe für die Standardklasse `Object`.

---

[2]Dabei gibt es eine einzige Ausnahme: die Klasse `Object`.

Konstruktoren für Unterklassen

Auch Unterklassen brauchen Konstruktoren, um auf koordinierte Weise wohldefiniert Objekte von dieser Klasse schreiben zu können. Mit dem bisherigen Wissen würden wir vielleicht versuchen einen Konstruktor auf die folgende Weise zu implementieren:

```
1  public SimpleOval(double w,double h,Vertex pos){
2      this.width=w;
3      this.height=h;
4      this.pos=pos;
5  }
```

Und tatsächlich ist das auch möglich. Die Felder `width`, `height` und `pos` aus der Oberklasse `GeometricObject` stehen in der Unterklasse `SimpleOval` zur Verfügung. Und die Überlegung, dass diese drei Felder im Konstruktor mit konkreten Werten zu initialisieren sind, ist auch korrekt. Jedoch gibt es bereits einen sehr guten Konstruktor, der diese Initialisierung vornehmen kann, nämlich in der Klasse `GeometricObject`. Der dortige Konstruktor beinhaltet sogar mehr als nur die einfache Initialisierung der Felder. Er normalisiert sogar die übergebenen Werte in dem Fall, dass er mit negativen Werten für die Höhe oder die Breite aufgerufen wird. Wenn es also schon einen so wunderbaren Konstruktor gibt, dann soll dieser im besten Fall auch benutzt werden. Hierzu bietet Java die Möglichkeit an, innerhalb eines Konstruktors einen Konstruktor der Oberklasse aufzurufen. Dieses geschieht mit dem Schlüsselwort `super`. Damit lässt sich der Konstruktor für die Unterklasse `SimpleOval` wie folgt umsetzen:

```
                    ——— SimpleOval.java ———
6  public SimpleOval(double w,double h,Vertex pos){
7      super(w,h,pos);
8  }
```

Das erinnert natürlich sehr an den Aufruf eines anderen Konstruktors der eigenen Klasse mit Hilfe des Schlüsselworts `this`. Auch der Aufruf eines Konstruktors der Oberklasse obliegt starken Einschränkungen. Er darf nur als erster Befehl innerhalb eines Konstruktors getätigt werden. Allerdings müssen die Parameter eines Konstruktors nicht unbedingt eins zu eins an den Konstruktoraufruf der Oberklasse übergeben werden. So lässt sich z.B. ein Konstruktor definieren, der nicht den oberen Eckpunkt als `Vertex`-Objekt übergeben bekommt, sondern dessen Koordinaten einzeln. Innerhalb des Aufrufs des Konstruktors der Oberklasse kann das benötigte `Vertex`-Objekt erzeugt werden:

```
                    ——— SimpleOval.java ———
9   public SimpleOval(double w,double h,double x,double y){
10      super(w,h,new Vertex(x,y));
11  }
```

Die Regeln für den Aufruf des Konstruktors der Oberklasse sind sogar noch ein wenig strenger. Der Aufruf eines Konstruktors der Oberklasse ist sogar Pflicht. Tatsächlich muss in jedem Konstruktor als allererster Befehl ein Aufruf mit `super` an einen Konstruktor der Oberklasse stehen. Die Logik dahinter ist auch einleuchtend: Ein Objekt der Unterklasse ist auch ein Objekt der Oberklasse, nur in einer spezialisierten Form. Das Wort `extends` mit dem syntaktisch angegeben wird, welches die Oberklasse ist, deutet dies schon an: Die Oberklasse wird um weitere spezifischere Information erweitert. Bevor jedoch ein Objekt erweitert werden kann, muss das zu erweiternde Objekt erst einmal initialisiert werden. Es ist also notwendig, ein Objekt der Oberklasse zu initialisieren, bevor es auf irgendwelche Eigenschaften erweitert werden kann. Und der einzige Weg ein neues Objekt zu initialisieren ist über einen Konstruktor.

Daher gilt die Regel: In einem Konstruktor hat immer als erster Befehl der Aufruf eines Konstruktors aus der Oberklasse zu stehen. Nur jetzt fällt uns auf, dass wir in der Klasse `Vertex` nie einen Aufruf eines Konstruktors der Oberklasse mit `super` gemacht haben, also permanent gegen diese Regel verstoßen haben. Dabei haben wir mit Hilfe des Programms `javap` gerade erst gesehen, dass auch die Klasse `Vertex` eine Oberklasse hat, nämlich die Klasse `Object`. Wo sind also die `super`-Aufrufe in den Konstruktoren der Klasse `Vertex` geblieben? Auch hier hilft uns wieder der Compiler. Wenn im Programmtext kein Aufruf zu einem Konstruktor der Oberklasse steht, so fügt der Compiler einen solchen Aufruf ein und zwar mit einer leeren Parameterliste. Also ähnlich wie der Compiler bei fehlender `extends`-Angabe ein `extends java.lang.Object` einfügt, fügt er im Konstruktor bei fehlendem `super`-Aufruf ein `super();` ein.

Diese in den meisten Fällen nette Geste des Compilers kann aber auch zu verwirrenden Fehlermeldungen führen. Der Compiler fügt diesen Aufruf an den parameterlosen Konstruktor der Oberklasse auch ein, wenn in der Oberklasse der Konstruktor ohne Parameter gar nicht existiert. Anschließend beklagt sich der Compiler dann über den Aufruf an einen Konstruktor, der nicht existiert.

Aufgabe 13   Provozieren Sie einmal die oben geschilderte Fehlersituation. Schreiben Sie eine Klasse, die nicht den parameterlosen Standardkonstruktor enthält. Definieren Sie dann eine Unterklasse dieser Klasse ohne `super`-Aufruf in einem Konstruktor. Welche Fehlermeldung erhalten Sie vom Compiler?

Überschreiben von Methoden

Tatsächlich hat die Unterklasse `SimpleOval` keine Eigenschaft, die die Klasse `GeometricObject` nicht auch schon hatte. Sie hat kein eigenes zusätzliches Feld. Weshalb also haben wir sie überhaupt geschrieben? Tatsache ist, dass sich der Flächeninhalt eines Ovals, oder um mathematisch genauer zu sein, einer Ellipse nicht durch Multiplikation von der Höhe mit der Breite berechnet, sondern durch die Multiplikation der Halbachsen mit π:

```
——————————————————— SimpleOval.java ——————————————————
12  @Override public double area(){return Math.PI*width*height/4;}
```

Da die Weite und Höhe die doppelten Halbachsen des Ovals sind, sind für den Flächeninhalt `width/2` und `height/2` miteinander zu multiplizieren, was vereinfacht `width*height/4` entspricht.

Um zu verdeutlichen, dass gerade eine bereits geerbte Methode überschrieben wird, kann der Methodendefinition eine so genannte Anmerkung, auch Annotation genannt, vorangestellt werden. Anmerkungen beginnen in Java mit dem Klammeraffensymbol @. Beim Überschreiben einer bereits geerbten Methode kann dieses mit `@Override` angemerkt werden. Der Vorteil ist, dass dann der Compiler prüft, ob auch tatsächlich eine geerbte Methode überschrieben wurde.

Aufruf der überschriebenen Methode Wenn eine Methode überschrieben wird, kann es sein, dass die zu überschreibende geerbte Methode weitgehend das erledigt, was von der neuen Version auch verlangt wird. Ein typisches Beispiel für diese Situation ist oft die Methode `toString`. In unserem Fall können die meisten Informationen eines einfachen Ovals bereits durch die Methode `toString` der Oberklasse `GeometricObject` ausgedrückt werden. Eckpunkt, Höhe und Weite sollen auch wieder als `String` codiert ausgegeben werden.

Auch hier kann man sich wieder des Schlüsselworts `super` bedienen. Anders als in einem Konstruktoraufruf, in dem diesem Schlüsselwort eine Parameterliste zu übergeben ist, folgt der Punktoperator, um eine Eigenschaft der Oberklasse zu bezeichnen. Mit dem Ausdruck `super.toString()` wird entsprechend das Ergebnis der geerbten `toString`-Methode bezeichnet. In dem Beispiel der Klasse für einfache Ovale kann somit die Methode `toString` wie folgt überschrieben werden:

```
——————————————————— SimpleOval.java ——————————————————
13  public @Override String toString(){
14    return "SimpleOval("+super.toString()+")";
15  }
```

Aufmerksamen Lesern wird eine gewisse Dualität zwischen den Schlüsselwörtern `this` und `super` aufgefallen sein. Beide Schlüsselwörter werden in zwei Funktionen verwendet:

- einmal mit anschließenden Parametern: Hierbei handelt es sich um den Aufruf eines Konstruktors aus dieser bzw. der vererbenden Oberklasse. Diese Aufrufe können nur innerhalb des Rumpfes eines Konstruktors und dort an erster Stelle stehen.

- einmal direkt gefolgt von einem Punkt: Hierbei handelt es sich um den Zugriff einer Eigenschaft aus dieser Klasse bzw. der Oberklasse.

Ähnlich können wir die Methode equals für die Klasse SimpleOval überschreiben. Auch hier gilt wieder: die meisten Prüfungen auf Gleichheit werden schon in der geerbten Methode vorgenommen, nämlich die Gleichheit von Weite und Höhe sowie der Lage des Eckpunktes. Wir wollen zusätzlich die Bedingung prüfen, dass das zweite Objekt auch ein einfaches Oval ist:

```
                        ————— SimpleOval.java —————
16   public @Override boolean equals(Object that){
17      return (that instanceof SimpleOval) && super.equals(that);
18   }
19 }
```

Aufgabe 14 Schreiben Sie weitere Unterklassen der Klasse GeomethicObject, z.B. Klassen, die Rechtecke, Quadrate und gleichseitige Dreiecke darstellen.

Aufgabe 15 Schreiben Sie eine Methode main, in der Sie Objekte verschiedener Unterklassen von GeometricObject erzeugen und testen.

3.3 Graphische Darstellung

Ich sehe die spielbegeisterten Leser schon mit den Hufen scharren, endlich nicht nur geometrische Objekte in einer textuellen Darstellung auf der Kommandozeile ausgegeben zu bekommen, sondern endlich auf dem Bildschirm dargestellt zu sehen. Hierzu benötigen wir Klassen zur Programmierung graphischer Komponenten und graphischer Benutzerschnittstellen, kurz eine GUI-Bibliothek für *graphical user interface*[3].

Verwirrenderweise gibt es zwei verschiedene Bibliotheken zur Programmierung graphischer Benutzeroberflächen in Javas Standard Bibliotheksumfang.[4]

Diese sind zum einen die Bibliothek AWT (*abstract window toolkit*), die im Paket java.awt zu finden ist, zum anderen die so genannte *Swing*-Bibliothek, die im Paket javax.swing zu finden ist.

Diese beiden Bibliotheken unterscheiden sich hauptsächlich in der internen Umsetzung: *Swing* ist unabhängiger von dem Betriebssystem, auf dem der Javainterpreter läuft, als es AWT ist. Ein zweiter Unterschied der beiden Bibliotheken liegt im Umgang mit Steuerfäden (threads).

Swing ist die etwas neuere Bibliothek und bietet komfortablere und mächtigere Funktionalität an. Wir werden innerhalb dieses Buches mit der Swing-Bibliothek arbeiten, wie es in der Regel auch heutzutage Standard ist. Gerne würde ich jetzt schreiben:

---

[3]Manche deutsche Lehrbücher benutzen auch die schöne Abkürzung GRABO für *graphische Benutzeroberfläche*. Was ein wenig wie ein Monster aus der Sesamstraße klingt.

[4]Und noch eine Reihe weitere GUI-Bibliotheken, die nicht zur offiziellen Javaplattform gehören.

Wir benutzen die Bibliothek Swing, vergessen Sie AWT und insbesondere das Paket `java.awt`. Leider benutzt die Bibliothek Swing große Teile von AWT. Tatsächlich ist jede graphische Komponente aus Swing eine Unterklasse einer entsprechenden Klasse aus AWT. Swing ist also nicht eine vollkommen von AWT unabhängige Bibliothek, sondern baut auf AWT auf, ersetzt aber die graphischen Komponenten von AWT durch eigene Umsetzungen. Auch wenn eine Benutzeroberfläche mit Swing geschrieben wird, so werden fast immer Klassen aus AWT mitbenutzt.

Deshalb ist es manchmal schwierig für den Anfänger zu entscheiden, ob er eine bestimmte AWT-Klasse bei der Swingprogrammierung benutzen darf oder es eine entsprechende Implementierung als Swing-Klasse gibt. Tatsächlich haben die Entwickler von *Swing* da einen kleine Hilfe per Namenskonvention eingebaut. Graphische Komponenten, für die es in AWT bereits Klassen gab, die in Swing aber neu umgesetzt wurden, haben in *Swing* den gleichen Namen wie in AWT mit einem vorangestellten groß 'J'. So gibt es die Klasse `java.awt.Button` und die entsprechende *Swing*-Version `javax.swing.JButton`.[5]

Die oberste graphische Komponente eines Programms stellt sicherlich ein Fenster auf der graphischen Oberfläche des Betriebssystems dar. Innerhalb eines solchen Fensters sind in der Regel weitere Komponenten zu sehen, wie z.B. verschiedene Knöpfe, Textlabel, Tabellen, Dateisystembäume oder auch Bilder. Oft enthalten Fenster auch noch eine Menüleiste. Alles dieses sind in *Swing* graphische Komponenten. Ein Knopf ist eine graphische Komponente ebenso wie ein Fenster oder ein Menüeintrag. Rein funktional logisch unterscheiden sich die Komponenten meist kolossal: so ist ein Knopf eine Art atomare Komponente, die außer der Beschriftung oder einem Icons keine weiteren Komponenten enthält (z.B. selten einen weiteren inneren Knopf enthält). Ein Fenster hingegen ist eine Komponente, die in der Regel nicht innerhalb einer weiteren Komponente enthalten ist. Die graphischen Komponenten eines GUIs lassen sich in drei Gruppen kategorisieren:

- top-level Komponenten: Diese werden direkt auf der graphischen Benutzeroberfläche des Betriebssystems dargestellt. Es handelt sich dabei meistens um Fenster oder Dialogfenster.

- atomare Komponenten: Dieses sind Komponenten, die in der Regel keine weiteren Komponenten enthalten, wie Knöpfe oder Bilder.

- gruppierende Zwischenkomponenten: Diese sind dazu da, um weitere Komponenten, die die Zwischenkomponenten enthält, zu bündeln, zu gruppieren und in einem bestimmten Layout zueinander zu setzen.

Diese Dreiteilung der graphischen Komponenten wird in *Swing* nicht im API ausgedrückt. Alle Komponenten, egal zu welcher der drei obigen Kategorien sie gehören,

---

[5]Als kleine Warnung sei angemerkt: Die Klasse `java.awt.Canvas` hat keine direkte Entsprechung `JCanvas` in *Swing*. Stattdessen wird in Swing meist die Klasse `JPanel` benutzt.

erben von der Klasse JComponent und erben damit alle Methoden aus der Klasse JComponent, auch wenn eine dieser Methoden nicht unbedingt sinnvoll für die Komponente ist und beim Aufruf zu komischen Effekten führen kann. So enthalten alle Komponenten eine Methode add, die es ermöglicht, eine weitere Komponente als Unterkomponente hinzuzufügen. Diese Methode hat auf vielen Objekten aber keinen Sinn: Einem Knopf ein Fenster hinzuzufügen ist rein von der Vorstellung her unmöglich, tatsächlich laut API allerdings erst einmal erlaubt. Zur Laufzeit wird aber ein Fehler auftreten.

Diese Vorreden im Sinn sei nun aber damit begonnen erste GUI-Komponenten zu instanziieren. Begonnen sei mit einem Fenster. Hierzu stellt *Swing* die Klasse JFrame zur Verfügung, also wörtlich den Fensterrahmen. Ein Objekt der Klasse JFrame kann mit der Methode setVisible sichtbar gesetzt werden. Probieren Sie es mit dem folgenden kleinen Programm einmal aus:

```
──────────────────── JFrameTest.java ────────────────────
1  package name.panitz.ludens.animationGame;
2  import javax.swing.JFrame;
3  public class JFrameTest{
4    public static void main(String [] args){
5      JFrame f=new JFrame("hier könnte Ihre Werbung stehen");
6      f.setVisible(true);
7    }
8  }
```

Aufgabe 16 Starten Sie das obige Programm. Tatsächlich öffnet sich ein Fenster, wenn auch ein sehr kleines, was stellen Sie auf der Konsole fest, wenn Sie das Fenster schließen?

Das Fenster benötigt jetzt einen Inhalt, den es darstellen soll. Wir wollen möglichst bald die einfachen geometrischen Figuren im Fenster dargestellt bekommen. Daher werden wir nicht fertige graphische Komponenten, die mit einer von *Swing* vorgegebenen Graphik daherkommen, sondern eigene graphische Komponenten, auf den eigene Zeichenoperationen ausgeführt werden können, entwickeln. Hierzu kann in *Swing* die Klasse JPanel benutzt werden. Diese Komponente kommt nicht mit einer eigenen fertigen graphischen Ausprägung daher. Sie kann zum einen dazu genutzt werden, um weitere graphische Komponenten zu gruppieren oder um über eine Unterklasse von JPanel eigene Zeichenoperationen zu definieren, die ausgeführt werden, um die Komponente graphisch darzustellen.[6]

So schreiben wir eine Unterklasse von JPanel:

---

[6]Tatsächlich hat das englische Wort *panel* derart viele Bedeutungen, dass der mehrfache Nutzen der Klasse JPanel damit quasi schon im Klassennamen gut ausgedrückt ist. Eine dieser Bedeutungen ist übrigens *Zeichenbrett*.

```
─────────────────── FirstPanel.java ───────────────
1  package name.panitz.ludens.animationGame;
2  import javax.swing.*;
3  public class FirstPanel extends JPanel {
```

Damit haben wir eine eigene GUI-Klasse definiert. Durch Überschreiben der Methode paintComponent kann nun spezifiziert werden, was für eine graphische Ausprägung die Komponente haben soll:

```
─────────────────── FirstPanel.java ───────────────
4    @Override public void paintComponent(java.awt.Graphics g){
```

Hier sehen wir zum ersten Mal explizit innerhalb der *Swing*-Programmierung eine Klasse aus java.awt. Ein Objekt der Klasse Graphics wird als Parameter erwartet. Hier tritt bei vielen Kursteilnehmern eine kleine Irritation ein. Sie fragen sich: Und wie komme ich an das Objekt der Klasse Graphics? Wie kann ich ein solches Objekt erzeugen? Ich brauche es doch, um die Methode paintComponent aufzurufen. Das ist alles korrekt, aber entscheidend ist, dass nicht wir als Programmierer die Methode paintComponent explizit aufrufen werden, sondern sie nur nach unseren Wünschen programmiert zur Verfügung stellen. Wir rufen sie in der Regel nicht auf. Das macht das *Swing*-System in der Laufzeit, wenn es eine Komponente graphisch darstellen soll. In der Regel, wenn die Komponente auf dem Bildschirm sichtbar werden soll. Dann entspricht das Objekt der Klasse Graphics quasi dem Bildschirm. Langer Rede kurzer Sinn: Versuchen Sie gar nicht zu lange darüber nachzudenken, sondern implementieren Sie einfach die Methode paintComponent, indem Sie aus dem reichhaltigen Fundus von Methoden der Klasse Graphics schöpfen. Eine dieser Methoden heißt fillRect. Sie zeichnet ein Rechteck, dessen Flächeninhalt mit einer Farbe ausgefüllt ist. Als Parameter erhält diese Methode die x- und y-Koordinaten des linken oberen Eckpunktes sowie eine Weiten- und Höhenangabe:

```
─────────────────── FirstPanel.java ───────────────
5      g.fillRect(30,50,45,80);
6    }
```

Wir haben eine eigene graphische Komponente geschrieben. In dieser Komponente ist ein Viereck sichtbar. In einer Methode main sei ein Objekt dieser Komponente erzeugt und einem Fenster hinzugefügt. Nach Setzen der Sichtbarkeit des Fensters sollte unsere Komponente als Fensterinhalt zu sehen sein:

```
─────────────────── FirstPanel.java ───────────────
7    public static void main(String [] args){
8      JFrame f=new JFrame();
9      f.add(new FirstPanel());
10     f.setVisible(true);
11   }
12 }
```

Aufgabe 17 Starten Sie obiges Programm. Das Fenster ist immer noch sehr klein. Ziehen Sie das Fenster mit der Maus größer. Jetzt sollten Sie das Viereck sehen.

Aufgabe 18 Rufen Sie in der Methode `paintComponent` weitere Methoden für das Objekt der Klasse `Graphics` auf.

Da wir noch in vielen Fällen genau eine graphische Komponente innerhalb eines Fensters darstellen wollen, sei diese Aufgabe in einer statischen Methode realisiert. Diese Methode bekommt eine Komponente und einen Titel für das zu öffnende Fenster übergeben. Ein Fenster wird erzeugt, die Komponente diesem zugefügt und das Fenster sichtbar gesetzt. Zwischenzeitig wird noch das Fenster gebeten, seine ideale Größe zu berechnen. Dieses geschieht über Aufruf der Methode `pack`. Dieser Aufruf wird helfen, das bisher beobachtete Phänomen, dass das geöffnete Fenster winzig ist, zu lösen:

```
──────────── ShowInFrame.java ────────────
1  package name.panitz.ludens.util;
2  import javax.swing.*;
3  public class ShowInFrame {
4    public static void show(String title,JComponent c){
5      JFrame f=new JFrame(title);
6      f.add(c);
7      f.pack();
8      f.setVisible(true);
9    }
```

Eine zweite überschriebene Version dieser Methode verzichtet auf den Fenstertitel als Parameter und ruft die erste Version mit der leeren Zeichenkette als Parameter für den Titel auf:

```
──────────── ShowInFrame.java ────────────
1    public static void show(JComponent c){show("",c);}
2  }
```

In der obigen Methode **show** wird das erzeugte Fensterobjekt über den Aufruf der Methode **pack** gebeten, eine ideale Größe zu berechnen, die das Fenster braucht, um alle seine Komponenten darzustellen. Dazu müssen die Komponenten sagen können, wie viel Platz sie benötigen. Unsere Klasse **SimplePanel** stellte diese Information nicht adäquat bereit. Auch hier gibt es wieder die Möglichkeit, diese Information durch Überschreiben einer Methode auszudrücken. Hierzu kann die Methode **getPreferredSize** überschrieben werden.

So definieren wir jetzt eine Klasse für eine eigene graphische Komponente, die anderen Komponenten mitteilen kann, welches ihre ideale Größe ist. Solche Dimensionsangaben werden in *Swing* durch eine AWT-Klasse ausgedrückt, der Klasse **Dimension**:

```
———————————————— SizedPanel.java ————————————
1  package name.panitz.ludens.animationGame;
2  import javax.swing.*;
3  import java.awt.Dimension;
4  import name.panitz.ludens.util.ShowInFrame;
5
6  public class SizedPanel extends JPanel {
```

In der Klasse seien in Feldern die bevorzugte Höhe und Breite der Komponente gespeichert:

```
———————————————— SizedPanel.java ————————————
7      int preferredWidth=400;
8      int preferredHeight=300;
```

Zwei Konstruktoren seien vorgesehen. Einer in dem die Werte der bevorzugten Größe
initialisiert werden:

```
———————————————— SizedPanel.java ————————————
9      public SizedPanel(int w,int h){
10         preferredWidth=w;
11         preferredHeight=h;
12     }
```

Des Weiteren der Standardkonstruktor, der die in der Felddeklaration als initiale
Werte angegebenen Werte übernimmt:

```
———————————————— SizedPanel.java ————————————
13     public SizedPanel(){}
```

Nun sei die Methode, die die bevorzugte Größe angibt, mit den entsprechend initiali-
sierten Werten implementiert:

```
———————————————— SizedPanel.java ————————————
14     @Override public Dimension getPreferredSize(){
15        return new Dimension(preferredWidth,preferredHeight);
16     }
```

Auch hier gilt Ähnliches wie schon bei der Methode `paintComponent`. Wir werden die
Methode nicht aufrufen, sondern lassen sie durch das *Swing*-System aufrufen .

Betrachten wir nun einmal das Ergebnis unserer Bemühungen:

```
———————————————— SizedPanel.java ————————————
17     public static void main(String [] args){
18        ShowInFrame.show(new SizedPanel());
19     }
20  }
```

Jetzt können wir durch Ableiten der Klasse SizedPanel eigene graphische Komponenten definieren, die ihre bevorzugte Größenangabe mitbringen und somit dafür sorgen, dass ihnen im Fenster genügend Platz eingeräumt wird:

```
──────────────── SimpleSizedPanel.java ────────────────
1  package name.panitz.ludens.animationGame;
2  import javax.swing.*;
3  import name.panitz.ludens.util.ShowInFrame;
4  public class SimpleSizedPanel extends SizedPanel{
5    public void paintComponent(java.awt.Graphics g){
6      g.fillRect(30,50,45,80);
7    }
8
9    public static void main(String [] args){
10     ShowInFrame.show(new SimpleSizedPanel());
11   }
12 }
```

Tatsächlich sollte jetzt ein Fenster mit einer angemessenen Größe geöffnet werden.

3.3.1 Schnittstellen

Eine starke Abstraktion in der objektorientierten Programmierung ist, von Objekten bestimmte Funktionalitäten oder Eigenschaften zu verlangen. Dabei sollen diese Eigenschaften in dem Moment gar nicht programmiert, sondern nur ausgedrückt werden, dass ein Objekt eine bestimmte Eigenschaft in Form einer Methode zur Verfügung stellt. Hierzu gibt es in Java ein weiteres Konzept: die Schnittstellen. In einer Schnittstelle lässt sich beschreiben, welche Methoden ein Objekt haben soll. Wie das Objekt diese Methoden dann schließlich umsetzt, ist zunächst unerheblich.

Syntaktisch werden in Java Schnittstellen fast wie Klassen definiert, nur anstatt des Schlüsselwortes class tritt das Wort interface.

So können wir z.B. eine Schnittstelle definieren, die ausdrückt, dass alle Objekte, die diese Schnittstelle erfüllen, sich auf ein Objekt der Klasse Graphics zeichnen lassen. Hierzu definieren wir die Schnittstelle Paintable:

```
──────────────── Paintable.java ────────────────
1  package name.panitz.ludens.animationGame;
2  interface Paintable{
```

Innerhalb dieser Schnittstelle ist nun zu definieren, welche Funktionalität Objekte, die die Schnittstelle erfüllen, bereitstellen sollen. Dieses geschieht in Form von Methodendeklarationen ohne Rumpf. In unserem Fall sollen alle Paintable-Objekte eine Methode paintTo bereitstellen:

```
──────────────────────── Paintable.java ────────────────────
1   void paintTo(java.awt.Graphics g);
2   }
```

Wie kommen wir jetzt an Objekte, die diese Schnittstelle erfüllen? Es ist nicht möglich, wie für Klassen mit **new** von einer Schnittstelle Objekte zu erzeugen. Was wären das auch für Objekte? Es wären leere Versprechungen. Denn eine Schnittstelle verspricht in ihren Methodendeklarationen nur die Methoden, bietet aber keine Implementierung für diese an. Daher sind Klassen zu definieren, die die Schnittstelle implementieren; sprich die Versprechen einlösen.

Schreiben wir einmal eine solche Klasse die alles kann, was die Schnittstelle `Paintable` verspricht. Hierzu bedienen wir uns der Klasse für einfache Ovale und schreiben eine Unterklasse dieser Klasse:

```
──────────────────────── PaintableOval.java ────────────────────
1  package name.panitz.ludens.animationGame;
2  public class PaintableOval extends SimpleOval
```

Zusätzlich sei jetzt noch angegeben, dass Objekte der Klasse `PaintableOval` auch alles können, was in der Schnittstelle `Paintable` versprochen wurde. Dieses geschieht durch eine zusätzliche **implements**-Klausel bei der Klassendeklaration. Es wird damit angegeben, dass die Klasse eine oder auch mehrere bestimmte Schnittstellen implementiert:

```
──────────────────────── PaintableOval.java ────────────────────
3   implements Paintable {
```

Jetzt können wir in gewohnter Weise fortfahren, die Klasse zu implementieren. Zunächst sei ein adäquater Konstruktor definiert:

```
──────────────────────── PaintableOval.java ────────────────────
4   public PaintableOval
5         (double width,double height,double x,double y){
6     super(width,height,x,y);
7   }
```

Und schließlich ist das Versprechen aus der Schnittstelle einzulösen. Sprich die versprochene Methode **paintTo** muss nun auch implementiert werden. Wird eine Methode aus einer Schnittstelle umgesetzt, ist diese Umsetzung als öffentliche Methode mit **public** zu markieren.

In unserem Fall benutzen wir das übergebene `Graphics`-Objekt, um auf diesem das Oval zu zeichnen. Da in unserer Klasse `GeometricObject` die Größen- und Positionsangaben als Fließkommazahlen dargestellt waren, die Zeichenmethode der Klasse `Graphics` hingegen ganzzahlige Werte erwartet, werden die entsprechenden Werte auf ihren ganzzahligen Anteil über die gängige Typumwandlung auf primitiven Typen reduziert:

```
────────────────── PaintableOval.java ──────────────────
8  public void paintTo(java.awt.Graphics g){
9    g.fillOval((int)pos.x,(int)pos.y,(int)width,(int)height);
10  }
11 }
```

Aufgabe 19 Schreiben Sie entsprechend auch eine Klasse
`SimplePaintableRectangle` für die Darstellung von Rechtecken.

Es stellt sich die Frage, worin der Nutzen in der zusätzlichen Abstraktion über die
Schnittstelle `Paintable` liegt. Tatsächlich können wir jetzt Klassen schreiben, in denen
wir davon ausgehen, dass es Objekte gibt, die die Schnittstelle `Paintable` realisieren,
ohne dass wir jemals eine solche Klasse gesehen haben, die diese Schnittstelle implementiert. Dieses eröffnet auch hervorragende Möglichkeiten im Team zu arbeiten.
Die Teammitglieder einigen sich auf eine Schnittstelle. Die eine Hälfte des Teams beginnt dann Klassen zu entwerfen, die die entsprechende Schnittstelle implementieren,
die andere Hälfte des Teams kann Klassen schreiben, die Objekte dieser implementierenden Klassen benutzt, ohne diese Klassen jemals namentlich kennen gelernt zu
haben.

Spielen wir jetzt einmal die zweite Hälfte des Teams. Wir wissen lediglich, dass es
irgendwelche Objekte gibt, die `Paintable` sind. Dann können wir eine einfache Klasse
schreiben, die diese Objekte auch in einem Fenster darstellt. Hierzu bedienen wir uns
praktischerweise der schon vorhandenen Klasse `SizedPanel`:

```
────────────────── PaintablePanel.java ──────────────────
1  package name.panitz.ludens.animationGame;
2  import name.panitz.ludens.util.ShowInFrame;
3
4  public class PaintablePanel extends SizedPanel{
```

Unsere Klasse soll dazu dienen, ein `Paintable`-Objekt in einem Fenster darzustellen.
Das entsprechende Objekt sei hierzu in einem Feld gespeichert:

```
────────────────── PaintablePanel.java ──────────────────
5    Paintable pa;
```

Und dieses Feld in einem Konstruktor initialisiert:

```
────────────────── PaintablePanel.java ──────────────────
6    public PaintablePanel(Paintable pa){this.pa = pa;}
```

Die Methode `paintComponent` wird so überschrieben, dass das `Paintable`-Objekt
aufgefordert wird, sich auf dem übergebenen `Graphics`-Objekt zu zeichnen:

77

```
                        ─ PaintablePanel.java ─
7   public void paintComponent(java.awt.Graphics g){
8     pa.paintTo(g);
9   }
```

Testen wir nun einmal die Klasse, indem wir zwei Ovale in zwei eigenen Fenstern darstellen lassen:

```
                        ─ PaintablePanel.java ─
10  public static void main(String [] args){
11    ShowInFrame.show
12      (new PaintablePanel(new PaintableOval(100,50,30,50)));
13    ShowInFrame.show
14      (new PaintablePanel(new PaintableOval(10,10,130,40)));
15  }
16 }
```

Aufgabe 20 Im Standard API gibt es eine Klasse `java.awt.Color`, um Farben auszudrücken. Die Klasse `java.awt.Graphics` enthält eine Methode `setColor(Color c)` mit der die Farbe für die nächsten Zeichenoperationen festgelegt werden kann.

a) Ergänzen Sie die Klasse `GeometricObject` um ein Feld, in dem die Farbe des Objekts beschrieben wird.

b) Sehen Sie zusätzliche Konstruktoren in den Klassen für geometrische Figuren vor, in denen die Farbe initialisiert wird. Standardmäßig sei die Farbe auf Schwarz gesetzt.

Aufgabe 21 Schreiben Sie eine `Paintable` Unterklasse von `GeometricObject`, die einen Stern oder ein Zahnrad realisiert. Ein Stern hat eine Anzahl von Zacken (Strahlen), einen äußeren Radius, auf dem die Spitzen liegen und einen inneren Radius, zu dem die Einkerbungen liegen.

3.4 Bildelemente

Schöner noch als mit den Zeichenoperationen der Klasse `Graphics` zu arbeiten, wäre es natürlich, einfach ganze Bilddateien auf dem Bildschirm darzustellen. Hierzu bietet die Klasse `Graphics` auch eine entsprechende Methode an:
`drawImage(Image img, int x, int y, ImageObserver observer)`

Diese Methode ermöglicht es, ein Bildobjekt an einer bestimmten (x,y)-Position auf dem `Graphics`-Objekt darzustellen. Hierzu wird zusätzlich zum zu zeichnenden Bild noch ein so genannter `ImageObserver` benötigt. Dieser soll uns zunächst kein Kopfzerbrechen bereiten, sondern wir wollen uns darum kümmern, ein Bildobjekt zu bekommen.

3.4.1 Laden von Bilddateien

Die erste Aufgabe ist es, Java dazu zu bringen, Bilddateien von der Festplatte (oder von irgendwo anders her, z.B. aus dem Internet) zu laden und ein Bildobjekt zu erzeugen. Dieses geschieht nicht dadurch, dass mit **new** ein Objekt der Klasse `Image` oder einer Unterklasse von `Image` erzeugt wird, sondern eine Werkzeugkiste der AWT-Bibliothek benutzt wird, die eine entsprechende Methode bereithält. Die Werkzeugkiste heißt tatsächlich `Toolkit`. Auch ein Objekt dieser Klasse wird nicht über einen Konstruktor erzeugt, sondern über eine statische Methode der Klasse `Toolkit`. Der Ausdruck: `Toolkit.getDefaultToolkit()` liefert ein Objekt, das der Standard Werkzeugkasten aus AWT ist. Dieser enthält schließlich eine Methode `createImage(URL url)`. Zu einer angegebenen `URL` ist es in der Lage, ein Bild zu erzeugen.

Wie kommen wir jetzt an die entsprechende URL? In der Regel haben wir den Namen der Bilddatei. Allerdings ist von entscheidender Bedeutung, wo diese Bilddatei liegt. Wenn wir eines Tages unser Javaspiel ausliefern wollen und es auf unterschiedlichen Rechnern läuft, dann wird das Spiel lokal auf dem Dateisystem des Kunden liegen. So wird dann auch die Bilddatei lokal auf seiner Festplatte liegen. Somit ist dann die `URL`, also die Adresse, auf der das Bild zu finden ist, stets eine andere. Ein Versuch dieses zu beheben, wäre eine relative Adressangabe zu machen: Die Bilddatei liegt vom Startordner des Spiels relativ gesehen in diesem und jenem Ordner.

Java bietet aber eine viel subtilere und feinere Möglichkeit an, Ressourcen wie Bild- und Tondateien oder sonstige Konfigurationsdateien in die Anwendung zu laden. Hierzu vergegenwärtige man sich noch einmal, dass sämtliche Klassen die zu einem Javaprogramm gehören, zunächst in einzelnen Klassen-Dateien liegen. Diese Klassen-Dateien muss der Javainterpreter auch von der Festplatte oder oder aus einer sonstigen Quelle laden. Auch hier findet der Javainterpreter die entsprechenden Dateien unabhängig davon, wo und wie das Javaprogramm, also die Javaklassen im Dateisystem gespeichert sind. Hierzu bedient sich der Javainterpreter intern eines sogenannten Klassenladers. Das Schöne ist, dass wir als Programmierer Zugriff auf diesen Klassenlader haben. Dieser ist nämlich auch als Javaklasse realisiert, nämlich als ein Objekt der Klasse `ClassLoader`. Jede Klasse wird über den `ClassLoader` von Javainterpreter geladen. Wir können den `ClassLoader` dazu benutzen, um über ihn weitere Ressourcen zu laden. Durch den Ausdruck `getClass().getClassLoader()` kann für jedes Objekt der Klassenlader erfragt werden, der die Klasse des entsprechenden Objekts geladen hat. Ein solches `ClassLoader`-Objekt kann man beauftragen, für einen lokalen Dateinamen eine URL zu berechnen. Hierzu steht die Methode `getResource` zur

Verfügung, die für einen String eine URL liefert. Diese URL wird auf die gleiche Weise bestimmt, wie jene URL bestimmt wurde, für einen Klassennamen die eigentliche `.class`-Datei zu laden. Es ist dann also nur noch die zu ladende Ressource dort zu speichern, wo auch die Klassendateien gespeichert sind. Im Endeffekt brauchen wir folgenden Ausdruck, um eine Bilddatei zu laden:

```
1  Toolkit.getDefaultToolkit().createImage
2    (getClass().getClassLoader().getResource(name));
```

Kapseln wir diesen Ausdruck in eine Klasse zur Darstellung von Bildern:

──────────── MyImage.java ────────────
```
1  package name.panitz.ludens.animationGame;
2  import java.awt.Image;
3  import java.awt.Toolkit;
4
5  public class MyImage {
```

Intern seien zwei Felder vorgesehen, um den Namen der Datei und das schließlich geladene Bild zu speichern:

──────────── MyImage.java ────────────
```
6    private String name;
7    private Image img=null;
```

Bevor das Bild geladen wird, sei die Variable für das Bildobjekt explizit mit der `null`-Referenz initialisiert. Damit wird angegeben, dass das Objekt noch nicht vorhanden ist. Es existiert zwar schon ein Feld für ein Bildobjekt, aber das Bildobjekt selbst existiert noch nicht,

Im Konstruktor wird nur der Dateiname gesetzt, jedoch nicht das Bildobjekt geladen:

──────────── MyImage.java ────────────
```
8    public MyImage(String name) {this.name=name;}
```

Eine `get`-Methode ermöglicht Zugriff auf das Bildobjekt. Wenn diese noch nicht erzeugt wurde, so wird es mit dem oben beschriebenen Ausdruck erzeugt. Ansonsten wird das bereits vorhandene Bildobjekt direkt zurückgegeben:

──────────── MyImage.java ────────────
```
9    public Image get(){
10     if (img==null)
11       img=Toolkit.getDefaultToolkit().createImage
12             (getClass().getClassLoader().getResource(name));
13     return img;
14   }
15 }
```

3.4.2 Bilder als Paintable

Da es in der Klasse `Graphics` eine Methode gibt, um Bilder zu zeichnen, können wir nun relativ einfach eine Klasse für zeichenbare Bildobjekte schreiben:

```
──────────── PaintableImage.java ────────────
1 package name.panitz.ludens.animationGame;
2 import name.panitz.ludens.util.ShowInFrame;
3 import javax.swing.JPanel;
4
5 public class PaintableImage extends JPanel implements Paintable{
```

In dieser Klasse sei das eigentliche Bildobjekt als ein Objekt der Klasse `MyImage` enthalten. Die Klasse `MyImage` erledigt für uns das Laden des Bildes:

```
──────────── PaintableImage.java ────────────
6   MyImage mi;
```

Zwei Konstruktoren seien definiert. Einer bekommt bereits das fertige Objekt der Klasse `MyImage`, der zweite erzeugt dieses aus einem Dateinamen neu:

```
──────────── PaintableImage.java ────────────
7   public PaintableImage(MyImage mi){this.mi=mi;}
8   public PaintableImage(String name){this.mi=new MyImage(name);}
```

Die Schnittstelle `Paintable` soll implementiert werden. Damit ist die Methode `paintTo` auszuprogrammieren. In dieser wird die Methode `drawImage` der Klasse `Graphics` aufgerufen. Diese Methode verlangt als vierten Parameter noch ein `ImageObserver`-Objekt. Tatsächlich handelt es sich bei `ImageObserver` um eine Schnittstelle, die von allen Swing-Komponenten implementiert wird. Daher können wir ein beliebiges Swing-Objekt als `ImageObserver` übergeben. Nur aus diesem Grund wurde `PaintableImage` als eine Unterklasse von `JPanel` definiert. Nun kann das Objekt selbst als `ImageObserver` benutzt werden:

```
──────────── PaintableImage.java ────────────
9    public void paintTo(java.awt.Graphics g){
10     g.drawImage(mi.get(),0,0,this);
11   }
```

Nun sei einmal ausprobiert, ob die Objekte der Klasse `PaintableImage` sich in einem `PaintablePanel` graphisch anzeigen lassen. Hierzu erzeugen wir ein solches Objekt:

```
──────────── PaintableImage.java ────────────
12   public static void main(String [] args){
13     PaintableImage pi = new PaintableImage("test.png");
```

81

Bevor dieses Objekt in einem `JPanel` angezeigt wird, interessieren wir uns testweise einmal für seine Höhe. Die Klasse `Image` stellt Methoden zur Verfügung, um die Höhe und Weite in Pixel eines Bildes zu erfragen:

```
———————————————————————— PaintableImage.java ————
14      System.out.println(pi.mi.get().getHeight(pi));
```

Und schließlich wollen wir das Bild auf dem Bildschirm angezeigt bekommen:

```
———————————————————————— PaintableImage.java ————
15      ShowInFrame.show(new PaintablePanel(pi));
16    }
17  }
```

Wird das Programm gestartet, dann wird im Fenster tatsächlich ein Bild angezeigt, sofern es eine Bilddatei `test.png` gibt, die dort im Dateibaum gespeichert ist, wo auch die Pakete der Klassendateien gespeichert sind. Ansonsten meldet das Programm einen Fehler.

3.4.3 ImageIcon

Das vorherige Programm zur Anzeige eines Bildes hat einen kleinen Nachteil. Man konnte nicht sicher sein, dass das Bild tatsächlich schon komplett geladen war. Das AWT Toolkit lässt das Javaprogramm schon einmal weiter ausführen, während im Hintergrund das Bild erst noch geladen wird. Fragen wir dann zu früh nach der Größe des Bildes, so liegt diese noch nicht vor, weil das Bild noch nicht komplett geladen wurde. Es wird dann z.B. als Höhe des Bildes -1 zurückgegeben. Es muss also eine Möglichkeit geben die sonst nette Eigenschaft, das Programm weiter auszuführen, obwohl nebenher ein Bild oder eine andere Ressource geladen wird, auszuhebeln. Wir möchten sagen: Hier darf erst weiter das Javaprogramm ausgeführt werden, wenn das Bild komplett geladen ist. Im vorliegenden Fall, weil wir die reale Größe des Bildes für die Weiterverarbeitung benötigen.

Hierzu gibt es in AWT eine Klasse, die dieses ermöglicht. Es handelt sich dabei um die Klasse `MediaTracker`. Einem solchen `MediaTracker`-Objekt können Bildobjekte zur Beobachtung übergeben werden. Dann kann auf dem `MediaTracker`-Objekt die Methode `waitForAll` aufgerufen werden, die dafür sorgt, dass das Javaprogramm erst dann weiter ausgeführt wird, wenn alle durch diesen `MediaTracker` beobachteten Bilder komplett geladen sind.

Da es sich um eine häufig gebrauchte Funktionalität handelt, bietet die Swing-Bibliothek eine Klasse an, die in etwa der obigen Klasse `MyImage` entspricht, aber sich intern zusätzlich eines `MediaTracker`-Objekts bedient. Damit wird sichergestellt, dass das Bild bei Zugriff auch bereits geladen ist. Bei der Swing-Klasse handelt es sich um die Klasse `ImageIcon`.

Unter Verwendung der Klasse `ImageIcon` lässt sich jetzt eine Unterklasse von `GeometricObject` definieren, die ein Bild als Visualisierung benutzt:

```
───────────────── GeometricImage.java ─────────────────
1  package name.panitz.ludens.animationGame;
2  import name.panitz.ludens.util.ShowInFrame;
3  import javax.swing.*;
4
5  public class GeometricImage extends GeometricObject
6                                implements Paintable{
7      ImageIcon icon;
```

Im Konstruktor wird über einen Aufruf des Konstruktors der der Oberklasse übergebene Eckpunkt gesetzt und dann das `ImageIcon`-Objekt aus der Ressourcenangabe erzeugt. Dieses Objekt kann dann nach der Höhe und Breite befragt werden und die entsprechenden Werte für das `GeometricObject` gesetzt werden:

```
───────────────── GeometricImage.java ─────────────────
1    public GeometricImage(String fileName,double x,double y){
2      super(new Vertex(x,y));
3      icon=new ImageIcon
4              (getClass().getClassLoader().getResource(fileName));
5      init();
6    }
7    public GeometricImage(ImageIcon icon,double x,double y){
8      super(new Vertex(x,y));
9      this.icon=icon;
10     init();
11   }
12
13   void init(){
14     width =icon.getImage().getWidth(icon.getImageObserver());
15     height=icon.getImage().getHeight(icon.getImageObserver());
16   }
```

Die Methode zum Zeichnen entspricht der bereits für `PaintableImage` implementierten Version. Jetzt können wir das `ImageIcon` explizit nach seinem `ImageObserver` fragen:

```
───────────────── GeometricImage.java ─────────────────
1    public void paintTo(java.awt.Graphics g){
2      icon.paintIcon(null,g, (int)pos.x, (int)pos.y);
3    }
```

Ein ähnlicher Test wie zuvor. Ein Bildobjekt wird erzeugt, gleich nach seinen Dimensionen gefragt und anschließend in einem Fenster angezeigt:

83

```
                          ──────── GeometricImage.java ────────
1 │ public static void main(String [] args){
2 │   GeometricImage gi = new GeometricImage("test.png",10,10);
3 │   System.out.println(gi.width);
4 │   System.out.println(gi.height);
5 │   ShowInFrame.show(new PaintablePanel(gi));
6 │ }
7 │ }
```

Jetzt werden die tatsächliche Höhe und Weite des Bildes auf der Kommandozeile ausgegeben.

3.5   In diesem Kapitel eingeführte Javaeigenschaften

Alle wichtigen Grundlagen der objektorientierten Programmierung wurden in diesem Kapitel eingeführt:

- Klassen mit ihren Feldern, Methoden und Konstruktoren

- Die Möglichkeit Unterklassen zu definieren, die die Eigenschaften der Oberklasse erben

- Unterklassen können geerbte Methoden überschreiben. Dieses kann mit der Anmerkung @Override annotiert werden.

- Die Schlüsselwörter this und super erlauben es, zum einen auf Eigenschaften des Objektes oder auf geerbte Eigenschaften zuzugreifen, zum anderen Konstruktoren der Klasse bzw. der Oberklasse aufzurufen.

- Die wichtigsten Standardmethoden für Klassen, die in der Regel zu überschreiben sind, die Methoden toString und equals, wurden vorgestellt.

- Objekte können mit dem Operator instanceof befragt werden, ob sie von einer bestimmten Klasse sind, und gegebenenfalls mit einer Typzusicherung auf einen bestimmten Typ geprüft werden.

- Schließlich wurden noch Schnittstellen eingeführt, die es erlauben eine Abstraktionsebene im Programm einzuziehen und das Arbeiten in Teams und verteilten Gruppen vereinfachen.

- Erste Schritte zur Programmierung graphischer Oberflächen mit der Bibliothek Swing wurden gemacht.

Kapitel 4

Generische Standardlisten

Bisher sind wir in der Lage, eine geometrische Figur oder ein Bild auf einer bestimmten Position eines zweidimensionalen Raums darzustellen. Das ist für die Entwicklung eines Spiels ein bisschen wenig. Wir hätten gerne mehrere Figuren innerhalb des Spielfeldes: unsere Spielfigur, gegnerische Spielfiguren, Dinge die unsere Figur aufsammeln muss, andere, die unsere Spielfigur auf keinen Fall berühren darf. Eine Möglichkeit, mehrere Figuren auf einem Spielfeld darzustellen, sind die aus so gut wie allen Programmiersprachen bekannten Reihungen (*arrays*). Diese bieten eine kompakte und effiziente Möglichkeit, mehrere Objekte gebündelt zu speichern. Es lässt sich leicht eine Klasse schreiben, die in der Lage ist, eine ganze Reihung von zeichenbaren Objekten auf einem `JPanel` darzustellen. Statt wie in der Klasse `PaintablePanel` wird hierzu intern nicht nur ein `Paintable`-Objekt gespeichert, sondern eine Reihung solcher Objekte. In der Methode `paintComponent` ist dann für jedes dieser `Paintable`-Objekte der Reihung die Methode `paintTo` aufzurufen.

Java bietet eine bequeme syntaktische Variante der `for`-Schleife an, die es ermöglicht, über alle Objekte einer Reihung zu laufen. Dieses wird auch als *Durchiterieren* bezeichnet. Diese `for`-Schleife, auch als *foreach* bezeichnet, hat innerhalb ihres Kopfes eine Variablendeklaration und mit Doppelpunkt getrennt eine Reihung. Der Rumpf der Schleife wird für jedes Objekt der Reihung genau einmal durchlaufen. Bei jedem Durchlauf ist die neu deklarierte Variable dann an das entsprechende Objekt gebunden.

Somit ist die Klasse zur Darstellung von mehreren zeichenbaren Objekten auf einer Fensterfläche in wenigen Zeilen realisierbar:

```
──────── PaintableArrayPanel.java ────────
1  package name.panitz.ludens.animationGame;
2  public class PaintableArrayPanel extends SizedPanel{
3      Paintable[] ps;
4      public PaintableArrayPanel(Paintable[] pa){ps=pa;}
```

```
5   public void paintComponent(java.awt.Graphics g){
6     for (Paintable p:ps) p.paintTo(g);
7   }
8 }
```

Aufgabe 22 Schreiben Sie einen kleinen Test, in dem Sie die Klasse `PaintablesPanel` benutzen, um mehrere Bilder innerhalb eines Fensters darzustellen.

Nur haben Reihungen leider einen entscheidenden Nachteil: Sie haben eine einmal festgelegte feste Größe. Wollen wir in unserer Spielentwicklung möglichst flexibel bleiben, so sollte sich die Anzahl der Spielfiguren auf dem Spielfeld beliebig ändern dürfen. Dieses lässt sich mit Reihungen nur schwer verwirklichen. Daher bieten in der Regel alle Programmiersprachen Listen an, die sich dynamisch beliebig in ihrer Größe ändern können. Java bietet entsprechende Listen im Paket `java.util` an. In diesem Paket gibt es eine Schnittstelle `List`. Diese Schnittstelle bietet einen großen Funktionalitätsumfang: Methoden, um Elemente an einem bestimmten Index zu erfragen, Methoden zum Hinzufügen und Löschen von Elementen oder aber auch zum Bilden von Teillisten.

Auch für Listen gilt dasselbe, wie schon bei Reihungen bekannt ist: Es reicht nicht aus zu sagen, dass es sich um eine Reihung handelt, sondern es muss zusätzlich noch mit angegeben werden, von welcher Art die Elemente dieser Reihung sind. Bei Reihungen benutzt Java die aus C bekannte Syntax, in der ein eckiges Klammernpaar dem Namen des Elementtyps nachgestellt wird. In obiger Klasse gab es den Typ: `Paintable[]`, der zu lesen ist als: eine Reihung, deren Elemente alle `Paintable`-Objekte sind.

Für eine Liste soll das Gleiche möglich sein: Es soll spezifiziert werden, welchen Typ die Elemente der Liste haben. Was für Objekte sind dort aufgelistet? Somit reicht es nicht aus zu sagen hier ist eine Liste, sondern es muss zusätzlich spezifiziert werden, welcher Art die Listenelemente sind. Hierzu sind die Sammlungsklassen aus `java.util` als generische Klassen (und Schnittstellen) realisiert. Generische Klassen bieten die Möglichkeit, einen Typen für Objekte, die innerhalb der Klasse benutzt werden, offen zu halten. Tatsächlich ist es keine Hexerei, generische Klassen selbst zu definieren und im nächsten Teil des Buches werden wir auch exzessiv davon Gebrauch machen. Vorerst wollen wir nur die generischen Standardklassen aus dem Paket `java.util` verwenden.

Hierbei ist eigentlich nur zu beachten, dass bei der Benutzung einer generischen Klasse der Typ, der in der Klassendefinition offen gelassen wurde, zu konkretisieren ist. Bei der Definition der Schnittstelle `List` haben die Javaentwickler den Typ der Listenelemente offen gehalten. Wann immer nun eine Liste benutzt wird, ist dieser Elementtyp mit anzugeben. Dieses geschieht syntaktisch durch den in spitzen Klammern eingeschlossenen Elementtyp. Brauchen wir eine Liste von Zeichenketten, so ist der Typ `List<String>` zu verwenden, brauchen wir eine Liste von zeichenbaren Objekten, wird entsprechend der Typ `List<Paintable>` verwendet. Man vergleiche dieses mit den entsprechenden Reihungstypen `String[]` oder `Paintable[]`.

Jetzt lässt sich die obige Klasse für die Darstellung von Reihungen ganz einfach auch für Listen umschreiben. Der oben benutzte Reihungstyp wird einfach durch den entsprechenden Listentyp ersetzt:

```
────────────────────── PaintablesPanel.java ──────────
1 package name.panitz.ludens.animationGame;
2 import name.panitz.ludens.util.ShowInFrame;
3 import java.util.*;
4 public class PaintablesPanel extends SizedPanel{
5   List<Paintable> pas;
6   public PaintablesPanel(List<Paintable> pas){this.pas = pas;}
```

Das Schöne an der Schnittstelle `java.util.List` ist, dass über Listenobjekte mit der gleichen *foreach*-Schleife durchiteriert werden kann wie über die Reihungen. Somit sieht die Methode `paintComponent` exakt gleich aus, wie in der Implementierung für Reihungen:

```
────────────────────── PaintablesPanel.java ──────────
7   public void paintComponent(java.awt.Graphics g){
8     for (Paintable pa:pas) pa.paintTo(g);
9   }
```

`List` ist nur eine Schnittstelle. Um Listen zu erhalten, werden Klassen benötigt, die diese Schnittstelle implementieren. Im Paket `java.util` stehen dafür drei Klassen zur Verfügung. Diese drei Klassen sind: `Vector`, `ArrayList` und `LinkedList`. Tatsächlich würde uns eine der drei zunächst einmal ausreichen. Die Klasse `Vector` ist ein Überbleibsel aus alten Tagen von Java und sollte nicht mehr unbedingt benutzt werden.[1] Bleibt uns die Auswahl zwischen `LinkedList` und `ArrayList`. Beide implementieren sie die Schnittstelle `List` komplett. Allerdings benutzen sie unterschiedliche Vorgehensweisen, um dieses zu realisieren. Dies hat Auswirkungen auf das Laufzeitverhalten der verschiedenen Listen. Ist es oft nötig, mitten in die Liste an einem bestimmten Index auf ein Element zuzugreifen, so ist die Klasse `ArrayList` zu bevorzugen. Diese benutzt intern, wie der Name schon verrät, eine Reihung und ein Zugriff auf ein beliebiges Element innerhalb der Reihung kann effizient durchgeführt werden. Wird die Liste immer nur von Anfang bis Ende durchiteriert, so empfiehlt sich die Benutzung der Klasse `LinkedList`. Diese hat einen Vorteil beim Löschen von Elementen aus der Liste. Oft weiß ein Programmierer anfangs nicht genau, was für Operationen er auf seinem Listenobjekt durchführen wird und die Entscheidung zwischen `LinkedList` und `ArrayList` fällt schwer.

Daher ist es schön, dass es das abstrakte Konzept von Schnittstellen gibt. Bis auf den Moment, in dem ein neues Listenobjekt mit `new` erzeugt wird, sollte immer nur

───
[1]Tatsächlich benutzen Umsteiger von C++ diese Klasse aber recht häufig, weil die Standardlistenklasse in C++ `vector` heißt.

mit der Schnittstelle `java.util.List` gearbeitet werden. Erst beim Erstellen des Listenobjekts und nur da wird entschieden, welche konkrete Listenklasse benutzt wird.

Ebenso wie die Schnittstelle sind auch die implementierenden Klassen `LinkedList` und `ArrayList` generisch. Also ist auch bei deren Benutzung der Typ der Elemente mit anzugeben. Werden also dynamische Listen in Java benötigt, so ist ein Objekt einer dieser beiden Klassen zu erzeugen und als Variable von Typ der Schnittstelle `List` zu speichern. Auf dieser Variablen können dann Operationen zum Hinzufügen oder Löschen von Elementen ausgeführt werden.

Zum Abschluss ein einfacher Test, in dem zwei Ovale auf unserer Leinwand dargestellt werden. Hierzu erzeugen wir ein Liste, der mit der Methode `add` zwei `Paintable`-Objekte zugefügt werden:

```
────────────── PaintablesPanel.java ──────────────
10   public static void main(String [] args){
11      List<Paintable> ps = new ArrayList<Paintable>();
12      ps.add(new PaintableOval(100,50,30,50));
13      ps.add(new PaintableOval(100,50,130,150));
14
15      ShowInFrame.show("Ovale",new PaintablesPanel(ps));
16   }
17  }
```

Viele Fragen zu generischen Typen, Listen im speziellen und dem Paket `java.util` haben wir bisher noch ausgespart: Wie schreibt man eigene generische Klassen, wie kommt es, dass die *foreach*-Schleife für Listenobjekte benutzt werden kann und was gibt es sonst noch für Klassen im Paket `java.util`? Aber den wichtigsten Umgang mit in der Größe dynamischen Listen haben wir gesehen: das Erzeugen, das Hinzufügen von Elementen und das Iterieren.

Kapitel 5

Spielfläche

5.1 Bewegliche Objekte

Es wird Zeit, ein wenig Bewegung ins Spiel zu bringen. Es soll nun endlich Figuren geben, die sich auf der Leinwand bewegen können. Wann immer eine bestimmte Eigenschaft gewünscht ist, sind Schnittstellen ein wunderbares Ausdrucksmittel, um dieses darzustellen. Wir brauchen Objekte, die sich bewegen, sprich Objekte, die eine Methode zum Bewegen haben. Und dazu lässt sich eine Schnittstelle definieren:

```
──────────────── Movable.java ────────────────
1  package name.panitz.ludens.animationGame;
2  interface Movable{
3    void move();
```

Eine zweite Methode sei noch für bewegliche Objekte vorgesehen, die die Bewegungsrichtung umkehrt:

```
──────────────── Movable.java ────────────────
1    void turn();
2  }
```

Spielobjekte sollen zum einen graphisch darstellbar, sprich die Schnittstelle `Paintable` implementieren, zum anderen sollen sie sich bewegen können, also die Schnittstelle `Movable` implementieren. Um über Objekte, die sowohl zeichenbar als auch bewegbar sind, zu sprechen, sei eine eigene Schnittstelle definiert, die diese beiden Eigenschaften vereinigt. Hierzu können in Java Schnittstellen andere Schnittstellen erweitern. Syntaktisch wird dabei wie bei der Vererbung von Klassen das Schlüsselwort `extends` verwendet. Im Gegensatz zu Klassen, die nur genau eine Klasse erweitern können, ist es möglich, dass Schnittstellen mehrere Schnittstellen erweitern. Diese werden dann mit Komma getrennt. Somit ist eine Schnittstelle für bewegbare und zeichenbare Objekte zu definieren als:

```
──────────── GameObject.java ────────────
1  package name.panitz.ludens.animationGame;
2  interface GameObject extends Movable, Paintable{
```

Es sollen noch eine ganze Reihe weiterer Eigenschaften von den Spielobjekten verlangt werden. Die Objekte sollen nach ihren Größenangaben und Positionen befragt werden können. Es soll Getter und Setter für eine Bewegungsrichtung des Objektes geben, es soll prüfbar sein, ob ein Objekt links oder oberhalb von einem zweiten Objekt liegt, und es soll geprüft werden, ob ein Objekt sich mit einem zweiten Objekt schneidet.

So seien noch die folgenden Methoden in der Schnittstelle definiert:

```
──────────── GameObject.java ────────────
1     double getWidth();
2     double getHeight();
3     Vertex getPos();
4     Vertex getDeltaPos();
5     void setDeltaPos(Vertex v);
6     boolean isLargerThan(GameObject that);
7     boolean isLeftOf(GameObject that);
8     boolean isAbove(GameObject that);
9     boolean touches(GameObject that);
10 }
```

Die Klasse GeometricImage ist schon ein halbes GameObject. Es implementiert bereits die Schnittstelle Paintable und kann sich somit auf einer Leinwand zeichnen. Es fehlt noch die Möglichkeit sich zu bewegen. Diese Eigenschaft kann in einer weiteren Unterklasse hinzugefügt werden:

```
──────────── MovableImage.java ────────────
1  package name.panitz.ludens.animationGame;
2  import javax.swing.ImageIcon;
3  class MovableImage extends GeometricImage implements GameObject{
```

Der Aufruf der Methode move soll für ein Movable-Objekt einen Bewegungsschritt durchführen. Dieses bedeutet, dass das Objekt sich in seiner Position auf der x- und auf der y-Koordinate verschiebt. Die Richtung und Länge eines Bewegungsschritts sei durch ein Vertex-Objekt beschrieben:

```
──────────── MovableImage.java ────────────
4     Vertex deltaPos = new Vertex(0,0);
5     public Vertex getDeltaPos(){return deltaPos;}
6     public void setDeltaPos(Vertex v){deltaPos=v;}
```

Standardmäßig ist dieser Wert auf 0 gesetzt. Damit bewegt sich das Objekt nicht. Ein Konstruktor initialisiert das Objekt:

```
                        ──────── MovableImage.java ────────
7   public MovableImage(String name,double x,double y){
8       super(name,x,y);
9   }
```

In zwei weiteren Konstruktoren kann das Feld `deltaPos` auf einen bestimmten Wert gesetzt werden:

```
                        ──────── MovableImage.java ────────
10   public MovableImage
11       (String name,double x,double y,double dX,double dY){
12       super(name,x,y);
13       deltaPos=new Vertex(dX,dY);
14   }
15   public MovableImage
16       (ImageIcon icon,double x,double y,double dX,double dY){
17       super(icon,x,y);
18       deltaPos=new Vertex(dX,dY);
19   }
```

Ein Bewegungsschritt wird durchgeführt, indem der Bewegungsvektor `deltaPos` zur Position des Objektes hinzu addiert wird:

```
                        ──────── MovableImage.java ────────
20   public void move(){pos.addMod(deltaPos);}
```

Die Bewegung wird umgedreht, in dem die beiden Komponenten des Bewegungsvektors ihr Vorzeichen wechseln. Dieses kann mit der Methode `skalarMultMod` der Klasse Vektor durchgeführt werden, in dem als Skalar die Zahl `-1` übergeben wird:

```
                        ──────── MovableImage.java ────────
21   public void turn(){deltaPos.skalarMultMod(-1);}
```

Berührungen

Eine für Spiele interessante Fragestellung ist, ob sich zwei Objekte irgendwo berühren. Zwei Objekte berühren sich, wenn es mindestens einen Punkt im zweidimensionalen Raum gibt, der innerhalb beider Objekte liegt. Doch wie lässt sich diese Eigenschaft am einfachsten in Java-Code ausdrücken? Die Leser waren bereits in einer Übungsaufgabe aufgefordert, eine entsprechende Methode zu implementieren.

Haben Sie es versucht? Wahrscheinlich haben Sie eine Lösung gefunden. Aber sind Sie mit der Lösung zufrieden? Typische Lösungsansätze sind oft bei Studenten zu beobachten:

- Ein aufwändiger Ansatz iteriert über alle Punkte des ersten Objektes und testet mit der Methode `contains`, ob diese im zweiten Objekt enthalten sind. Wenn so ein Punkt gefunden wurde, dann wird der Wert `true` als Ergebnis zurück gegeben. Unschön an diesem Verfahren ist, dass mit Hilfe zweier verschachtelter Schleifen relativ viele Punkte getestet werden müssen. Diese Lösung ist somit hoffnungslos ineffizient. Hinzu kommt, dass wir die Punkte des Raumes mit Fließkommazahlen modelliert haben. Damit ergibt sich ein weiteres Problem: Was heißt eigentlich alle Punkte eines Rechtecks? In einem stetigen Raum ist zwischen zwei Punkten immer noch Platz für einen weiteren Punkt.

- Ein häufig gesehener Ansatz beschränkt sich auf die Eckpunkte eines Rechtecks. Dieser Ansatz geht von der Behauptung aus, dass sich zwei Rechtecke genau dann berühren, wenn einer der Eckpunkte des einen Rechtecks innerhalb des anderen Rechtecks liegt. Anstatt wie im ersten Ansatz alle Punkte eines Rechtecks darauf zu testen, ob sie im anderen liegen, werden nur die vier Eckpunkte getestet und dann noch einmal die vier Eckpunkte des zweiten Rechtecks. Dieses gibt eine relativ kurze und effiziente Lösung, die leider falsch ist. Falsch ist nämlich die zugrunde liegende Ausgangsbehauptung, zwei Rechtecke berühren sich, wenn eine der Ecken des einen Rechtecks innerhalb des anderen Rechtecks liegt.

  Als Gegenbeispiel betrachte man zwei Rechtecke, die zusammen eine Kreuzform bilden. Diese haben viele Berührungspunkte, aber keine der Eckpunkte liegt innerhalb des anderen Rechtecks.

- Der häufigst verfolgte Ansatz ist, eine bool'sche Bedingung aufzustellen, die ausdrückt, dass sich zwei Rechtecke berühren. Diese Bedingung ist jedoch nicht trivial. In der Regel verstrickt man sich in einer länger und länger werdenden Bedingung mit vielen *und*- und *oder*-Verknüpfungen, die schnell nicht mehr überschaut werden können.

Wie kommt man also zu einer kurzen, effizienten und nachvollziehbaren Lösung? Hierzu kann man sich als Programmierer eines gedanklichen Tricks bedienen, den auch Mathematiker gerne bei Beweisen anwenden. Scheint eine Bedingung hoffnungslos komplex und kompliziert, dann versuche es einmal mit dem Gegenteil. Vielleicht lässt sich ja das Gegenteil viel leichter darstellen. In unserem Fall ist dieses die Fragestellung: Wann berühren sich zwei Rechtecke nicht? Auch hier sind die Leser eingeladen, es zunächst einmal selbst auszuprobieren. Wird es einfacher?

Schreiben wir also unter dieser Entwurfsvorgabe die Methode `touches`, die *wahr* als Ergebnis liefern soll, wenn zwei Objekte sich berühren: Wir versuchen alle Fälle abzudecken, in denen sich die Objekte nicht berühren.

Zwei Objekte berühren sich nicht, wenn das eine rechts oder links vom anderen Objekt liegt, oder entsprechend, wenn das eine über oder unter dem anderen liegt. Diese vier Bedingungen können einzeln und mit je einer einfachen Bedingung ausgedrückt werden. Zunächst die Bedingung, dass ein Objekt links von einem anderen liegt:

```
 ————————————————— MovableImage.java —————————————————
22   public boolean isLeftOf(GameObject that){
23       return this.getPos().x+this.getWidth()<that.getPos().x;
24   }
```

Entsprechend analog geht der Test, ob ein Objekt über dem anderen liegt. Hierzu sind von obiger Bedingung statt der x-Koordinaten die y-Koordinaten zu betrachten, und anstatt der Weite die Höhe:

```
 ————————————————— MovableImage.java —————————————————
25   public boolean isAbove(GameObject that){
26       return this.getPos().y+this.getHeight()<that.getPos().y;
27   }
```

Schließlich können die vier Fälle, in denen sich zwei Objekte nicht berühren, einzeln abgeprüft werden. Wenn keine der vier Bedingungen zutrifft, so müssen sich die Objekte wohl berühren:

```
 ————————————————— MovableImage.java —————————————————
28   public boolean touches(GameObject that){
29       if (this.isLeftOf(that))  return false;
30       if (that.isLeftOf(this))  return false;
31       if (this.isAbove(that))   return false;
32       if (that.isAbove(this))   return false;
33       return true;
34   }
```

Zum Abschluss sei noch eine Methode definiert, die testet ob das Objekt größer ist als ein zweites als Parameter übergebenes Objekt:

```
 ————————————————— MovableImage.java —————————————————
35   public boolean isLargerThan(GameObject that){
36       return getWidth()*getHeight()>that.getWidth()*that.getHeight();
37   }
38   }
```

Auch für `GameObject`-Objekte sehen wir eine eigene Klasse vor, in der mehrere solche Objekte auf einem Fensterinhalt dargestellt werden können. Dieses ist mehr oder weniger die gleiche Klasse, wie es bereits die Klasse `PaintablesPanel` war. Allerdings mit zwei Unterschieden. In der Methode `paintComponent` gibt es als ersten Befehl einen Aufruf zur überschriebenen Methode. In dieser wird der Hintergrund der Komponente neu gezeichnet:

```
———————————— MovablePanel.java ————————————
1  package name.panitz.ludens.animationGame;
2  import java.util.*;
3  class MovablePanel extends SizedPanel{
4    List<GameObject> gos = new ArrayList<GameObject>();
5
6    public void paintComponent(java.awt.Graphics g){
7      super.paintComponent(g);
8      for (GameObject go:gos) go.paintTo(g);
9    }
```

Zusätzlich erhält die Klasse eine eigene Methode move. Deren Aufruf bewirkt, dass für alle Objekte in der Liste die Methode move aufgerufen wird. Jedes Objekt soll sich also nach seinem Bewegungsvektor um einen Schritt weiterbewegen:

```
———————————— MovablePanel.java ————————————
1    public void move(){for (GameObject go:gos) go.move();}
```

Was ist also zu tun, wenn in der Animation zum nächsten Bild umgeschaltet wird, ähnlich wie bei einem Film, bei dem das nächste Bild des Filmes gezeigt wird? Alle Objekte sind zu bewegen und die so neu entstandene Szenerie zu zeichnen. Zum Neuzeichnen haben die graphischen Objekte in Swing die Methode repaint. Ihr Aufruf bewirkt, dass so bald wie möglich Swing die Komponente über die Methode paintComponent zum erneuten Zeichnen bringt:

```
———————————— MovablePanel.java ————————————
1    public void doOnTick(){
2      move();
3      repaint();
4    }
5  }
```

5.2 Ereignisse auf Knopfdruck

Bevor wir die Objekte auf einem MovablePanel in Bewegung setzen, betrachten wir einmal, wie die Reaktion auf Ereignisse in der Swing-Bibliothek programmiert werden kann. Ein einfaches Ereignis ist ein Knopf, auf den gedrückt wird. Für Knöpfe gibt es in Swing die Klasse JButton. Schreiben wir zunächst ein kleines GUI-Programm, das aus einem Knopf und einem Label zum Anzeigen von Text besteht:

```
———————————— SimpleButton.java ————————————
1  package name.panitz.ludens.animationGame;
2  import javax.swing.*;
3  import name.panitz.ludens.util.ShowInFrame;
4
```

```
5  public class SimpleButton extends JPanel{
6    JButton b = new JButton("push this button");
7    JLabel  l = new JLabel("000");
8    SimpleButton(){
9      add(b);
10     add(l);
11   }
12   public static void main(String [] args){
13     ShowInFrame.show(new SimpleButton()); }
14 }
```

Jetzt wollen wir programmieren, dass beim Drücken des Knopfes ein interner Zähler hochgezählt wird und dann der Wert des Zählers auf dem Label angezeigt wird.

Ereignisse, egal welcher Art, ob das Drücken eines Knopfes, das Schließen eines Fensters, das Drücken der Maustaste oder das Drücken einer Taste der Tastatur werden in Swing auf eine einheitliche Art und Weise behandelt. Hierzu gibt es das Konzept der Ereignisbehandler in Form von Listener. Für bestimmte Ereignistypen stehen Schnittstellen bereit, die Methoden anbieten, mit denen auf ein Ereignis reagiert werden soll.

Die wahrscheinlich einfachste Art eines Ereignisses ist das Drücken eines Knopfes. Um das Verhalten, mit dem ein Knopf auf das Drücken reagiert, zu programmieren, ist die entsprechende Schnittstelle ActionListener zu implementieren.

In unserem Fall soll auf die Knopfaktion hin ein interner Zähler erhöht werden und dann der Wert dieses Zählers auf einem Label angezeigt werden. Daher implementieren wir einen ActionListener, der ein Feld für das entsprechende Label und ein Feld für den internen Zähler enthält:

———————— CountButtonListener.java ————————
```
1  package name.panitz.ludens.animationGame;
2  import java.awt.event.*;
3  import javax.swing.*;
4  public class CountButtonListener implements ActionListener{
5    JLabel l;
6    int i = 0;
7    CountButtonListener(JLabel l){this.l=l; }
```

Die Methode, die beim Eintreten des Ereignisses aufgerufen wird, ist die Methode actionPerformed, welche in der Schnittstelle ActionListener versprochen wird. In dieser Methode soll der Zähler erhöht und der Text auf dem Label neu gesetzt werden:

———————— CountButtonListener.java ————————
```
8    public void actionPerformed(ActionEvent e){
9      i=i+1;
10     l.setText(""+i);
```

```
11      }
12  }
```

Von dieser Klasse zur Ereignisbehandlung ist nun eine Instanz dem Knopf als Ereignisbehandlung hinzuzufügen. Dieses kann z.B. für eine Unterklasse von SimpleButton
gemacht werden:

```
――――――――――――――――― Counter.java ―――――――――――――――――
1  package name.panitz.ludens.animationGame;
2  import javax.swing.*;
3  import name.panitz.ludens.util.ShowInFrame;
4  public class Counter extends SimpleButton{
```

Im Konstruktor wird mit dem Label ein Objekt der Klasse CountButtonListener erzeugt und dieses dem Knopf mit Hilfe der Methode addActionListener hinzugefügt:

```
――――――――――――――――― Counter.java ―――――――――――――――――
1      public Counter(){
2          b.addActionListener(new CountButtonListener(l));
3      }
```

Jetzt hat der Knopf eine Funktionalität, mit der er auf sein Drücken reagiert:

```
――――――――――――――――― Counter.java ―――――――――――――――――
1      public static void main(String [] args){
2          ShowInFrame.show(new Counter());}
3  }
```

Aufgabe 23 Ergänzen Sie die obige Klasse um weitere Knöpfe, die den Zähler ver-
ringern oder wieder auf Null setzen.

5.2.1 Anonyme Klasse

Eines wirkt in der obigen Implementierung etwas umständlich: Es scheint recht auf-
wändig, eine eigene Klasse in einer eigenen Datei zu schreiben, nur um für einen einzelnen Knopf die Funktionalität festzulegen. Wir können eine syntaktische Möglichkeit
Javas ausschöpfen, die es erlaubt, lokal innerhalb einer Klasse eine weitere Klasse
zu definieren. Zur Illustration sei ein weiteres Mal die Klasse Counter implementiert, diesmal aber ohne die Klasse CountButtonListener zur Ereignisbehandlung
des Knopfes zu benutzen:

```
――――――――――――――――― Counter2.java ―――――――――――――――――
1  package name.panitz.ludens.animationGame;
2  import javax.swing.*;
3  import java.awt.event.*;
```

```
4  import name.panitz.ludens.util.ShowInFrame;
5  public class Counter2 extends SimpleButton{
6    public Counter2(){
```

Nun steht aber keine Klasse zur Verfügung, die die Schnittstelle `ActionListener` implementiert. Wir brauchen aber eine solche Klasse um genau einmal ein Objekt dieser Klasse zu erzeugen und dieses Objekt dem Knopf zur Ereignisbehandlung hinzuzufügen. Wird nur ein Objekt einer bestimmten Klasse benötigt, so ist es möglich beides zugleich zu machen: die Klasse zu definieren und ein Objekt dieser Klasse zu erzeugen. Und dafür braucht die Klasse dann noch nicht einmal einen Namen. Dieses geschieht so, dass zunächst ein Ausdruck mit **new** wie bei der Objekterzeugung üblich geschrieben wird. Jetzt kann dem Schlüsselwort **new** sogar ein Schnittstellenname folgen. Nach den Argumentklammern folgt dann aber ein Klassenrumpf, in dem Methoden geschrieben werden. Für unser Beispiel sieht das dann wie folgt aus:

```
                        ─ Counter2.java ─
7      b.addActionListener(
8      new ActionListener(){
9        int i=0;
10       public void actionPerformed(ActionEvent e){
11         i=i+1;
12         l.setText(""+i);
13       }
14     });
15   }
```

Man lese den Code als: Füge dem Knopf b ein Ereignisbehandlungsobjekt hinzu. Dazu erzeuge ein neues Objekt einer namenlosen Klasse, die die Schnittstelle `ActionListener` implementiert. Diese namenlose Klasse enthalte eine Methode `actionPerformed` mit der nun definierten Implementierung.

Solche Konstrukte werden als anonyme innere Klassen bezeichnet. Anonym, weil sie keinen eigenen Klassennamen haben. Innere Klasse, weil sie innerhalb einer äußeren Klasse stehen, in diesem Fall innerhalb der äußeren Klasse `Counter2`. Das Schöne ist, dass die inneren Klassen Zugriff auf die Eigenschaften der äußeren Klasse haben. Im obigen Fall auf das Feld `l` für das Label, das mit einem neuen Wert zu beschriften ist:

```
                        ─ Counter2.java ─
16   public static void main(String [] args){
17     ShowInFrame.show(new Counter2());}
18 }
```

Aufgabe 24 Übersetzen sie die Klasse `Counter2`. Betrachten Sie anschließend, was für `.class`-Dateien erzeugt werden. Was stellen Sie fest?

5.3 Bewegung durch Knopfdruck

Die Infrastruktur wurde geschaffen, um die Objekte auf dem Spielfeld endlich zu bewegen. Es muss nur noch jemanden geben, der von Zeit zu Zeit die Bewegung auslöst, jemanden der sagt, dass jetzt einen Schritt weiter zu bewegen sei. Dieser Jemand soll von Zeit zu Zeit einen Bewegungsimpuls auslösen. So lange wir noch keinen anderen dafür gefunden haben, werden wir dieses selbst vornehmen. Hierzu schreiben wir eine kleine Applikation, die aus einem Knopf und einem `MovablePanel`-Objekt besteht. Durch Drücken des Knopfes soll auf dem `MovablePanel`-Objekt die Methode `move` aufgerufen werden und nach diesem Bewegungsschritt die neue Spielsituation gezeichnet werden.

Die Klasse ähnelt sehr dem Beispiel `Counter`. Dort enthielt unser GUI einen Knopf und ein Label, jetzt enthält es einen Knopf und einen `MovablePanel`:

```
                          ButtonAnimation.java
1  package name.panitz.ludens.animationGame;
2  import javax.swing.*;
3  import java.awt.event.*;
4  import name.panitz.ludens.util.*;
5
6  class ButtonAnimation extends JPanel{
7     JButton b = new JButton("push to move");
8     MovablePanel mp = new MovablePanel();
```

Im Konstruktor werden zunächst wieder die beiden Komponenten dem GUI zugefügt:

```
                          ButtonAnimation.java
9     ButtonAnimation(){
10       add(mp);
11       add(b);
```

Schließlich wird dem Knopf ein Ereignisbehandlungsobjekt mit der Methode `addActionListener` hinzugefügt. Auch dieses Mal greifen wir auf die bequeme syntaktische Variante einer anonymen Klasse zurück:

```
                          ButtonAnimation.java
12      b.addActionListener(new ActionListener(){
13        public void actionPerformed(ActionEvent e){mp.doOnTick();}
14      });
15    }
```

Nun können wir erstmals Bewegungen auslösen. Folgender kleiner Test zeigt zwei Bilddateien an. Bei Drücken des Knopfes der Applikation bewegen sich die beiden Bilder aufeinander zu:

```
                         ─── ButtonAnimation.java ───
16   public static void main(String [] args){
17     ButtonAnimation p = new ButtonAnimation();
18     p.mp.gos.add(new MovableImage("hexe.png",0,0,1,1));
19     p.mp.gos.add(new MovableImage("biene.png",200,200,-1,-1));
20     ShowInFrame.show(p);
21   }
22 }
```

5.4 Automatische Bewegung

Animationen, die dadurch in Gang gehalten werden, dass wiederholt ein Knopf gedrückt werden muss, stellen eine ernsthafte Gefahr für die Gesundheit unserer Finger dar. Das muss doch auch automatisch gehen. Wir können natürlich einen Roboter bauen, der für uns über die Maus auf den Knopf der Applikation drückt. Einfacher ist es aber, sich eines virtuellen automatischen Knopfdrückers zu bedienen. Dieser steht in der Swing-Bibliothek in Form der Klasse `javax.swing.Timer` zur Verfügung. Objekte dieser Klasse sind eine Art unsichtbarer Knopf, auf den automatisch in bestimmten Zeitabständen gedrückt wird. Schön daran ist, dass in Swing das Verhalten eines `Timer`-Objektes genauso programmiert wird, wie das Verhalten eines Knopfes: über eine Klasse, die die Schnittstelle `ActionListener` implementiert.

Schreiben wir jetzt also eine zeitgesteuerte Animation. Hierzu sei die Klasse `MovablePanel` erweitert:

```
                         ─── SimpleAnimation.java ───
1  package name.panitz.ludens.animationGame;
2  import javax.swing.*;
3  import java.awt.event.*;
4  import name.panitz.ludens.util.*;
5
6  class SimpleAnimation extends MovablePanel{
```

Ein `Timer`-Objekt wird benötigt. Die `Timer`-Klasse hat zwei Argumente im Konstruktor: einmal die Zeitspanne, die zwischen zwei `Timer`-Ereignissen liegt, zum anderen die Ereignisbehandlung, mit der auf dieses zeitausgelöste Ereignis reagiert wird. Hier können wir jetzt in gleicher Weise die anonyme innere Klasse definieren, wie im Beispiel für die knopfgesteuerte Animation:

```
                         ─── SimpleAnimation.java ───
7    Timer t = new Timer(30,new ActionListener(){
8       public void actionPerformed(ActionEvent e){doOnTick();}
9     });
```

Ein `Timer`-Objekt muss gestartet werden. Dieses lässt sich z.B. im Konstruktor machen:

```
──────────────── SimpleAnimation.java ────────────────
10    SimpleAnimation(){t.start();}
```

Fertig! Ein kleiner Test zeigt, dass wir jetzt in der Lage sind Bilder auf dem Bildschirm animiert zu bewegen:

```
──────────────── SimpleAnimation.java ────────────────
11    public static void main(String [] args){
12      MovablePanel p = new SimpleAnimation();
13      p.gos.add(new MovableImage("hexe.png",0,0,1,1));
14      p.gos.add(new MovableImage("biene.png",200,200,-1,-1));
15      ShowInFrame.show(p);
16    }
17  }
```

5.4.1 Abstoßendes Beispiel

Die Dinge sind in Bewegung geraten. Allerdings beeinflussen sich die Objekte auf unserem Spielfeld bisher nicht. Wenn sich zwei Spielobjekte berühren, so hat das keine Auswirkung. Die Objekte durchlaufen sich gegenseitig. Sie stoßen nicht voneinander ab. Es fehlt uns eine gewisse Spiellogik, in der gesteuert wird, was zu passieren hat, wenn sich zwei Objekte berühren. Es reicht nicht aus, bei jedem Tick des Timers die einzelnen Objekte zu bewegen und neu zu zeichnen, sondern es muss zusätzlich noch geprüft werden, ob sich durch Berührungen oder andere Geschehnisse etwas auf dem Spielfeld verändert. So überschreiben wir in einer Unterklasse von `SimpleAnimation` die Methode `doOnTick`, so dass nicht nur die Spielobjekte bewegt und neu gezeichnet werden, sondern zwischenzeitlich auch gewisse Checks durchgeführt werden können:

```
──────────────── AnimationPanel.java ────────────────
1  package name.panitz.ludens.animationGame;
2  import name.panitz.ludens.util.*;
3
4  class AnimationPanel extends SimpleAnimation{
5    @Override public void doOnTick(){
6      move();
7      doChecks();
8      repaint();
9    }
```

In der Methode `doChecks` kann jetzt das aktuelle Spielgeschehen betrachtet und darauf reagiert werden. Wir wollen programmieren, dass zwei sich gegenseitig berührende Objekte abstoßen. Hierzu testen wir zunächst paarweise alle Spielobjekte, indem in einer inneren und äußeren Schleife über diese iteriert wird:

```
——————————————— AnimationPanel.java ———————————————
10   public void doChecks(){
11      for (GameObject g1:gos)
12         for (GameObject g2:gos)
```

Im Rumpf der verschachtelten Schleife soll zunächst sichergestellt werden, dass die beiden Spielobjekte **g1** und **g2** tatsächlich nicht dasselbe Objekt sind. Hier ist nun einmal die Objektidentität und nicht die Gleichheit gemeint. Zwei unterschiedliche Objekte mit gleicher Größe auf gleicher Position sind zu untersuchen, ob sie sich berühren. Wenn sich die beiden Objekte dann berühren, so sollen diese die Richtung wechseln und beide einen Schritt zurück machen:

```
——————————————— AnimationPanel.java ———————————————
13         if (g1!=g2 && g1.touches(g2))
14            reactWhenTouching(g1,g2);
15      }
```

Dabei wird die Methode aufgerufen, die für beide Objekte die Richtung ändert und sie einen Schritt zurück setzt:

```
——————————————— AnimationPanel.java ———————————————
16   void reactWhenTouching(GameObject g1,GameObject g2){
17      g1.turn();g1.move();
18      g2.turn();g2.move();
19   }
20
```

Lassen wir jetzt die zwei Bilder gegeneinander laufen, so ändern sie Ihre Richtung, wenn sie aneinander stoßen:

```
——————————————— AnimationPanel.java ———————————————
21   public static void main(String [] args){
22      MovablePanel p = new AnimationPanel();
23      p.gos.add(new MovableImage("hexe.png",0,0,1,1));
24      p.gos.add(new MovableImage("biene.png",200,200,-1,-1));
25      ShowInFrame.show(p);
26   }
27 }
```

Tatsächlich stoßen sich in dieser Implementierung die Objekte recht unnatürlich ab. Sie gehen genau in die entgegesetzte Richtung.

5.4.2   Entfernen von Objekten

Typischerweise verschwinden in Spielen Spielobjekte, wenn bestimmte Situationen vorliegen. So wird ein gegnerisches Raumschiff, wenn es durch ein Geschoss getroffen wird, als abgeschossen aus dem Spiel entfernt. Es sieht so aus, als ließe sich dieses mit unserer Infrastruktur auf einfache Weise realisieren. In dem Moment wo zwei Objekte sich berühren, löschen wir das kleinere dieser beiden Objekte aus der Liste der Spielobjekte. Hierzu kann die Methode `reactWhenTouching` entsprechend überschrieben werden:

```
––––––––––––––––– RemoveAnimation1.java –––––––––––––––––
1  package name.panitz.ludens.animationGame;
2  import name.panitz.ludens.util.*;
3
4  class RemoveAnimation1 extends AnimationPanel{
5    @Override void reactWhenTouching(GameObject g1,GameObject g2){
6      if (g1.isLargerThan(g2)) gos.remove(g2); else gos.remove(g1);
7    }
```

Schauen wir einmal bei dem einfachen Test, was passiert, wenn sich die zwei Spielobjekte gegenseitig berühren:

```
––––––––––––––––– RemoveAnimation1.java –––––––––––––––––
1    public static void main(String [] args){
2      MovablePanel p = new RemoveAnimation1();
3      p.gos.add(new MovableImage("hexe.png",0,0,1,1));
4      p.gos.add(new MovableImage("biene.png",200,200,-1,-1));
5      ShowInFrame.show(p);
6    }
7  }
```

Wird dieses Programm gestartet, so kommt es zu einem Laufzeitfehler, sobald sich die beiden Objekte berühren:

```
sep@pc305-3:~/fh/ludens/student> java -cp classes/:../images/ name/panitz/ludens
/animationGame/RemoveAnimation1
Exception in thread "AWT-EventQueue-0" java.util.ConcurrentModificationException
        at java.util.AbstractList$Itr.checkForComodification(AbstractList.java:372)
        at java.util.AbstractList$Itr.next(AbstractList.java:343)
        at name.panitz.ludens.animationGame.RemoveAnimation1.doChecks
        at name.panitz.ludens.animationGame.AnimationPanel.doOnTick
        at name.panitz.ludens.animationGame.SimpleAnimation$1.actionPerformed(...)
        at javax.swing.Timer.fireActionPerformed(Timer.java:271)
        at javax.swing.Timer$DoPostEvent.run(Timer.java:201)
        at java.awt.event.InvocationEvent.dispatch(InvocationEvent.java:209)
        at java.awt.EventQueue.dispatchEvent(EventQueue.java:597)
        at java.awt.EventDispatchThread.pumpOneEventForFilters(...)
        at java.awt.EventDispatchThread.pumpEventsForFilter(...)
        at java.awt.EventDispatchThread.pumpEventsForHierarchy(...)
        at java.awt.EventDispatchThread.pumpEvents(EventDispatchThread.java:168)
        at java.awt.EventDispatchThread.pumpEvents(EventDispatchThread.java:160)
        at java.awt.EventDispatchThread.run(EventDispatchThread.java:121)
```

Was ist passiert? Der aufgetretene Fehler ist eine:
ConcurrentModificationException.
Diese tritt dann auf, wenn durch eine Liste, durch die iteriert wird, während der Iteration Veränderungen auftreten. Wir haben sogar zwei Iterationsschleifen über die Liste der Spielobjekte. Und während wir noch durch die Liste iterieren, löschen wir aus ihr Objekte heraus. Das ist tatsächlich nicht nett und es fällt nicht schwer, sich vorzustellen, dass damit Probleme in der Laufzeit entstehen. Dieser Fehler lässt sich verhindern, indem nicht gleich das Objekt gelöscht wird, sondern zunächst eine Liste mit den zu löschenden Objekten aufgebaut wird, und nach der Iteration die zu löschenden Objekte aus der eigentlichen Liste gelöscht werden. Hierzu ist es notwendig, die Methode doChecks entsprechend zu überschreiben:

```
                         ──────── RemoveAnimation.java ────────
 1  package name.panitz.ludens.animationGame;
 2  import name.panitz.ludens.util.*;
 3  import java.util.*;
 4  class RemoveAnimation extends AnimationPanel{
 5    public void doChecks(){
 6      List<GameObject> toRemove = new LinkedList<GameObject>();
 7      for (GameObject g1:gos)
 8        for (GameObject g2:gos)
 9          if (g1!=g2 && g1.touches(g2)){
10            if (g1.isLargerThan(g2)) toRemove.add(g2);
11            else toRemove.add(g1);
12          }
13      gos.removeAll(toRemove);
14    }
```

Ein erneuter Test läuft nun, ohne einen Laufzeitfehler zu bringen, sobald ein Objekt gelöscht werden soll:

```
                         ──────── RemoveAnimation.java ────────
 1    public static void main(String [] args){
 2      MovablePanel p = new RemoveAnimation();
 3      p.gos.add(new MovableImage("hexe.png",0,0,1,1));
 4      p.gos.add(new MovableImage("biene.png",200,200,-1,-1));
 5      ShowInFrame.show(p);
 6    }
 7  }
```

5.5 Interaktionen

Es fehlt nur noch ein kleiner Baustein, um Spiele im zweidimensionalen Raum zu realisieren. Es fehlen uns noch Möglichkeiten, um auf das Spielgeschehen Einfluss zu nehmen. Hierzu werden wir uns natürlich der Standardeingabewerkzeuge von Tastatur und Maus bedienen. Maus und Tastatureigeignisse lassen sich in der Swing Bibliothek genauso über bestimmte Ereignisbehandlungsschnittstellen programmieren, wie wir es bereits für Knöpfe und für den Timer gesehen haben.

5.5.1 Mausinteraktionen

Für die Interaktion mit der Maus gibt es drei Schnittstellen, die entsprechende Reaktionen auf Mausereignisse beschreiben:

- **MouseListener**: Hier sind Methoden zu einfachen Aktionen auf der Maus zu finden, wie das Drücken oder Klicken der Maustaste, aber auch Methoden, die ausgeführt werden, wenn die Maus in den Bereich einer Komponente kommt.

- **MouseWheelListener**: Hierin befindet sich eine Methode, die sich mit Eingabe über ein Mausrad beschäftigt.

- **MouseMotionListener**: Hierin befinden sich Methoden, um auf beliebige Bewegungen der Maus zu reagieren.

In diesem Abschnitt wollen wir uns auf den **MouseListener** konzentrieren. Auch dieser enthält bereits fünf Methoden. Um also eine Klasse zu schreiben, die diese Schnittstelle implementiert, sind fünf Methoden zu implementieren. Oft soll nur auf ein bestimmtes Mausereignis reagiert werden, z.B. nur auf einen Klick auf den Mausknopf. Trotzdem müssen die anderen vier Methoden für die übrigen Mausereignisse auch implementiert werden. Um die Arbeit ein wenig zu erleichtern, gibt es eine Klasse **MouseAdapter**, die alle Methoden aus Schnittstellen zur Behandlung von Mausereignissen so implementiert, dass keine bestimmte Reaktion erfolgt. Statt also eine eigene Klasse zu schreiben, die eine Schnittstelle zur Behandlung von Mausereignissen implementiert, ist es zumeist einfacher, eine Unterklasse der Klasse **MouseAdapter** zu schreiben. Hier reicht es dann nämlich aus, nur die Methoden zu überschreiben, die auf Mausereignisse reagieren, die uns tatsächlich interessieren.

Schreiben wir jetzt eine Komponente, in der ein Spielobjekt mit der Maus gesteuert werden kann. Hierzu sehen wir ein Feld vor, in dem das zu steuernde Spielobjekt steht:

```
─────────────── MouseControlledAnimation.java ───────────────
1 package name.panitz.ludens.animationGame;
2 import java.awt.event.*;
3 import name.panitz.ludens.util.*;
4
5 class   MouseControlledAnimation extends RemoveAnimation{
6   GameObject controlled;
```

Im Konstruktor wird dieses Spielobjekt initialisiert und der Liste von Spielobjekten zugefügt. Schließlich soll es ja auch bewegt, gezeichnet und in die Spiellogik integriert werden:

```
_____ MouseControlledAnimation.java _____
7   MouseControlledAnimation(final GameObject contr){
8     controlled=contr;
9     gos.add(controlled);
```

Schließlich sei eine anonyme Klasse zur Behandlung von Mausereignissen dem Spielbrett hinzugefügt:

```
_____ MouseControlledAnimation.java _____
10    addMouseListener(
11      new MouseAdapter(){
```

In dieser anonymen Unterklasse von **MouseAdapter** wird die Methode, mit der auf das Klicken des Mausknopfes reagiert wird, überschrieben:

```
_____ MouseControlledAnimation.java _____
12      public void mouseClicked(MouseEvent e){
```

In unserem Fall soll das spezielle über die Maus gesteuerte Spielobjekt seine Richtung ändern und sich in Richtung der Mausposition bewegen, auf die geklickt wurde. Hierzu sei diese Position vom Mausereignis erfragt und in einem eigenen **Vertex**-Objekt gespeichert:

```
_____ MouseControlledAnimation.java _____
13      final Vertex delta = new Vertex(e.getX(),e.getY());
```

Von dieser Position wird die derzeitige Position des zu steuernden Objektes abgezogen:

```
_____ MouseControlledAnimation.java _____
14      delta.addMod(controlled.getPos().skalarMult(-1));
```

Da wir uns auf den Mittelpunkt der Spielfigur beziehen wollen und nicht auf die obere linke Ecke, werden noch einmal die halbe Weite und die halbe Höhe abgezogen:

```
_____ MouseControlledAnimation.java _____
15      delta.addMod(new Vertex(-controlled.getWidth()/2
16                            ,-controlled.getHeight()/2));
```

Schließlich wird der entstandene Vertex noch mit einem Faktor multipliziert, um eine ähnlich Geschwindigkeit zu erzielen:

```
_____ MouseControlledAnimation.java _____
17      final double factor
18        = controlled.getDeltaPos().length()/delta.length();
19      delta.skalarMultMod(factor);
```

Und abschließend wird der neue Bewegungsvektor gesetzt:

```
                        ─── MouseControlledAnimation.java ───
20              controlled.setDeltaPos(delta);
21          }
22        }
23      );
24    }
```

Zeit, einmal auszuprobieren, wie sich jetzt ein Objekt über die Maus steuern lässt:

```
                        ─── MouseControlledAnimation.java ───
25    public static void main(String [] args){
26      MovablePanel p = new MouseControlledAnimation
27                  (new MovableImage("hexe.png",0,0,1,1));
28      p.gos.add(new MovableImage("biene.png",200,200,-1,-1));
29      ShowInFrame.show(p);
30    }
31  }
```

In der letzten Klasse wurde das Attribut `final` für fast alle lokalen Variablen benutzt. Mit dem Attribut `final` kann ausgedrückt werden, dass der entsprechenden Variablen kein neuer Wert mehr zugewiesen wird. Steht in einer solchen Variablen ein bestimmtes Objekt, so wird dort niemals während des Programmablaufs ein anderes Objekt mit angesprochen. Das heißt allerdings nicht, dass sich das Objekt durch Aufruf modifizierender Methoden nicht ändert.

Der Compiler überprüft diese Angabe und gibt eine Fehlermeldung bei der Übersetzung, wenn einer als `final` attributierten Variablen später doch ein anderer Wert zugewiesen wird.

Es wird heutzutage empfohlen wann immer es möglich ist, Variablen als `final` zu markieren. Dann ist für einen Leser des Programms leichter zu erkennen, auf welche Variablen Acht zu geben ist, weil sie zu verschiedenen Zeiten des Programmdurchlaufs auf unterschiedliche Objekte verweisen. Ein zusätzlicher Nebeneffekt ist es, dass die Compilerbauer in bestimmten Situationen optimierteren Code erzeugen können, wenn die unveränderlichen Variablen mit dem Attribut `final` markiert sind.

In der Entwicklungsumgebung Eclipse gibt es sogar die Möglichkeit Variablen, wenn diese nur eine Zuweisung erfahren, automatisch als `final` attributieren zu lassen.

5.5.2 Tastaturinteraktionen

Auch die Tastatur ist ein Eingabegerät, das bestimmte Ereignisse erzeugt. Auch mit Tastaturereignissen ist das zu steuernden Spielobjekt beeinflussbar. Die Schnittstelle für die Reaktion auf Tastaturereignisse heißt: `KeyListener`. Auch diese hat mehrere Methoden für unterschiedliche Ereignisse auf der Tastatur. Falls nur auf eines dieser

Ereignisse reagiert werden soll, bietet die Bibliothek wie für die Mausereignisse in diesem Fall mit der Klasse KeyAdapter eine Implementierung der Schnittstelle an, in der alle Methoden mit leerem Methodenrumpf implementiert sind. Am einfachsten ist es, eine Unterklasse dieser leeren prototypischen Implementierung der Schnittstelle zu definieren.

Das per Maus steuerbare Objekt sei zusätzlich auch über die Tastatur steuerbar:

```
                      ───── KeyControlledAnimation.java ─────
1  package name.panitz.ludens.animationGame;
2  import java.awt.event.*;
3  import static java.awt.event.KeyEvent.*;
4  import name.panitz.ludens.util.*;
5
6  class KeyControlledAnimation extends MouseControlledAnimation{
7    KeyControlledAnimation(final GameObject contr){
8      super(contr);
```

Es wird der Komponente eine anonyme Klasse zur Behandlung von Tastaturereignissen hinzugefügt. Diese Klasse reagiert auf das Herunterdrücken einer Taste:

```
                      ───── KeyControlledAnimation.java ─────
9     addKeyListener(
10      new KeyAdapter(){
11        public void keyPressed(KeyEvent e){
```

Das in der Methode als Parameter übergebene Objekt der Klasse KeyEvent enthält genaue Informationen darüber, welche Taste gedrückt wurde. Uns interessieren die vier Pfeiltasten, für die es Konstanten gibt. Mit der klassischen switch-Anweisung, die bereits in der Programmiersprache C bekannt war, lassen sich die vier Fälle für die Pfeiltasten spezifizieren:

```
                      ───── KeyControlledAnimation.java ─────
12         switch (e.getKeyCode()){
13         case VK_LEFT:
14           controlled.getDeltaPos().addMod(new Vertex(-0.5,0));
15           break;
16         case VK_RIGHT:
17           controlled.getDeltaPos().addMod(new Vertex(0.5,0));
18           break;
19         case VK_UP:
20           controlled.getDeltaPos().addMod(new Vertex(0,-0.5));
21           break;
22         case VK_DOWN:
23           controlled.getDeltaPos().addMod(new Vertex(0,0.5));
24           break;
25         }
26       }
```

```
27          }
28      );
```

Doch damit ist es noch nicht ganz getan. Nicht jede Komponente reagiert zu jeder Zeit auf die Ereignisse, die von der Tastatur kommen. Nur die Komponente, die gerade den Fokus für die Tastatureingabe hat, reagiert auf die Tastaturereignisse. Bei mehreren Komponenten innerhalb eines Fensters, die eventuell noch in einer gruppierenden Zwischenkomponente stecken, ist es nicht immer ganz trivial zu entscheiden, welche Komponente gerade den Fokus für die Tastatur hat. Für unsere Komponente ist generell erst einmal festzulegen, dass sie den Tastaturfokus erhalten kann, und sie wünscht sich auch bereits im Konstruktor diesen Fokus zu erhalten:

```
                    ──────── KeyControlledAnimation.java ────────
29      setFocusable(true);
30      requestFocusInWindow();
31  }
```

Jetzt haben wir eine kleine Applikation, in der eine Spielfigur über die Tastatur oder über die Maus zu steuern ist:

```
                    ──────── KeyControlledAnimation.java ────────
32  public static void main(String [] args){
33      MovablePanel p = new KeyControlledAnimation
34                  (new MovableImage("hexe.png",0,0,1,1));
35      p.gos.add(new MovableImage("biene.png",200,200,-1,-1));
36      ShowInFrame.show(p);
37  }
38  }
```

Wer mit dieser Applikation ein wenig herum spielt wird feststellen, dass das einmalige Drücken einer Pfeiltaste, ohne sie wieder loszulassen, bewirken kann, dass immer wieder das Ereignis eines Tastendrucks auftritt. Woran kann das liegen? Tatsächlich liegt es nicht an unserer Javaapplikation, sondern am Betriebssystem. Zumindest KDE auf Linux ist so nett, oder in unserem Fall auch so unnett, wenn eine Taste ein bestimmtes Zeitintervall heruntergedrückt gehalten wird, dieses wie mehrfaches Drücken der Taste zu interpretieren. Dem Javaprogramm wird dann ein wiederholtes Drücken der entsprechenden Taste als Ereignis gemeldet. Leider gibt es kein plattformunabhängiges uniformes einfaches Verfahren, um diese automatische Wiederholung eines längeren Tastendrucks zu umgehen.

5.5.3 Fensterereignisse

Mit der Maus und der Tastatur können wir bereits direkt auf das Spielgeschehen eingreifen. Es gibt noch weitere äußere Ereignisse, die in einer Anwendung eintreten können. Hierzu gehören Ereignisse auf den Fenstern der Anwendung. Fenster können geschlossen, minimiert oder maximiert, aktiviert oder deaktiviert werden. Auf all diese verschiedenen Ereignisse kann spezifisch in Swing reagiert werden. Auch hierzu wird eine Schnittstelle zur Beschreibung der verschiedenen Fensterereignisse benutzt, die Schnittstelle `WindowListener` und auch für diese gibt es eine prototypische Klasse, die sie mit leeren Methoden implementiert, den `WindowAdapter`.

Eine Ereignisbehandlung für Fensterereignisse lässt sich nur zu Komponenten hinzufügen, die ein Fenster sind, wie z.B. Objekten der Klasse `JFrame`. Andere Komponenten, wie etwa Knöpfen, kann keine Behandlung von Fensterereignissen zugefügt werden.

Probeweise sei ein Fensterrahmen definiert, der auf Fensterereignisse reagiert und der ein über Maus und Tastatur zu steuerndes Spielfeld als Fensterinhalt anzeigt:

———————————— ControlledWindow.java ————————————
```java
package name.panitz.ludens.animationGame;
import java.awt.event.*;
import javax.swing.*;

class ControlledWindow extends JFrame{
    SimpleAnimation p;
```

Im Konstruktor wird als anonyme Unterklasse von `WindowAdapter` ein Objekt zur Behandlung von Fensterereignissen hinzugefügt. Wird das Fenster geschlossen, soll die ganze Applikation beendet werden. Hierzu wird die statische Methode `exit` der Klasse `System` aufgerufen. Wird das Fenster deaktiviert, so soll der Timer der Animation angehalten und bei Aktivierung des Fensters wieder gestartet werden:

———————————— ControlledWindow.java ————————————
```java
    ControlledWindow(final SimpleAnimation p){
        this.p=p;
        addWindowListener(new WindowAdapter(){
            public void windowClosing(WindowEvent _){System.exit(0);}
            public void windowDeactivated(WindowEvent e){p.t.stop();}
            public void windowActivated(WindowEvent e){p.t.start();}
        });
```

Die Animation wird dem Fensterrahmen zugefügt und alles sichtbar gemacht:

———————————— ControlledWindow.java ————————————
```java
        add(p);
        pack();
        setVisible(true);
    }
```

Nun ist eine Anwendung entstanden, die auch auf Fensterereignisse reagiert:

109

```
                      ──────── ControlledWindow.java ────────
18  public static void main(String [] args){
19    SimpleAnimation p = new KeyControlledAnimation
20                    (new MovableImage("hexe.png",0,0,1,1));
21    p.gos.add(new MovableImage("biene.png",200,200,-1,-1));
22    new ControlledWindow(p);
23  }
24 }
```

5.6 Ein einfaches Spiel

Mit den bisher vorgestellten Programmiertechniken und Javaklassen sollte jetzt jeder in der Lage sein, sein erstes kleines oder auch schon komplexeres Javaspiel mit animierten Figuren im zweidimensionalen Raum zu realisieren. Exemplarisch soll hier ein kleines Spiel komplett implementiert werden. Es orientiert sich an dem Spiel Frogger, das 1981 von Sega produziert und von Konami entwickelt wurde. Im Original ist eine kleine Froschfigur über eine viel befahrene Straße zu steuern, ohne überfahren zu werden.

In der hier entwickelten Version soll die Froschfigur über eine Gleislandschaft, über die Lokomotiven fahren, gelenkt werden, ohne von einer Lokomotive erfasst zu werden. Als Lokomotiven dienen Fotografien von Modelleisenbahnen die mit Hilfe des Bildmanipulationprogramms *Gimp* freigestellt wurden und als Dateien im *PNG*-Format vorliegen. Die Dateien tragen die Namen der Baureihenbezeichnungen von Lokomotiven der Deutschen Bahn AG, wie e103.png, e120.png usw.

Das Spiel erweitert den **AnimationPanel**:

```
                      ──────── TrainFrogger.java ────────
1 package name.panitz.ludens.animationGame;
2 import javax.swing.*;
3 import java.awt.event.*;
4 import static java.awt.event.KeyEvent.*;
5 import java.util.*;
6 public class TrainFrogger extends AnimationPanel{
```

Als Konstante sind die Höhe einer Eisenbahnspur und die Anzahl der Spuren festgelegt:

```
                      ──────── TrainFrogger.java ────────
7   final static int TRACK_HEIGHT = 75;
8   final static int TRACK_NUMBER = 5;
```

In zwei Feldern werden die maximale und minimale Geschwindigkeit von Lokomotiven gespeichert:

```
───────────────── TrainFrogger.java ─────────────
 9   double maxSpeed=5.5;
10   double minSpeed=0.5;
```

Ebenso sei ein minimaler und ein maximaler Abstand zwischen zwei Lokomotiven auf einem Gleis festgelegt:

```
───────────────── TrainFrogger.java ─────────────
11   int minSpace=80;
12   int maxSpace=80;
```

Das über die Tastatur steuerbare Objekt soll der Frosch als Spielobjekt sein:

```
───────────────── TrainFrogger.java ─────────────
13   GameObject frog;
```

Die Bilddateien der unterschiedlichen Lokomotiven werden über eine Hilfsmethode als **ImageIcon** geladen und in einer Reihung abgespeichert:

```
───────────────── TrainFrogger.java ─────────────
14   ImageIcon loadIcon(String fileName){
15       return new ImageIcon(getClass().getClassLoader()
16                            .getResource(fileName));
17   }
18   ImageIcon[] trainIcons =
19       {loadIcon("e120.png"),loadIcon("e140.png")
20       ,loadIcon("e103.png"),loadIcon("e182.png")
21       ,loadIcon("e110.png")};
```

Es folgt der Konstruktor. In diesem werden die Hintergrundfarbe, die Höhe und Breite des Spielfeldes und das steuerbare Spielobjekt des Frosches gesetzt. Der Frosch wird dann zur Liste der Spielfiguren hinzugefügt:

```
───────────────── TrainFrogger.java ─────────────
22   TrainFrogger(){
23       super();
24       this.setBackground(java.awt.Color.GREEN);
25       preferredWidth=800;
26       preferredHeight=(TRACK_NUMBER+2)*TRACK_HEIGHT;
27       frog=new MovableImage
28           ("frog.png",preferredWidth/2,preferredHeight-TRACK_HEIGHT);
29       gos.add(frog);
```

Die Steuerung des Frosches über die Tastatur wird mittels einer anonymen Klasse umgesetzt. Mit den Pfeiltasten nach links und rechts beschleunigt und bremst der Frosch auf der x-Achse. Die Leertaste bringt ihn zum Stehen. Die Pfeiltasten nach oben und unten lassen ihn auf die nächsthöhere bzw. nächsttiefere Spur springen:

```
──────────────── TrainFrogger.java ────────────────
30      addKeyListener(new KeyAdapter(){
31       public void keyPressed(KeyEvent e){
32        switch (e.getKeyCode()){
33         case VK_LEFT:
34           frog.getDeltaPos().addMod(new Vertex(-1,0));break;
35         case VK_RIGHT:
36           frog.getDeltaPos().addMod(new Vertex(1,0));break;
37         case VK_UP:
38           frog.getPos().addMod(new Vertex(0,-TRACK_HEIGHT));break;
39         case VK_DOWN:
40            frog.getPos().addMod(new Vertex(0,TRACK_HEIGHT));break;
41         case VK_SPACE: frog.setDeltaPos(new Vertex(0,0));break;
42        }
43       }
44      });
```

Des Weiteren werden die Lokomotiven auf die Spuren gesetzt. Hierzu wird die Hilfsmethode **addTracks** benutzt:

```
──────────────── TrainFrogger.java ────────────────
45      addTracks();
```

Schließlich wird noch der Fokus auf die Komponente gesetzt:

```
──────────────── TrainFrogger.java ────────────────
46      setFocusable(true);
47      requestFocusInWindow();
48    }
```

Die einzelnen Gleise werden mit Lokomotiven in der Methode **addTracks** bevölkert:

```
──────────────── TrainFrogger.java ────────────────
49    void addTracks(){
50      for (int i=0;i<TRACK_NUMBER;i++) addTrains(i);
51    }
```

Zum Füllen einer Spur wird zufällig eine Geschwindigkeit der Spur berechnet. Hierzu
dient die statische Methode **random** aus der Standardklasse **System**:

```
──────────────── TrainFrogger.java ────────────────
52    void addTrains(int trackNr){
53      double speed = Math.random()*maxSpeed*2+minSpeed;
54      if(speed>maxSpeed+minSpeed)
55        speed = speed-(2*maxSpeed+minSpeed);
```

Nun werden mit dieser Geschwindigkeit so lange Lokomotiven auf die Spur gesetzt,
bis die Spur voll ist:

```
                            ──────── TrainFrogger.java ────────
56        int filled = 0;
57        while (filled < preferredWidth+300) {
```

Das Bild der Lokomotive wird dabei per Zufall aus dem Index der Reihung von Bilddateien im Spiel berechnet:

```
                            ──────── TrainFrogger.java ────────
58          ImageIcon icon
59            = trainIcons[(int)(Math.random()*trainIcons.length)];
60          final int x = speed<0?filled:-filled;
61          final GameObject train
62            =new MovableImage(icon,filled
63                            ,(1+trackNr)*TRACK_HEIGHT,speed ,0);
64          gos.add(train);
```

Die lokale Variable **filled** wird erhöht um die Breite, die die neue Lok und der Zwischenraum vor ihr einnehmen:

```
                            ──────── TrainFrogger.java ────────
65          filled = filled+(int)train.getWidth()
66                        +((int)(Math.random()*maxSpace))+minSpace;
67        }
```

Für jedes Gleis wird über eine Reihung zugreifbar noch vermerkt, wie breit die Gesamtlänge aller Loks auf diesem Gleis ist:

```
                            ──────── TrainFrogger.java ────────
68        fillings[trackNr]=filled;
69      }
70      int [] fillings = new int[TRACK_NUMBER];
```

Für eine absolute Gleisposition in der y-Koordinate lässt sich mit folgender Methode erfragen, wie breit der Raum aller Lokomotiven auf diesem Gleis ist:

```
                            ──────── TrainFrogger.java ────────
71      int getFill(double y){
72        return fillings[(int)(y-TRACK_HEIGHT)/TRACK_HEIGHT];
73      }
```

Eine kleine Hilfsmethode setzt den Frosch wieder auf seine Anfangsposition zurück:

```
                            ──────── TrainFrogger.java ────────
74      void resetFrog(){
75        frog.getPos().setX(preferredWidth/2);
76        frog.getPos().setY(preferredHeight-TRACK_HEIGHT);
77        frog.setDeltaPos(new Vertex(0,0));
78      }
```

Beim Zurücksetzen des gesamten Spiels wird nicht nur der Frosch auf seine Ausgangsposition gesetzt, sondern auch die Gleise neu mit Lokomotiven belegt. Haben sich mittlerweile die Werte für maximale und minimale Geschwindigkeiten und Abstände verändert, werden die Lokomotven unter Berücksichtigung dieser neuen Werte auf die Gleise gesetzt:

```
──────────────── TrainFrogger.java ────────────────
79    void reset(){
80      gos=new LinkedList<GameObject>();
81      resetFrog();
82      addTracks();
83      gos.add(frog);
84    }
```

Es verbleibt die Spiellogik zu spezifizieren, die in der überschriebenen Methode **doChecks** implementiert wird. Hier werden alle Spielobjekte betrachtet, die nicht identisch mit dem Frosch sind:

```
──────────────── TrainFrogger.java ────────────────
85    @Override public void doChecks(){
86      for (GameObject go:gos)
87        if (go!=frog){
```

Berührt eine Lokomotive den Frosch, so wird er zurück auf den Startpunkt gesetzt:

```
──────────────── TrainFrogger.java ────────────────
88          if (go.touches(frog)) resetFrog();
```

Lokomotiven, die links oder rechts aus der Spielfeldgröße heraus reichen, werden am anderen Ende wieder eingereiht:

```
──────────────── TrainFrogger.java ────────────────
89          if (   go.getDeltaPos().x>0
90              && go.getPos().x>preferredWidth)
91            go.getPos()
92              .addMod(new Vertex(-getFill(go.getPos().y),0));
93          else if (   go.getDeltaPos().x<0
94                  && go.getPos().x+go.getWidth()<0)
95            go.getPos()
96              .addMod(new Vertex(getFill(go.getPos().y),0));
97        }
98    }
```

Das ganze Spiel wird in einem Fenster dargestellt, das das Spiel unterbricht, wenn es nicht mehr aktiv ist:

```
                         ─── TrainFrogger.java ───
 99   public static void main(String [] args){
100      new ControlledWindow(new TrainFrogger()).setResizable(false);
101   }
102 }
```

Abbildung 5.1 zeigt das Spiel **TrainFrogger** in Aktion. Aufgrund der in einem Textbuch gebotenen Kürze des Programmcodes wurde nur die minimalste Funktionalität des Spiels umgesetzt. Es wird nicht gezählt, wie oft der Frosch überfahren wurde und wie oft er die andere Seite erreicht hat. Auch kann die Gestaltung nicht mit den Spielen meiner Studenten aus dem Studiengang Medieninformatik mithalten.

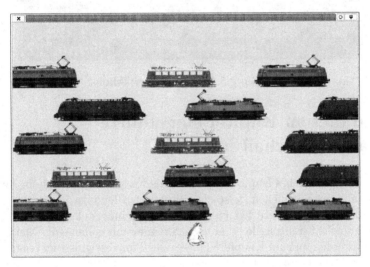

Abbildung 5.1: Eisenbahn Frogger in Aktion.

Aufgabe 25   Jetzt sind Sie dran. Entwerfen Sie ein kleines Spiel im zweidimensionalen Raum und implementieren Sie dieses Spiel. Als Anregung hierzu finden Sie studentische Arbeiten aus Anfängervorlesungen nach diesem Kurs auf der Webseite (http://www.panitz.name/ludens/games).

Die Abbildungen 5.2, 5.3, 5.4 und 5.5 sind Screenshots von vier sehr gelungenen studentischen Arbeiten, die sich in Optik und Spielidee stark voneinander unterscheiden.

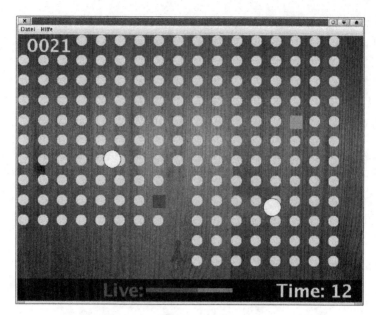

Abbildung 5.2: Paul Stüber: Alfons.

5.7 In diesem Kapitel eingeführte Javaeigenschaften

Dies war ein ereignisreiches Kapitel. Es wurde die Ereignisbehandlung in Javas Swing Bibliothek an unterschiedlichen Beispielen illustriert. Hierzu ist immer eine Klasse zu schreiben, die eine bestimmte Ereignisbehandlungsschnittstelle implementiert. Eine sehr einfache solche Schnittstelle ist `ActionListener` mit genau einer Methode. Diese kann genutzt werden, um auf Knopfereignisse oder Timerereignisse zu reagieren. Komplexere Ereignisbehandlungen beschäftigen sich mit Tastatureingaben, Mauseingaben und Mausbewegungen oder Ereignissen, die auf Fenstern auftreten können. Zur Implementierung von Ereignisbehandlungen können anonyme innere Klassen geschrieben werden.

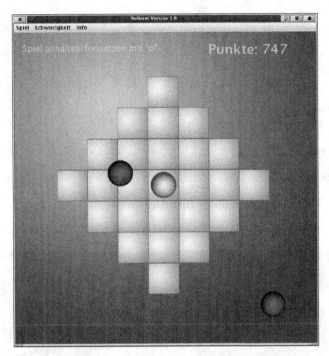

Abbildung 5.3: Markus Ott: Ballerei.

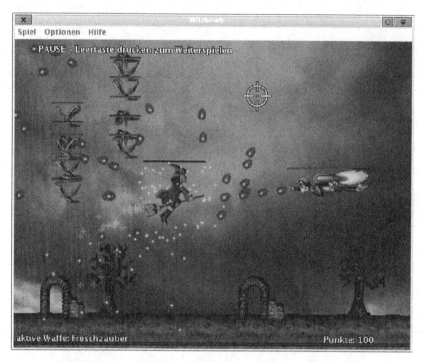

Abbildung 5.4: Ralph Erdt, Andreas Textor: Witchcraft.

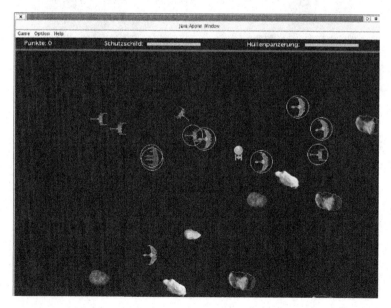

Abbildung 5.5: Thorsten Lehnhoff: Enterprise.

Kapitel 6

Menüs und Dialoge

Kaum ein GUI-Programm kommt ohne Menü- oder Dialog-gesteuerte Interaktion mit dem Benutzer aus. Bei Menüs und Dialogen handelt es sich um Standardkomponenten, die über Maus- und Tastatureingaben eine Benutzerinteraktion erlauben. Mit den bisher vorgestellten Basisfunktionalitäten aus der Swing Bibliothek ist es theoretisch möglich, eigene Komponenten zu schreiben, die Menüs und Dialoge realisieren. Selbstverständlich ist dieses nicht notwendig, da es in der Swing Bibliothek Klassen gibt, die entsprechende Komponenten vorgefertigt zur Verfügung stellen. In diesem Abschnitt soll das bisherige kleine Spiel um Benutzerinteraktion über Menüs und Dialoge ergänzt werden.

6.1 Menüleisten

Eine Menüleiste ist in der Regel am oberen Rand eines Fensters zu finden. In Swing steht die Klasse `JMenuBar` zur Verfügung, die eine solche Menüleiste repräsentiert. Einem Fenster der Klasse `JFrame` kann ein solches Menüleistenobjekt mit der Methode `setMenuBar` zugefügt werden. Eine Menüleiste kann mehrere Menüs enthalten. Wird mit der Maus auf ein Menü gedrückt, so klappt dieses auf und die einzelnen Einträge des Menüs können mit der Maus ausgewählt werden. Auch die Klasse `JMenuBar` enthält wie fast alle GUI-Komponenten eine Methode `add`. Für Menüleisten wird mit dieser Methode ein einzelnes Menü zur Leiste hinzugefügt. Einzelne Menüs können in Swing mit Objekten der Klasse `JMenu` dargestellt werden.

Unserem Spiel können wir eine Menüleiste hinzufügen, indem wir eine spezielle Unterklasse der Fensterklasse, in dem das Spiel dargestellt werden soll, entwickeln:

```
───────────────── MenuFrogger.java ─────────────────
1  package name.panitz.ludens.animationGame;
2  import javax.swing.*;
```

```
3 import java.awt.event.*;
4
5 public class MenuFrogger extends ControlledWindow{
```

Das Fenster, in dem das Spiel dargestellt wird, muss natürlich Zugriff auf das Spiel-objekt genießen. Somit sei ein entsprechendes Feld vorgesehen:

```
                    ─── MenuFrogger.java ───
6    TrainFrogger frogger;
```

Zusätzlich soll das Fenster eine Menüleiste mit einem Menü enthalten. Für das Menü und die Leiste werden ebenfalls Felder der Klasse vorgesehen:

```
                    ─── MenuFrogger.java ───
7    JMenuBar menuBar = new JMenuBar();
8    JMenu fileMenu = new JMenu("File");
```

Zwei Konstruktoren seien vorgesehen. Einmal der Standardkonstruktor. Dieser er-zeugt ein neues Spiel, um mit diesem Spielobjekt den zweiten Konstruktor aufzurufen:

```
                    ─── MenuFrogger.java ───
9    MenuFrogger(){this(new TrainFrogger());}
```

Der zweite Konstruktor bekommt ein Spiel übergeben, ruft den Konstruktor der Ober-klasse auf und initialisiert die Referenz auf das Spielobjekt:

```
                    ─── MenuFrogger.java ───
10   MenuFrogger(TrainFrogger tf){
11      super(tf);
12      frogger=tf;
```

Anschließend wird der Menüleiste das Menü hinzugefügt und die Menüleiste für das Fenster festgesetzt:

```
                    ─── MenuFrogger.java ───
13      menuBar.add(fileMenu);
14      this.setJMenuBar(menuBar);
```

Es fehlen uns noch die Menüeinträge in dem Menü. Auch die Klasse JMenu enthält wieder eine Methode add. Dieses Mal kann sie genutzt werden, um einzelne Menüein-träge dem Menü hinzuzufügen. Einzelne Menüeinträge werden durch Objekte der Klasse JMenuItem dargestellt.

Ein Menüeintrag braucht eine Darstellung im Menü, im einfachsten Fall durch einen Text. Dieser kann dem Konstruktor als Parameter übergeben werden:

```
                          ─── MenuFrogger.java ───
15     JMenuItem pauseItem=new JMenuItem("Pause");
16     fileMenu.add(pauseItem);
```

Es soll natürlich etwas passieren, wenn ein Menüeintrag ausgewählt wird. Eine Aktion soll ausgeführt werden. In dieser Hinsicht sind Menüeinträge nichts anderes als Knöpfe. Das spiegelt sich auch im Swing API wieder, denn die beiden Klassen JButton und JMenuItem haben die gemeinsame Oberklasse javax.swing.AbstractButton. In dieser ist die Methode addActionListener implementiert, die wir bereits benutzt haben, um Knöpfen eine Funktionalität hinzuzufügen. Mit dem bereits erworbenen Wissen über Knöpfe kann einem Menüeintrag also eine Funktionalität zugefügt werden:

```
                          ─── MenuFrogger.java ───
17     pauseItem.addActionListener(new ActionListener(){
18        public void actionPerformed(ActionEvent e){
19           p.t.stop();
20        }
21     });
```

Die Klasse JMenuItem hat weitere Konstruktoren. So gibt es eine Schnittstelle Action. Diese beschreibt die Eigenschaften eines Menüeintrages. Sie erweitert dabei die Schnittstelle ActionListener. Ein Objekt, das Action implementiert, kann direkt bei der Konstruktion eines Menüeintrages übergeben werden. Wie bei der Ereignisbehandlung bereits gesehen, gibt es auch eine Standardklasse, die die Schnittstelle Action implementiert. Somit lässt sich ein Menüeintrag direkt mit einem Action-Objekt erzeugen:

```
                          ─── MenuFrogger.java ───
22     fileMenu.add(new JMenuItem(new AbstractAction("Start"){
23        public void actionPerformed(ActionEvent e){
24           p.t.start();
25        }
26     }));
```

Das Swing API hat sogar die Methode add für Menüs so überladen, dass direkt ein Action-Objekt dem Menü hinzugefügt werden kann. Nun wird intern der neue Menüeintrag für die übergebene Aktion erzeugt und dem Menü hinzugefügt. Der Code zum Erzeugen eines Menüeintrags wird damit noch ein bisschen kürzer:

```
                          ─── MenuFrogger.java ───
27     fileMenu.add(new AbstractAction("Quit"){
28        public void actionPerformed(ActionEvent e){
29           System.exit(0);
30        }
31     });
```

Da sich durch Hinzufügen eines Menübalkens die Dimensionen eines Fensters verändern werden, bitten wir das Fensterobjekt durch Aufruf der Methode pack, seine Dimensionen neu zu berechnen:

```
──────────────── MenuFrogger.java ────────────────
32    pack();
33    }
```

Jetzt lässt sich das kleine Spiel auch über eine Menüleiste pausieren, neu starten und beenden:

```
──────────────── MenuFrogger.java ────────────────
34  public static void main(String [] args){new MenuFrogger();}
35  }
```

6.2 Dialogfenster

Fast alle GUI Programme enthalten irgendwo einen Menüeintrag, der einen Dialog öffnet, mit dem Programmoptionen, Präferenzen und Parameter gesetzt werden können. Während der Dialog geöffnet wird, sind die anderen Fenster des Programms zumeist im Hintergrund und werden erst wieder aktiv, wenn der Dialog beendet wurde.

Erweitern wir die Spielanwendung jetzt um ein Menü, in dem ein Dialog geöffnet wird, mit dem Einstellungen am Spiel vorgenommen werden können. Hierzu wird ein Objekt einer Klasse geöffnet, das ein Dialogfenster für das Spiel darstellt:

```
──────────────── DialogFrogger.java ────────────────
1  package name.panitz.ludens.animationGame;
2  import javax.swing.*;
3  import java.awt.event.*;
4  public class DialogFrogger extends MenuFrogger{
5    JMenu gameMenu = new JMenu("Game");
6    JDialog options=new FroggerOptions(this,frogger);
7    DialogFrogger(){
8      gameMenu.add(new AbstractAction("Preferences"){
9        public void actionPerformed(ActionEvent e){
10         options.pack();
11         options.setVisible(true);
12       }
13     });
14     menuBar.add(gameMenu);
15     pack();
16   }
17   public static void main(String [] args){new DialogFrogger();}
18 }
```

Für Dialogfenster steht in Swing die Klasse `JDialog` zur Verfügung. Diese unterscheidet sich kaum von der Klasse `JFrame`. Auch sie stellt ein eigenständiges Fenster auf der Benutzeroberfläche dar. Allerdings hat es ein Elternfenster, welches in den Hintergrund tritt, solange das Dialogfenster geöffnet ist, und anschließend, wenn das Dialogfenster geschlossen wird, wieder aktiv wird. Für unser Spiel sei eine eigene Klasse, die einen Optionsdialog repräsentiert, als Unterklasse von `JDialog` spezifiziert:

——————————— FroggerOptions.java ———————————
```
1  package name.panitz.ludens.animationGame;
2  import javax.swing.*;
3  import java.awt.event.*;
4  class FroggerOptions extends JDialog{
```

Da mit dem Dialog die Optionen eines Spiels eingestellt werden sollen, ist das entsprechende Spielobjekt in einem Feld zu referenzieren:

——————————— FroggerOptions.java ———————————
```
5     TrainFrogger frogger;
```

Im Dialogfenster sollen zwei Knöpfe sein, einer der ohne Änderungen im Spiel den Dialog beendet und einer, über den die Änderungen, die im Dialog vorgenommen wurden, im Spiel aktiviert werden:

——————————— FroggerOptions.java ———————————
```
6     JButton cancelButton = new JButton("Cancel");
7     JButton okButton = new JButton("OK");
```

Zwei Eigenschaften des Spiels sollen über den Dialog einstellbar sein:

- der maximale Abstand zwischen zwei Lokomotiven.

- die maximale Geschwindigkeit der Lokomotiven.

Für beide Eigenschaften sei ein Textfeld zur Eingabe von Werten vorgesehen. In Komponenten der Klasse `JLabel` sei vermerkt, für welche Eigenschaften die Eingabefelder stehen:

——————————— FroggerOptions.java ———————————
```
8     JLabel maxSpeedLabel = new JLabel("maximum speed");
9     JLabel maxSpaceLabel = new JLabel("maximum space");
10    JTextField maxSpeedValue = new JTextField();
11    JTextField maxSpaceValue = new JTextField();
```

Sechs GUI-Komponenten sind definiert, die innerhalb des Dialogs zu sehen sein sollen. Diese sechs Komponenten werden alle innerhalb eines `JPanel`-Objekts zusammengefasst. Somit sei noch ein `JPanel`-Objekt in der Klasse vorgesehen:

```
————————————————— FroggerOptions.java —————————————
12    JPanel p = new JPanel();
```

Im Konstruktor der Klasse wird das Spielobjekt und das Fensterobjekt, in dem das Spiel dargestellt wird, übergeben. Der Aufruf des Konstruktors der Oberklasse `JDialog` setzt das Elternobjekt und den Titel für das Dialogfenster:

```
————————————————— FroggerOptions.java —————————————
1    FroggerOptions(JFrame frame,TrainFrogger frog){
2        super(frame,"Options");
3        this.frogger= frog;
```

Den beiden Knöpfen ist mittels einer Ereignisbehandlung eine Funktionalität zuzuordnen. Das Drücken des Knopfes `cancel` soll den Dialog ohne weitere Aktion wieder schließen:

```
————————————————— FroggerOptions.java —————————————
4    cancelButton.addActionListener(
5        new ActionListener(){
6            public void actionPerformed(ActionEvent e){
7                setVisible(false);
8            }
9    });
```

Das Drücken des Knopfes `OK` soll die eingegebenen Werte für Tempo und Abstand übernehmen und im Spielobjekt setzen. Der Aufruf von `reset` sorgt dafür, dass die Züge mit neuen Abständen und Geschwindigkeiten im Spiel neu gesetzt werden. Anschließend wird der Dialog geschlossen, indem die Methode `setVisible` mit dem Wert `false` aufgerufen wird:

```
————————————————— FroggerOptions.java —————————————
10   okButton.addActionListener(
11       new ActionListener(){
12           public void actionPerformed(ActionEvent e){
13               frogger.maxSpeed=new Double(maxSpeedValue.getText());
14               frogger.maxSpace=new Integer(maxSpaceValue.getText());
15               frogger.reset();
16               setVisible(false);
17           }
18   });
```

Somit haben die Knöpfe des Dialogs ihre Funktionalität erhalten. Jetzt müssen die Knöpfe, Eingabefelder und Labels noch dem Dialog optisch zugefügt werden. Um in späteren Unterklassen Einfluss darauf zu haben, auf welche Weise dies geschieht, seien hierzu eigene Methoden definiert:

```
────────────────── FroggerOptions.java ──────────────────
19    setComponentsLayout();
20    addTheComponents();
21    add(p);
22  }
```

In der Methode **setComponentsLayout** wird zunächst noch gar nichts gemacht. Diese werden wir später in Unterklassen überschreiben:

```
────────────────── FroggerOptions.java ──────────────────
23  void setComponentsLayout(){}
```

In der Methode **addTheComponents** sollen alle sechs Komponenten des Dialogs dem internen **JPanel**-Objekt zugefügt werden:

```
────────────────── FroggerOptions.java ──────────────────
24  void addTheComponents(){
25    p.add(maxSpeedLabel);p.add(maxSpeedValue);
26    p.add(maxSpaceLabel);p.add(maxSpaceValue);
27    p.add(cancelButton); p.add(okButton);
28  }
```

Damit die Textfelder beim Öffnen des Dialogs die aktuellen Werte des Spiels für maximale Geschwindigkeit und Abstand enthalten, wird die Methode **setVisible** überschrieben:

```
────────────────── FroggerOptions.java ──────────────────
29  @Override public void setVisible(boolean v){
30    if (v){
31      maxSpaceValue.setText(""+frogger.maxSpace);
32      maxSpeedValue.setText(""+frogger.maxSpeed);
33    }
34    super.setVisible(v);
35  }
36 }
```

Jetzt hat das Spiel einen weiteren Menüeintrag. Wird dieser ausgewählt, öffnet sich ein Dialogfenster, mit dem die Einstellungen des Spiels geändert werden können. Für große Zwischenräume und langsame Lokomotiven wird es leichter für den Frosch, das Gleisfeld zu überqueren.

6.3 Layoutfragen

Der Dialog aus dem letzten Abschnitt enthielt sechs Komponenten. Diese sechs Komponenten wurden mit der Methode **add** dem internen Panel zugefügt. Doch wie sind diese angeordnet worden? Horizontal, vertikal in mehreren Zeilen und Spalten? Das haben wir nirgends spezifiziert, sondern das Standardverhalten von Swing benutzt. Verändern wir mit der Maus die Größe des Dialogfensters, so kann sich auch die Anordnung der Komponenten innerhalb des Fensters ändern. Wird das Fenster schmal gezogen, stehen die Komponenten untereinander, wird es breit gezogen, stehen sie nebeneinander. In diesem Abschnitt soll Einfluss darauf genommen werden, wie die Komponenten zueinander ausgerichtet werden.

6.3.1 Gruppieren mit mehreren Panel-Objekten

Eine einfache Methode, um auf die Anordnung von GUI-Komponenten Einfluss zu nehmen, ist Zwischenkomponenten einzuführen, in denen zusammengehörende Komponenten gebündelt werden. Schreiben wir jetzt eine Unterklasse von **FroggerOptions**, in der es drei interne **JPanel**-Objekte gibt. Diese bündeln jeweils logisch zusammengehörende Objekte:

―――――――――――― FroggerOptions2.java ――――――――――――
```
1  package name.panitz.ludens.animationGame;
2  import javax.swing.*;
3
4  public class FroggerOptions2 extends FroggerOptions {
5    public FroggerOptions2(JFrame frame, TrainFrogger frog) {
6      super(frame, frog);
7    }
```

Die Methode **addTheComponents** wird nun so überschrieben, dass nicht die sechs Komponenten direkt dem **JPanel** des Dialogs zugefügt werden, sondern paarweise die zusammengehörigen Label und Eingabefelder, sowie die beiden Knöpfe in eigene **JPanel**-Objekte zusammengefasst werden:

―――――――――――― FroggerOptions2.java ――――――――――――
```
8    @Override void addTheComponents() {
9      JPanel pSpeed=new JPanel();
10     pSpeed.add(maxSpeedLabel);
11     pSpeed.add(maxSpeedValue);
12     JPanel pSpace=new JPanel();
13     pSpace.add(maxSpaceLabel);
14     pSpace.add(maxSpaceValue);
15     JPanel buttons=new JPanel();
16     buttons.add(cancelButton);
17     buttons.add(okButton);
```

Erst diese drei **JPanel**-Objekte werden dann dem gesamten **JPanel** zugefügt:

―――――――――――― FroggerOptions2.java ――――――――――――
```
18     p.add(pSpeed);
19     p.add(pSpace);
```

```
20    p.add(buttons);
21   }
22 }
```

Mit diesem leicht veränderten Dialog lässt sich nun das Spiel öffnen:

```
─────────── DialogFrogger2.java ───────────
1 package name.panitz.ludens.animationGame;
2
3 public class DialogFrogger2 extends DialogFrogger {
4   public DialogFrogger2() {
5     options=new FroggerOptions2(this,frogger);
6   }
7   public static void main(String[] args){new DialogFrogger2();}
8 }
```

Der Vorteil gegenüber der ersten Version ist noch gering. Beim Verändern der Fenstergröße mit der Maus werden die zusammengehörigen Paare beim Umbruch nicht auseinander gerissen.

6.3.2 Layout-Manager

Die Art und Weise, wie die Komponenten optisch angeordnet werden, die einer Komponente zugefügt werden, bestimmt ein internes Objekt in der Komponente, der so genannte Layout-Manager. Dieser kann über die Methode `setLayout` gesetzt werden. Ein Layout-Manager ist dabei ein Objekt, das die Schnittstelle `java.awt.LayoutManager` implementiert. Diese Schnittstelle ist gar nicht so einfach zu implementieren. Zum Glück enthält das Swing API eine Reihe von fertigen Implementierungen. Standardmäßig haben die Swingkomponenten als Layout-Manager den `FlowLayout`. Dieser füllt den für die Komponente zur Verfügung stehenden Platz zeilenweise auf und bricht in eine neue Zeile um, wenn eine Zeile voll ist.

Border-Layout

Im Standardlayout lässt sich nicht ausdrücken, ob Komponenten relativ zueinander über- oder nebeneinander anzuordnen sind. Dieses kann mit dem Border-Layout ausgedrückt werden. Schreiben wir jetzt einmal eine Version des Optionsdialogs für unser Spiel, die das Border-Layout verwendet:

```
─────────── FroggerOptionsBorder.java ───────────
1 package name.panitz.ludens.animationGame;
2 import java.awt.*;
3 import javax.swing.*;
4 class FroggerOptionsBorder extends FroggerOptions{
```

```
 5    FroggerOptionsBorder(JFrame frame,TrainFrogger frog){
 6       super(frame,frog);
 7    }
```

Nun wird die Methode **setComponentsLayout** so überschrieben, dass dem alles um-
schließenden **JPanel**-Objekt ein Border-Layout gesetzt wird:

```
─────────────────── FroggerOptionsBorder.java ───────
 8    @Override void setComponentsLayout(){
 9       p.setLayout(new BorderLayout());
10    }
```

Ebenso wie in der Vorgängerversion seien drei interne Zwischenkomponenten definiert:

```
─────────────────── FroggerOptionsBorder.java ───────
11    @Override void addTheComponents() {
12       JPanel pSpeed=new JPanel();
13       pSpeed.add(maxSpeedLabel);
14       pSpeed.add(maxSpeedValue);
15       JPanel pSpace=new JPanel();
16       pSpace.add(maxSpaceLabel);
17       pSpace.add(maxSpaceValue);
18       JPanel buttons=new JPanel();
19       buttons.add(cancelButton);
20       buttons.add(okButton);
```

Diese drei Zwischenkomponenten sollen jetzt dem alles umfassenden **JPanel**-Objekt
zugefügt werden. Die Klasse **BorderLayout** definiert einen Layout Manager, der fünf
feste Positionen kennt: eine Zentralposition und jeweils links/rechts und oberhalb/un-
terhalb der Zentralposition eine Position für Unterkomponenten. Die Methode **add**
kann in diesem Layout mit einem zweiten Argument aufgerufen werden, das eine dieser fünf Positionen angibt. Hierzu bedient man sich der konstanten Felder der Klasse
BorderLayout.

Sollen die drei Zwischenkomponenten in unserem Beispiel vertikal angeordnet sein,
so sind sie auf die Positionen **BorderLayout.NORTH**, **BorderLayout.SOUTH** und
BorderLayout.CENTER zuzufügen:

```
─────────────────── FroggerOptionsBorder.java ───────
21       p.add(pSpeed,BorderLayout.NORTH);
22       p.add(buttons,BorderLayout.SOUTH);
23       p.add(pSpace,BorderLayout.CENTER);
24    }
25 }
```

Da diese Positionen direkt bei der Methode **add** mit angegeben werden, ist die Reihenfolge der drei Aufrufe der Methode **add** nun nicht mehr relevant, wie zuvor noch
im Flow Layout.

Ein weiterer Test kann uns jetzt davon überzeugen, dass die vertikale Anordung der drei Zwischenkomponenten stets eingehalten wird, egal welche Fenstergröße der Dialog hat:

```
──────────────── FroggerBorder.java ────────────────
1 package name.panitz.ludens.animationGame;
2 public class FroggerBorder extends DialogFrogger{
3   public FroggerBorder() {
4     options=new FroggerOptionsBorder(this,frogger);
5   }
6   public static void main(String [] args){new FroggerBorder();}
7 }
```

Grid-Layout

Im Border Layout wurde die Lage der Komponenten auf fünf Positionen relativ zueinander spezifiziert. Dazu war der Methode **add** die jeweilige Position mit anzugeben. Die Größe der einzelnen Komponenten war dabei individuell und hat die Größe einer Position festgelegt.

Ein weiterer Layout-Manager ist das so genannte Grid Layout. In diesem werden die Komponenten an einem Gitter mit Zeilen und Spalten in Zellen angeordnet. Alle diese Zellen sind gleich groß und zwar so groß, wie die größte Komponente in einer dieser Zellen. Durch Setzen des Grid-Layouts in der Methode **setComponentsLayout** erhalten wir einen Dialog, in dem die Komponenten an einem Gitterraster angeordnet sind. Dem Konstruktor der Klasse **GridLayout** wird die Anzahl der Zeilen und die Anzahl der Spalten mitgegeben:

```
──────────────── FroggerOptionsGrid.java ────────────────
1  package name.panitz.ludens.animationGame;
2  import java.awt.*;
3  import javax.swing.*;
4  class FroggerOptionsGrid extends FroggerOptions{
5    FroggerOptionsGrid(JFrame frame,TrainFrogger frog){
6      super(frame,frog);
7    }
8    @Override void setComponentsLayout() {
9      p.setLayout(new GridLayout(3,2));
10   }
11 }
```

Öffnet man nun den Dialog des Spiels, so erkennt man, dass die Komponenten des Dialogs auf eine einheitliche Größe gebracht wurden:

```
──────────────── FroggerGrid.java ────────────────
1 package name.panitz.ludens.animationGame;
2 public class FroggerGrid extends DialogFrogger{
```

```
3   public FroggerGrid() {
4     options=new FroggerOptionsGrid(this,frogger);
5   }
6   public static void main(String [] args){new FroggerGrid();}
7 }
```

Es gibt noch eine ganze Reihe weiterer Layout-Manager, die nicht weiter im Detail betrachtet werden sollen. Einer der flexibelsten Layout Manager, aber damit auch am komplexesten zu benutzen, ist der GridBagLayout.

6.4   In diesem Kapitel eingeführte Javaeigenschaften

Menüleisten mit Menüeinträgen können Fenstern zugefügt werden. Dabei sind Menüeinträge nichts weiter als eine besondere Form von Knöpfen. Somit wird die bereits hinlänglich bekannte Ereignisbehandlung benutzt, um die Aktionen für Menüs zu programmieren.

Dialogfenster sind eine besondere Form von Fenstern, die im Vordergrund vor dem Elternfenster geöffnet werden.

Um graphische Komponenten anzuordnen, können JPanel-Objekte als Zwischenkomponenten benutzt werden. Die eigentliche Anordnung nimmt schließlich der Layout-Manager vor. Dieser kann gesetzt werden. Unterschiedliche Implementierungen von Layout-Managern stehen im Standard-API zur Verfügung.

Kapitel 7

Spiele im Netz

7.1 Spiele als Applet

Ältere Einführungen in Java begannen gerne mit der Programmierung von sogenannten *applets*. *Applet* ist der englische Diminutiv für Applikation; es handelt sich also bei einem *Applet* um eine kleine, oft auch niedliche Applikation. Applets werden im Webbrowser ausgeführt. Auf einer Webseite ist hierzu ein *Tag* `<applet>` einzufügen. In diesem ist eine Javaklasse anzugeben, die der Browser an dieser Stelle der Webseite ausführen soll.

Applets waren ursprünglich tatsächlich die Killerapplikation von Java, denn damit verfügte Java über eine Technik, die weder eine andere Programmiersprache angeboten hat, noch auf andere Weise umgesetzt werden konnte. Mitte der 90er Jahre waren Webseiten noch recht nüchterne Angelegenheiten. Es gab vor allen Dingen kaum bewegte Bilder oder Lauftexte. Javas virtuelle Maschine konnte in den Webbrowsern *Mosaic* und später *Netscape* integriert werden, so dass sich Javaapplikationen auf Webseiten ausführen ließen, die bewegte Bilder und Ähnliches realisierten. Eines der häufigsten kleinen Demonstrationsprogramme war das Javamännchen, das dem Betrachter zuwinkte. Dieses animierte Männchen war als Applet realisiert[1]. Aufgrund der Applets brach ein regelrechter Hype um Java aus. Es gab sogar die Vorstellung, dass dereinst komplette Office-Pakete als Applets realisiert werden und Arbeitsplatzrechner kaum noch eine eigene Festplatte brauchen, sondern alle Programme als Applets übers Netz holen.

Wer heutzutage mit einem nicht javafähigen Browser durchs Netz surft, wird feststellen, dass es so gut wie keine Webseite gibt, auf der sich ein Applet befindet. In dieser

---

[1] Wohingehend, wenn man heute das winkende Männchen sieht, es sich meistens um eine animierte gif-Datei handelt. Animiert hintereinander zu spielende Bilder kannte auch damals bereits das gif-Format, wurde allerdings nur von wenigen Werkzeugen unterstützt.

Hinsicht sind Applets als Technologie mehr oder weniger tot. Java hingegen hatte noch Jahre mit dem Vorurteil zu kämpfen, es sei lediglich eine Sprache, um kleine Programme für den Browser zu schreiben und für große Programme nicht ernsthaft einzusetzen. Wie man sieht, hat sich Java mittlerweile als Programmiersprache etabliert, jedoch der ursprüngliche Türöffner, die Applets, spielen zumindest derzeit kaum eine Rolle mehr.

Trotzdem soll in diesem Abschnitt einmal gezeigt werden, wie sich eine Applikation als Applet schreiben lässt.

7.1.1 Die Klasse JApplet

Um eine im Browser ausführbare Klasse zu schreiben, muss diese von der Klasse `java.applet.Applet` ableiten. Die Tatsache, dass es ein eigenes Paket für Applets gibt, deutet an, welche Bedeutung einst Applets zugemessen wurde. In diesem Paket befindet sich nur genau die Klasse `Applet`.

Im Swingpaket gibt es die Klasse `javax.swing.JApplet`, die eine Unterklasse von `Applet` ist. Um also eine Klasse, die der Browser ausführen kann, zu schreiben, sollte man von einer dieser Klassen ableiten. Da es sich bei `Applet` um eine Unterklasse von `Panel` handelt, können wir mit der bereits gewohnten Methode `add` weitere graphische Komponenten zu einem Applet hinzufügen.

Als Beispiel benutzen wir hierzu wieder die nun schon hinlänglich bekannte Klasse `Counter`. Da es sich bei der Klasse `Counter` um eine Unterklasse von `JPanel` handelt, kann ein `Counter`-Objekt ebenso wie einem `JFrame` mit der Methode `add` auch einem `JApplet` zugefügt werden.

Dieses können wir z.B. im Konstruktor der Appletklasse machen:

```
───────────────── CountApplet.java ─────────────────
1  package name.panitz.ludens.animationGame;
2  import javax.swing.*;
3  public class CountApplet extends JApplet{
4    public CountApplet(){add(new Counter());}
5  }
```

Es verbleibt eine Webseite zu schreiben, in der diese Appletklasse gestartet wird. In dieser HTML-Seite ist der Tag `applet` einzufügen. Im Attribut `code` dieses Tags ist die Javaklasse anzugeben, welche das Applet enthält. Weitere Attribute definieren die Größe des Bereichs, den der Browser für das Applet vorsehen soll. Zusätzlich lässt sich noch definieren, in welchem Verzeichnis auf dem Webserver die Klassen zu finden sind. Folgende HTML-Seite startet schließlich obiges Applet:

```
───────────────── ViewCounterApplet.html ─────────────────
1  <html><body>
2  <h1>Ein erstes Applet</h1>
```

```
 3 Dieses Applet zählt einen internen Zähler hoch,
 4 wenn der Knopf gedrückt wird.
 5 <applet code="name.panitz.ludens.animationGame.CountApplet"
 6         codebase="../classes/"
 7         width="600" height="60">
 8    <param name="maxwidth" value="120">
 9    <param name="nimgs" value="17">
10    <param name="offset" value="-57">
11 Your browser is completely ignoring the &lt;APPLET&gt; tag!
12 </applet>
13 </body></html>
```

Applets sind auch in der Lage ganz neue Fenster zu öffnen. Auch dieses ließe sich im Konstruktor des Applets durchführen. In der Klasse `Applet` gibt es zusätzlich eine Reihe von Methoden, die zu unterschiedlichen Zeitpunkten aufgerufen werden. Hierzu gehören die Methoden:

- `init`: Diese ruft der Browser auf, wenn das Appletobjekt geladen wurde.

- `start`: Diese ruft der Browser auf, wenn die Ausführung des Applets starten soll.

- `stop`: Diese ruft der Browser auf, wenn die Ausführung des Applets beendet werden soll.

Insofern lässt sich auch die Methode `init` benutzen, um die eigentliche Applikation des Applets zu initialisieren, statt dieses im Konstruktor zu tun.

Das kleine Froggerspiel lässt sich ebenso wie in der Main-Methode einer Klasse in der Methode `init` eines Applets starten:

```
─────────────── AppletAnimation.java ───────────────
1 package name.panitz.ludens.animationGame;
2 public class AppletAnimation extends javax.swing.JApplet{
3   @Override public void init(){
4     new ControlledWindow(new TrainFrogger()).setResizable(false);
5   }
6 }
```

In einer kleinen HTML-Seite kann dieses Applet eingebunden werden. Dieses Applet hat auf der Webseite eine Höhe und Weite von null Pixeln. Wird die Webseite im Browser geöffnet, so öffnet sich ein neues Fenster mit dem Spiel:

```
─────────────── OpenAnimationApplet.html ───────────────
1 <html><body>
2 <h1>Eisenbahnfrosch</h1>
3 Ein kleines Spiel in dem ein Frosch über einen Schienenparkur,
```

```
 4 auf dem vielen Lokomotiven rangieren, gelangen muss.
 5 Steuerung mit den Pfeiltasten und der Leertaste.
 6
 7
 8 <applet code="name/panitz/ludens/animationGame/AppletAnimation"
 9        codebase="../classes/"
10        width="0" height="0">
11    <param name="maxwidth" value="120">
12    <param name="nimgs" value="17">
13    <param name="offset" value="-57">
14 Your browser is completely ignoring the &lt;APPLET&gt; tag!
15 </applet>
16 </body></html>
```

Jetzt zahlt es sich aus, dass die Bilder des Spiels mit Hilfe des Klassenladers geladen wurden. Denn in diesem Fall liegen die Bilder nicht mehr in Dateien auf dem
Rechner, auf dem das Spiel ausgeführt wird, sondern auf dem Webserver, der auch
die Javaklassen bereit hält. Der über den Ausdruck `getClass().getClassLoader()`
erhaltene Klassenlader löst nun die URL für Ressourcedateien so auf, dass die entsprechenden Dateien auf dem Webserver erfragt werden, von dem auch die Klassen
geladen werden.

Aufgabe 26 Realisieren Sie eine Applet-Version Ihres Spiels aus der letzten Aufgabe.

7.2 Netzwerkspiele mit RMI

Applets sind zwar Spiele, die über das Internet von einem Server auf dem Webbrowser
geladen werden, um innerhalb eines Browserfensters ausgeführt zu werden, aber es
handelt sich bei Applets im eigentlichen Sinne nicht um Netzwerkspiele. Ein richtiges
Netzwerkspiel hat mindestens zwei Spieler, die an verschiedenen Rechnern spielen.
Die Rechner sind über ein Netzwerk verbunden. Java bietet eine sehr komfortable
plattformunabhängige Möglichkeit an, verteilte Anwendungen zu schreiben. Dieses ist
der *remote method call* kurz RMI, der es erlaubt, Methoden für Objekte aufzurufen,
die auf einer anderen virtuellen Maschine in einem Server liegen. Diesen Methoden
können Objekte als Parameter übergeben werden. Das Ergebnis des Methodenaufrufs
liegt dann der aufrufenden virtuellen Maschine vor.

Wann immer die engen Grenzen einer eigenen virtuellen Maschine verlassen werden,
so dass externe Daten erfragt werden und/oder über ein Netzwerk zugegriffen wird,
können jede Menge Probleme auftreten. Die externe Datenquelle kann nicht zugreifbar
oder das Netzwerk defekt sein. Solche Fehlersituationen können bei der Programmierung in Java berücksichtigt werden. Hierzu gibt es das Konzept der Ausnahmen. Bevor

wir uns der Programmierung von Netzwerkspielen widmen, sei ein kurzer Blick auf das Ausnahmekonzept von Java geworfen.

7.2.1 Ausnahmen

Ausnahme- und Fehlerklassen

Java stellt Standardklassen zur Verfügung, deren Objekte einen bestimmten Ausnahme- oder Fehlerfall ausdrücken. Die gemeinsame Oberklasse aller Klassen, die Fehler- oder Ausnahmefälle ausdrücken, ist `java.lang.Throwable`. Diese Klasse hat zwei Unterklassen, nämlich:

- `java.lang.Error`: Alle Objekte dieser Klasse drücken aus, dass ein ernsthafter Fehlerfall aufgetreten ist, der in der Regel von dem Programm selbst nicht zu beheben ist.

- `java.lang.Exception`: Alle Objekte dieser Klasse stellen Ausnahmesituationen dar. Im Programm kann eventuell beschrieben sein, wie bei einer solchen Ausnahmesituation weiter zu verfahren ist. Eine spezielle Unterklasse von `Exception` ist die Klasse `java.lang.RuntimeException`.

Ein Blick in das Paket `java.rmi`, in dem die Grundklassen für RMI-Anwendungen zu finden sind, zeigt, dass hier hauptsächlich Ausnahmeklassen zu finden sind. So findet sich darin z.B. die Klasse `RemoteException`, die eine der grundlegenden Ausnahmeklassen in RMI-Anwendungen darstellt.

Werfen von Ausnahmen

Ein Objekt vom Typ `Throwable` allein zeigt noch nicht an, dass ein Fehler aufgetreten ist. Hierzu gibt es einen speziellen Befehl, der im Programmablauf dieses kennzeichnet, nämlich der Befehl `throw`.

`throw` ist ein Schlüsselwort, dem ein Objekt des Typs `Throwable` folgt. Bei einem `throw`-Befehl verlässt Java die eigentliche Ausführungsreihenfolge des Programms und unterrichtet die virtuelle Maschine davon, dass eine Ausnahme aufgetreten ist. Z.B. können wir für die Fakultätsmethoden bei einem Aufruf mit einer negativen Zahl eine Ausnahme werfen:

```
_____ FirstThrow.java _____
1  package name.panitz.exceptions;
2  public class FirstThrow {
3    public static int fakultät(int n){
4      if (n==0) return 1;
5      if (n<0) throw new RuntimeException();
6      return n*fakultät(n-1);
```

```
 7      }
 8    public static void main(String [] args){
 9      System.out.println(fakultät(5));
10      System.out.println(fakultät(-3));
11      System.out.println(fakultät(4));
12    }
13  }
```

Wenn wir dieses Programm starten, dann sehen wir, dass zunächst die Fakultät für die Zahl 5 korrekt berechnet und ausgegeben wird, dann der Fehlerfall auftritt, was dazu führt, dass der Fehler auf der Kommandozeile ausgegeben wird und das Programm sofort beendet wird. Die Berechnung der Fakultät von 4 wird nicht mehr durchgeführt. Es kommt zu folgender Ausgabe:

```
swe10:~> java name.panitz.exceptions.FirstThrow
120
Exception in thread "main" java.lang.RuntimeException
  at name.panitz.exceptions.FirstThrow.fakultät(FirstThrow.java:6)
  at name.panitz.exceptions.FirstThrow.main(FirstThrow.java:12)
swe10:~>
```

Wie man sieht, unterrichtet uns Java in der ersten Zeile davon, dass eine Ausnahme des Typs `RuntimeException` geworfen wurde. In der zweiten Zeile erfahren wir, dass dieses bei der Ausführung der Methode `fakultät` in Zeile 6 der Klasse `FirstThrow` geschehen ist. Anschließend, in den Zeilen weiter unten, gibt Java jeweils an, in welcher Methode der Aufruf der in der darüber liegenden Methode stattfand.

Die Ausgabe gibt also an, durch welchen verschachtelten Methodenaufruf es an die Stelle kam, in der die Ausnahme geworfen wurde. Diese Aufrufstruktur wird als Aufrufkeller (*stack trace*) bezeichnet.

Ausnahmen können natürlich nicht nur auftreten, wenn wir sie selbst explizit geworfen haben, sondern auch von Methoden aus Klassen, die wir selbst benutzen, geworfen werden. So kann z.B. die Benutzung der Methode `charAt` aus der Klasse `String` dazu führen, dass eine Ausnahme geworfen wird:

```
                          ThrowIndex.java
1 package name.panitz.exceptions;
2 public class ThrowIndex {
3   public static void main(String [] args){
4     "i am too short".charAt(120);
5   }
6 }
```

Starten wir dieses Programm, so wird auch eine Ausnahme geworfen:

```
swe10:~> java name.panitz.exceptions.ThrowIndex
Exception in thread "main" java.lang.StringIndexOutOfBoundsException:
                          String index out of range: 120
    at java.lang.String.charAt(String.java:516)
    at name.panitz.exceptions.ThrowIndex.main(ThrowIndex.java:5)
swe10:~>
```

Wie man an diesem Beispiel sieht, gibt Java nicht nur die Klasse der Ausnahme, die geworfen wurde, aus (`java.lang.StringIndexOutOfBoundsException:`), sondern auch noch eine zusätzliche Erklärung. Die Objekte der Unterklassen von `Throwable` haben in der Regel einen Konstruktor, dem noch eine zusätzliche Information übergeben werden kann, die den Fehler erklärt.

Deklaration von geworfenen Ausnahmen

Um sich auf Ausnahmefälle einzustellen, ist es notwendig, dass einer Methode angesehen werden kann, ob sie bei der Ausführung eventuell eine Ausnahme werfen wird. Java bietet an, dieses in der Signatur der Methoden zu schreiben. Java bietet dieses nicht nur an, sondern schreibt sogar zwingend vor, dass alle Ausnahmeobjekte, die in einer Methode geworfen werden, auch in der Signatur der Methode angegeben sind. Einzig davon ausgenommen sind Objekte des Typs `RuntimeException`. Wollen wir in unserem obigen Programm eine andere Ausnahme werfen als eine `RuntimeException`, so können wir das zunächst nicht:

```
1  package name.panitz.exceptions;
2  public class ThirdThrow {
3    public static int fakultät(int n){
4      if (n==0) return 1;
5      if (n<0) throw new Exception
6              ("negative Zahl für Fakultätsberechnung");
7      return n*fakultät(n-1);
8    }
9    public static void main(String [] args){
10     System.out.println(fakultät(5));
11     System.out.println(fakultät(-3));
12     System.out.println(fakultät(4));
13   }
14 }
```

Bei der Übersetzung kommt es zu folgendem Fehler:

```
swe10:~> javac -d . ThirdThrow.java
ThirdThrow.java:6: unreported exception java.lang.Exception;
                must be caught or declared to be thrown
```

```
     if (n<0) throw new Exception("negative Zahl für Fakultätsberechnung");
                  ^
1 error
```

Java verlangt, dass wir für die Methode fakultät in der Signatur angeben, dass die Methode eine Ausnahme wirft. Dieses geschieht durch eine throws-Klausel zwischen Signatur und Rumpf der Methode. Dem Schlüsselwort throws folgen dabei durch Kommatas getrennt die Ausnahmen, die durch die Methode geworfen werden können.

In unserem Beispiel müssen wir für beide Methoden angeben, dass eine Exception auftreten kann, denn in der Methode main können ja die Ausnahmen der Methode fakultät auftreten:

```
_____ FourthThrow.java _____
 1  package name.panitz.exceptions;
 2  public class FourthThrow {
 3    public static int fakultät(int n) throws Exception{
 4      if (n==0) return 1;
 5      if (n<0)
 6       throw
 7         new Exception("negative Zahl für Fakultätsberechnung");
 8      return n*fakultät(n-1);
 9    }
10
11    public static void main(String [] args) throws Exception{
12      System.out.println(fakultät(5));
13      System.out.println(fakultät(-3));
14      System.out.println(fakultät(4));
15    }
16  }
```

Somit stellt Java sicher, dass über die möglichen Ausnahmefälle Buch geführt wird.

Eigene Ausnahmeklassen

Man ist bei der Programmierung nicht auf die von Java in Standardklassen ausgedrückten Ausnahmeklassen beschränkt. Es können eigene Klassen, die von der Klasse Exception ableiten, geschrieben und ebenso wie die Standardausnahmen geworfen werden. Hierzu sind einfach nur Unterklassen der Klasse java.lang.Exception zu schreiben.

Fangen von Ausnahmen

Zu einem vollständigen Konzept zur Ausnahmebehandlung gehört nicht nur, dass über Ausnahmezustände beim Programmabbruch berichtet wird, sondern auch, dass angegeben werden kann, wie im Falle einer aufgetretenen Ausnahme weiter zu verfahren ist.

Syntax Java stellt hierzu das `try`-und-`catch` Konstrukt zur Verfügung. Es hat folgende Struktur:

> `try` *{stats}* `catch` (*ExceptionName ident*) *{stats}*

Der `try`-Block umschließt in diesem Konstrukt den Code, der bei der Ausführung auf das Auftreten eventueller Ausnahmen abgeprüft werden soll. Der `catch`-Block (von dem es auch mehrere geben kann) beschreibt, was für ein Code im Falle des Auftretens einer Ausnahme zur Ausnahmebehandlung auszuführen ist. Jetzt können wir programmieren, wie im Falle einer Ausnahme zu verfahren ist:

```java
──────────────── Catch1.java ────────────────
1  package name.panitz.exceptions;
2  public class Catch1 {
3    public static int fakultät(int n) throws Exception{
4      if (n==0) return 1;
5      if (n<0) throw new Exception();
6      return n*fakultät(n-1);
7    }
8
9    public static void main(String [] args){
10     try {
11       System.out.println(fakultät(5));
12       System.out.println(fakultät(-3));
13       System.out.println(fakultät(4));
14     }catch (Exception e){
15       System.out.println("Ausnahme aufgetreten: "+e);
16     }
17   }
18 }
```

Wie man sieht, braucht jetzt die Methode `main` nicht mehr zu deklarieren, dass sie eine Ausnahme wirft, denn sie fängt ja alle Ausnahmen, die eventuell während ihrer Auswertung geworfen wurden, ab.

Das Programm berechnet zunächst korrekt die Fakultät für 5, es kommt zu einer Ausnahme bei der Berechnung der Fakultät von -3. Das Programm verlässt den normalen Programmablauf und wird erst in der `catch`-Klausel wieder abgefangen. Der Code dieser `catch`-Klausel wird ausgeführt. Innerhalb der `catch`-Klausel hat das Programm Zugriff auf das Ausnahmeobjekt, das geworfen wurde. In unserem Fall benutzen wir dieses, um es auf dem Bildschirm auszugeben.

Zusammenspiel mit Rückgabewerten Für Methoden mit einem Rückgabewert ist es beim Abfangen von Ausnahmen wichtig darauf zu achten, dass in sämtlichen Fällen von abgefangenen Ausnahmen trotzdem ein Rückgabewert zurückgegeben wird. Ebenso ist auch zu berücksichtigen, dass jede benutzte Variable bevor sie benutzt wird auch einen Wert zugewiesen bekommen hat.

7.2.2 RMI

Java bietet die Möglichkeit an, Programme verteilt auf verschiedenen Rechnern laufen zu lassen. Es läuft dabei auf mehreren Rechnern eine Instanz der virtuellen Maschine. Es ist dann möglich, von der einen Maschine Methoden auf Objekte, die auf der anderen Maschinen existieren, aufzurufen. Dieses Prinzip wird als RMI bezeichnet. Es steht für *remote method invocation*. Hierzu müssen die Parameter der aufgerufenen Methode über ein Netzwerk an die entfernte virtuelle Maschine geschickt werden und das Ergebnis der Methode ebenso wieder über das Netzwerk an die aufrufende Methode zurückgeschickt werden. RMI realisiert ein Client-Server Modell.

Schnittstellen sind in der Modellierung einer RMI Anwendung von entscheidender Bedeutung. Über eine Schnittstelle definiert der Server, welche Funktionalität er anbietet. Eine Schnittstelle, die definiert, was ein RMI Server für Methoden zur Verfügung stellt, leitet von der Schnittstelle `java.rmi.Remote` ab.

Beginnen wir mit einer ersten einfachen Anwendung. Unser Server soll eine Methode `getDate` anbieten, die das aktuelle Datum mit Uhrzeit vom Server zurückgibt. Dieses lässt sich einfach definieren:

```
───────────────────── GetDate.java ─────────────────────
1 package name.panitz.rmi.date;
2
3 import java.util.Date;
4 import java.rmi.Remote;
5 import java.rmi.RemoteException;
6
7 public interface GetDate extends Remote {
8   Date getDate() throws RemoteException;
9 }
```

Jede Methode, die ein RMI Server über das Netzwerk als entfernte Methode anbietet, muss in seiner **throws**-Klausel die Ausnahmeklasse `RemoteException` auflisten. Ein Aufruf einer entfernten Methode kann alle möglichen Unwägbarkeiten mit sich bringen. Daher ist es Pflicht, dass die per RMI aufgerufenen Methoden davon in der Signatur unterrichten, dass Ausnahmen beim Aufruf auftreten können.

Eine Schnittstelle, die `Remote` erweitert, lässt sich wie jede normale Schnittstelle in Java implementieren. Es muss in keiner Weise berücksichtigt werden, dass die Methoden über ein Netzwerk von entfernten virtuellen Maschinen aufgerufen werden. Für unser erstes Beispiel genügt folgende nahe liegende Implementierung, die ein aktuelles Objekt der Standardklasse `Date` erzeugt und als Ergebnis zurückgibt:

```
──────────────────── GetDateImpl.java ──────────────
1 package name.panitz.rmi.date;
2 import java.util.Date;
3
4 public class GetDateImpl implements GetDate {
5   public Date getDate() {return new Date();}
6 }
```

RMI Server

Mit der Schnittstelle `GetDate` haben wir spezifiziert, welche Funktionalität übers Netz angeboten werden soll. Die Implementierung setzt diese Funktionalität um. Jetzt brauchen wir noch ein Programm, das diese Funktionalität auch im Netz bekannt macht und anbietet, entsprechende Methodenaufrufe aus dem Netz entgegennimmt, ausführt und das Ergebnis an die aufrufende Maschine zurücksendet. Hierzu ist eine Serveranwendung zu schreiben. Diese benötigt eine Instanz der implementierenden Klasse und muss diese für die Benutzung unter einem Namen für das Netzwerk registrieren. Hierzu gibt es in Paketen `java.rmi.registry` bzw. `java.rmi.server` drei entscheidende Klassen:

- `UnicastRemoteObject`: Die statische Methode `exportObject` dieser Klasse wandelt ein Objekt in eine Instanz um, die geeignet ist, über das Netz aufgerufen zu werden. Dahinter verbirgt sich tatsächlich unter der Hand der ganze Code, der für die Vorbereitung der Kommunikation notwendig ist.

- `LocateRegistry`: Hier kann mit der statischen Methode `getRegistry` eine Instanz der auf dem Server laufenden Registrierumgebung für RMI Objekte erhalten werden.

- `Registry`: Objekte dieser Klasse haben die Methode `bind`, in der `Remote` Objekte in der RMI Umgebung bekannt gemacht werden können. Hierbei bindet man einen beliebigen Namen an das `Remote` Objekt. Unter diesem Namen können Client-Applikationen auf das `Remote`-Objekt zugreifen.

Für unser kleines erstes Beispiel einer Servers, der die Zeit angeben kann, ergibt das folgenden Code: Zunächst wird eine Instanz der implementierenden Klasse erzeugt. Diese wird als ein Remote Objekt exportiert, dann wird die RMI-Registry geholt, auf der dann das Objekt bekannt gemacht wird:

```
──────────────────── DateServer.java ──────────────
1 package name.panitz.rmi.date;
2
```

```
 3 │ import java.rmi.registry.Registry;
 4 │ import java.rmi.registry.LocateRegistry;
 5 │ import java.rmi.RemoteException;
 6 │ import java.rmi.server.UnicastRemoteObject;
 7 │
 8 │ public class DateServer {
 9 │   public static void main(String args[]) {
10 │     try {
11 │       GetDateImpl obj = new GetDateImpl();
12 │       GetDate stub
13 │         = (GetDate) UnicastRemoteObject.exportObject(obj, 0);
14 │       Registry registry = LocateRegistry.getRegistry();
15 │       registry.bind("date", stub);
16 │       System.err.println("Server ready");
17 │     } catch (Exception e) {
18 │       System.err.println("Server exception: " + e.toString());
19 │       e.printStackTrace();
20 │     }
21 │   }
22 │ }
```

Die drei bis hierhin geschriebenen Javadateien sind ganz normal mit dem Javacompiler zu übersetzen. Bevor jedoch die Hauptmethode vom DateServer gestartet werden kann, ist die RMI-Registrierung zu starten. Hierzu liefert das JDK das Programm rmiregistry mit. Dieses ist auf dem Server zunächst einmal zu starten. Dann ist das Programm DateServer zu starten. Diesem ist aber als Umgebungsparameter mitzugeben, wo der Server seine Javaklassen findet. Hier reicht der Klassenpfad nicht aus. Es ist das Attribut java.rmi.server.codebase zu setzen. Insgesamt erhalten wir folgende kleine Session auf der Kommandozeile:

```
sep@pc305-3:~/fh/java/student/classes> rmiregistry &
[1] 5492
sep@pc305-3:~/fh/java/student/classes> java -Djava.rmi.server.codebase=fil
e:///home/sep/fh/java/student/classes/ name.panitz.rmi.date.DateServer &
[2] 5502
sep@pc305-3:~/fh/java/student/classes> Server ready

sep@pc305-3:~/fh/java/student/classes>
```

RMI Client

Unser Server ist jetzt bereit, Methodenaufrufe zu empfangen. Diese werden von einem Clientprogramm aus unternommen. Hierzu ist ähnlich wie im Serverprogramm zu verfahren. Für die RMI-Registry des Servers ist eine repräsentierende Instanz zu erzeugen, in der unter dem registrierten Namen nach dem angebotenen entfernten Objekt zu fragen ist. Schließlich kann dieses wie ein ganz normales Javaobjekt benutzt werden. Es ist dabei nur zu beachten, dass eventuell eine Ausnahme auftritt.

Für unser Beispiel schreiben wir eine kleine GUI-Anwendung. Der meiste Code beschäftigt sich dabei mit dem GUI. Die eigentlichen Aufrufe an das auf einer anderen Maschine laufende Objekt bestehen aus nur drei Zeilen:

```
                        ──── DateClient.java ────
 1  package name.panitz.rmi.date;
 2  import name.panitz.ludens.util.ShowInFrame;
 3  import javax.swing.*;
 4  import java.awt.event.*;
 5
 6  import java.rmi.registry.*;
 7
 8  public class DateClient extends JPanel {
 9    JButton getButton = new JButton("get new time from server");
10    JLabel l     = new JLabel();
11    DateClient(String host){
12      add(getButton);
13      add(l);
14      try {
15        Registry registry = LocateRegistry.getRegistry(host);
16        final GetDate stub = (GetDate) registry.lookup("date");
17        l.setText(""+stub.getDate());
18
19        getButton.addActionListener(new ActionListener(){
20          public void actionPerformed(ActionEvent e){
21            try {
22              l.setText(""+stub.getDate());
23            }catch (Exception e1){}
24          }
25        });
26      }catch (Exception e) {}
27    }
28
29    public static void main(String[] args) {
30      ShowInFrame.show(new DateClient(args[0]));
31    }
32  }
```

Serialisierbarkeit

Um entfernte Methoden aufrufen zu können, müssen die Argumente des Methodenaufrufs über das Netz verschickt werden und ebenso das Ergebnis zurückgeschickt werden.

Die Objekte müssen auf irgendeine Weise durch das Netzwerk geschickt werden. Bildlich könnte man es so ausdrücken, dass die Objekte so lang und dünn gemacht werden müssen, dass sie durch ein Kabel passen. Hierzu müssen sich die entsprechenden Daten in eine für das Verschicken geeignete Art umwandeln lassen; der Fachterminus ist: Sie müssen serialisierbar sein. Java kennt das Konzept der Serialisierbarkeit und drückt es über die Schnittstelle `java.io.Serializable` aus. Die einzige Einschränkung für RMI besteht also in der Serialisierbarkeit der an der Methodensignatur beteiligten Typen.

Interessanterweise enthält die Schnittstelle `Serializable` keinerlei Methoden. Der Programmierer wird nicht dazu gezwungen, irgendwelche Methoden aus der Schnittstelle zu schreiben, wenn er die Schnittstelle implementiert. Die Schnittstelle dient lediglich als Markierung für den Javacompiler. Er soll entsprechende Vorrichtungen vorsehen, um Objekte, die die Schnittstelle `Serializable` implementieren, serialisieren zu können. Sollen die serialisierbaren Objekte über ein Netzwerk versendet werden, so muss es Mechanismen zum Serialisieren und Deserialisieren geben. Diese Mechanismen erzeugt der Compiler für Klassen, die `Serializable` implementieren.

Erfreulicherweise sind alle gängigen Standardklassen serialisierbar. Dieses beinhaltet sogar alle Standardsammlungsklassen. Es ist also möglich ganze Listen von Objekten als Parameter an eine Methode zu schicken, die per RMI auf einem anderen Rechner ausgeführt wird. Ebenso können per RMI aufgerufene Methoden ganze Listen als Ergebnis an den Aufrufer zurückliefern.

Da wir bisher die Schnittstelle `Serializable` nicht in diesem Buch eingeführt hatten, hat keine der Klassen, die wir bisher geschrieben haben, diese Schnittstelle implementiert. Da im nächsten Abschnitt die Klassen `Vertex` und `GeometricObject` in einer verteilten Spielanwendung benutzt werden sollen, sei diesen Klassen nun die Klausel `implements java.io.Serializable` nachträglich zugefügt.

7.2.3 Verteilte Spielanwendung

Mit Hilfe der RMI Technik soll nun ein Spiel entwickelt werden, das beliebig viele Spieler miteinander spielen können. Hierzu startet jeder Spieler auf seinem Rechner eine Javaanwendung, den Client für die verteilte Spielanwendung.

Es soll sich dabei wieder um ein Spiel im zweidimensionalen Raum handeln. Jeder Spieler erhält eine Spielfigur, die im Raum platziert wird. Die Spielfiguren schauen in eine Richtung. Mit den Pfeiltasten links und rechts sollen die Spieler ihre Spielfiguren auf der Stelle drehen können. Mit der Pfeiltaste nach oben sollen die Spieler ihre Figuren in die Blickrichtung voran bewegen können. Mit der Pfeiltaste nach unten sollen die Spieler Geschosse in die Blickrichtung abfeuern können. Wird eine Spielfigur von einem Geschoss berührt, so wird die Figur aus dem Spiel genommen.

Architektur

Ein globaler Serverdienst wird benötigt, der das komplette Spiel steuert. Dieser weiß stets, welche Spielfiguren sich im Spiel befinden und welche Geschosse unterwegs sind. Er überprüft auch, ob eine Spielfigur von einem Geschoss getroffen wird, um diese dann aus dem Spiel zu nehmen.

Die Clients nehmen zu diesem zentralen Spielserver Kontakt auf und lassen sich von ihm mit dem eigentlichen Spielobjekt verbinden. So sind die Clients in der Lage, mit Hilfe von RMI Methoden auf dem globalen Spielobjekt auszuführen. Die wichtigste Methode ermöglicht es den Clients, den aktuellen Spielzustand von Server zu erfragen, um diesen für den Spieler graphisch darzustellen.

Nun brauchen die Clients die Möglichkeit, über weitere Methoden auf den Spielzustand Einfluss zu nehmen: Sie müssen eine Spielfigur erzeugen und diese bewegen können. Und sie müssen für ihre Spielfigur Geschosse starten. Methoden für diese Operationen muss das zentrale Spielobjekt über RMI bereitstellen.

Die Spiele mit bewegten Objekten im zweidimensionalen Raum wurden bisher über die Klasse `Timer` der Swingbibliothek realisiert. In diesem Kapitel soll auch wieder die Klasse `Timer` benutzt werden. Tatsächlich hatte der `Timer` in unseren bisherigen Spielen zweierlei ausgelöst:

- Es wurde nach jedem Tic der Spielstatus verändert. Bewegliche Objekte wurden einen Bewegungsschritt weiter bewegt. Checks, ob sie Objekte berühren und dieses Einfluss auf das Spielgeschehen hat, wurden durchgeführt.

- Das Spielfeld wurde mit dem neuem Spielszenario frisch gezeichnet.

Diese zwei Aktionen finden nun in dem verteilten Spielszenario auf unterschiedlichen virtuellen Maschinen statt. Der Server realisiert die Spiellogik, die Clients visualisieren den aktuellen Spielzustand. Daraus folgt, dass sowohl die Clients je einen `Timer` benötigen, als auch der Server einen `Timer` benötigt. Die Clients benötigen den `Timer`, um nach jedem `Timer`-Ereignis den aktuellen Spielzustand vom Server zu erfragen und das Spielbrett neu zu zeichnen. Der Server braucht den `Timer`, um nach jedem `Timer`-Ereignis einen neuen Spielzustand zu berechnen.

Die Remote-Schnittstelle

Der Dreh- und Angelpunkt einer jeden RMI-Anwendung ist die Schnittstelle, die definiert, welche Methoden auf dem entfernten Objekt des Servers aufgerufen werden können. Diese Schnittstelle ist als Unterschnittstelle von `java.rmi.Remote` zu definieren und jede Methode muss deklarieren, dass eventuell eine `RemoteException` beim Aufruf auftreten kann:

```
———————————————— RMIGame.java ————————————————
1  package name.panitz.ludens.rmi.game;
2  import java.rmi.*;
3
4  public interface RMIGame extends Remote {
```

Für das geplante Spiel brauchen die Clients eine Methode, um sich als Spieler im Spiel anzumelden. Hierzu wird die Methode **createPlayer** vorgesehen. Ein Parameter gibt den gewünschten Spielernamen an:

```
———————————————— RMIGame.java ————————————————
5    public void createPlayer(String name) throws RemoteException;
```

Nachdem ein Client eine Spielfigur erzeugt hat, soll er in der Lage sein, diese zu steuern, nach links oder rechts zu drehen, vorwärts zu bewegen und Geschosse abzufeuern. Für diese vier Aktionen werden eigene Methoden vorgesehen. Alle diese Methoden bekommen als Parameter den Namen der Spielfigur, die bewegt werden soll, übergeben:

```
———————————————— RMIGame.java ————————————————
6    public void move(String name)       throws RemoteException;
7    public void turnRight(String name)  throws RemoteException;
8    public void turnLeft(String name)   throws RemoteException;
9    public void shoot(String name)      throws RemoteException;
```

Schließlich brauchen die Clients eine Methode, um den kompletten Spielzustand zu erfragen. Hierzu wird eine Klasse, deren Objekte diesen Zustand beschreiben, benötigt. Wir werden hierzu im Folgenden die Klasse **State** definieren. Den aktuellen Spielzustand können die Clients mit der Methode **getState** erfragen:

```
———————————————— RMIGame.java ————————————————
10   public State getState()             throws RemoteException;
11 }
```

Spielimplementierung

Die Schnittstelle des letzten Abschnitts beschreibt die Funktionalität, die der Server anbietet. Diese ist nun zu implementieren, damit ein entsprechendes Objekt auf dem Server gestartet werden kann.

Globaler Spielzustand Am wichtigsten für die Clients ist der komplette Spielzustand. Für diesen haben wir oben eine Klasse **State** angenommen. Da Objekte dieser Klasse von der RMI-Methode **getState** als Ergebnis an die Clients übermittelt werden, muss diese Klasse die Schnittstelle **Serializable** implementieren:

```
────────────────── State.java ──────────────────
1 package name.panitz.ludens.rmi.game;
2 import name.panitz.ludens.animationGame.Vertex;
3 import java.util.*;
4
5 public class State implements java.io.Serializable{
```

Eine wichtige zentrale Information über das Spiel ist die Größe des Spielfelds:

```
────────────────── State.java ──────────────────
6   Vertex size= new Vertex(800,600);
```

Zwei Arten von Objekten gibt es auf dem Spielfeld:

- Spielfiguren, die durch die Spieler auf den Clients gesteuert werden

- Geschosse, die einmal von einem Spieler abgeschossen, sich eigenständig fortbewegen

Von beiden Klassen gibt es mehrere Objekte in dem Spiel, so dass die entsprechenden Objekte in Sammlungen gespeichert werden. So wird eine Liste von Geschossen erwartet:

```
────────────────── State.java ──────────────────
7   List<Shot> shots;
```

Abbildungen Ebenso wird eine Sammlung von Spielfiguren erwartet. Spielfiguren werden über den Namen des Spielers identifiziert. Die Klasse Player für die Spielfiguren enthält in unserem Entwurf kein Feld für einen Spielernamen. Daher reicht es nicht aus, die Spielfiguren in einer Liste zu speichern. Wir müssen im Prinzip Paare speichern: Paare deren erste Komponente der Spielername und deren zweite Komponente die Spielfigur ist. Eine Liste von Paaren stellt in der Informatik ein weiteres sehr gebräuchliches Konstrukt dar: die Abbildung, englisch *map*.

Eine Abbildung bildet gewisse Schlüssel auf bestimmte Werte ab. In unserem Beispiel sind die Schlüssel die Spielernamen und die dazugehörigen Werte die Spielfiguren. Im täglichen Leben begegnen uns ständig Abbildungen: Das Telefonbuch bildet die Teilnehmernamen auf ihre Telefonnummer ab, ein zweisprachiges Wörterbuch bildet die Wörter der einen Sprache auf die Wörter mit entsprechender Bedeutung in der anderen Sprache ab, eine Notenliste bildet die Namen der Studenten auf ihre Note in einem bestimmten Fach ab, ein Zeugnis bildet Fächer auf eine bestimmte Note ab.

Rein logisch gesehen ist eine Abbildung eine Liste von Schlüssel-Wert Paaren. Um den Wert für einen Schlüssel zu suchen, geht man die Paare der Liste durch, bis ein Paar mit dem Schlüssel gefunden wurde. Der Wert in diesem Paar ist dann das gesuchte Ergebnis.

Im Paket `java.util` gibt es eine Schnittstelle `Map`, die Abbildungen beschreibt. Ebenso wie die Listenklassen in diesem Paket ist auch die Schnittstelle `Map` generisch. Sie hat allerdings zwei variabel gehaltene Typen: einmal für den Typ der Schlüssel und einmal für den Typ der Werte. In unserem Fall brauchen wir eine Abbildung mit `String`-Objekten als Schlüssel und mit `Player`-Objekten als Werte:

```
──────────────── State.java ────────────────
8   Map<String,Player> players;
```

Zwei Konstruktoren zum Erzeugen eines Spielzustandes seien vorgesehen:

```
──────────────── State.java ────────────────
9    State(Map<String,Player> players,List<Shot> shots){
10     this.players=players;
11     this.shots=shots;
12   }
```

Die Klasse `HashMap` implementiert die Schnittstelle `Map` auf effiziente Weise:

```
──────────────── State.java ────────────────
13   State(){
14     this(new HashMap<String,Player>(),new LinkedList<Shot>());
15   }
16 }
```

Spielfiguren Im letzten Abschnitt wurden zwei Klassen für die Spielobjekte angenommen: `Shot` und `Player`. Beide Klassen können wie in den vorhergehenden Kapiteln als Unterklassen von `GeometricObject` realisiert werden. Leider hatte die Klasse `GeometricObject` noch keine Methode die testet, ob sich zwei Objekte berühren. Daher sei diese hier noch einmal für eine Unterklasse von `GeometricObject` implementiert:

```
──────────────── Geo.java ────────────────
1  package name.panitz.ludens.rmi.game;
2  import name.panitz.ludens.animationGame.*;
3  public class Geo extends GeometricObject {
4    public Geo(double w,double h,Vertex pos){
5      super(w,h,pos);
6    }
7    public boolean isLeftOf(Geo that){
8      return this.pos.x+this.width<that.pos.x;
9    }
10   public boolean isAbove(Geo that){
11     return this.pos.y+this.height<that.pos.y;
12   }
13   public boolean touches(Geo that){
14     if (this.isLeftOf(that)) return false;
```

```
15     if (that.isLeftOf(this)) return false;
16     if (this.isAbove(that)) return false;
17     if (that.isAbove(this)) return false;
18     return true;
19   }
20 }
```

Die Klassen **Shot** und **Player** lassen sich als Unterklassen von **Geo** realisieren. Beginnen wir mit den Geschossen. Diese sind wieder selbst bewegliche Objekte, die sich über eine Methode **move** einen Bewegungsschritt weiterbewegen können. Die Richtung und Geschwindigkeit der Bewegung ist dabei in einem entsprechenden Objekt der Klasse **Vertex** gespeichert. Zusätzlich sollen Geschosse nicht ewig weiter fliegen, sondern nur eine endliche Anzahl von Bewegungsschritten durchführen. Die Anzahl der noch möglichen Bewegungsschritte sei in dem Feld **velocity** vermerkt:

———————————————— Shot.java ————————————————
```
1 package name.panitz.ludens.rmi.game;
2 import name.panitz.ludens.animationGame.Vertex;
3 public class Shot extends Geo {
4   Vertex deltaPos;
5   int velocity=100;
```

Bei einem Bewegungsschritt wird die Position verändert und der Wert des Feldes **velocity** um eins verringert:

———————————————— Shot.java ————————————————
```
6   void move(){
7     if (velocity>0)pos.addMod(deltaPos);
8     velocity=velocity-1;
9   }
```

Der Konstruktor erzeugt die Geschosse als Quadrate mit der Kantenlänge 2:

———————————————— Shot.java ————————————————
```
10   Shot(Vertex pos,Vertex deltaPos){
11     super(2,2,pos);
12     this.deltaPos=deltaPos;
13   }
```

Geschosse werden entsprechend als Quadrate auf der Leinwand gezeichnet:

———————————————— Shot.java ————————————————
```
14   void paintMe(java.awt.Graphics g){
15     g.fillRect((int)pos.x,(int)pos.y,(int)width,(int)height);
16   }
17 }
```

149

Kommen wir jetzt zu den Spielfiguren, die durch die Spieler bewegt werden. Auch diese sind als geometrische Figuren realisiert:

```
                          ─── Player.java ───
1  package name.panitz.ludens.rmi.game;
2  import name.panitz.ludens.animationGame.Vertex;
3  public class Player extends Geo {
```

Neben der Position hat eine Spielfigur auch noch eine Blickrichtung. Diese wird als Winkel im Bogenmaß gespeichert:

```
                          ─── Player.java ───
4     double angle = 0;
```

Der Konstruktor erlaubt es eine Spielfigur an einer spezifizierten Stelle zu erzeugen. Die Spielfiguren haben eine feste Größe in Form eines Quadrates mit der Kantenlänge 20:

```
                          ─── Player.java ───
5     Player(Vertex pos){super(20,20,pos);}
```

Die Spielfiguren sollen nach links und rechts drehbar sein. Hierzu wird der Winkel der Blickrichtung erhöht oder verringert. Dieser Winkel soll dabei stets einen Wert zwischen 0 und $2*\pi$ annehmen. Einer vollen Drehung von 360 Grad entspricht im Bogenmaß der Wert $2*\pi$. Wenn durch die Drehoperation der Winkel aus dem Bereich von 0 bis zur vollen Drehung herausfällt, wird dieser Wert wieder korrigiert:

```
                          ─── Player.java ───
6     void turnRight(){
7       angle=angle-0.1;
8       if (angle<0) angle=angle+2*Math.PI;
9     }
10    void turnLeft(){
11      angle=angle+0.1;
12      if (angle>2*Math.PI) angle=angle-2*Math.PI;
13    }
```

Für einen Bewegungsschritt soll sich eine Spielfigur in seine Blickrichtung bewegen. Hierzu benötigen wir ein klein wenig Mathematik in der Methode move. Die Abbildung 7.1 veranschaulicht den Zusammenhang zwischen einem Winkel, der eine Bewegungsrichtung angibt und der daraus resultierenden Bewegung in die beiden Dimensionen des Raums. Mit dem Winkel α der Blickrichtung und der gewünschten Schrittweite w lassen sich über die trigonometrischen Funktionen sin und cos die Bewegungen dX und dY in die beiden Achsenrichtungen berechnen.

Mit den obigen Formeln können wir als Vertex-Objekt die Bewegungsrichtung berechnen. Dieses lässt sich in einer statischen Methode machen, da keine Information über ein spezielles Objekt benötigt wird:

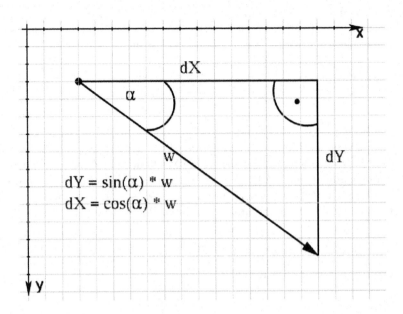

Abbildung 7.1: Steigungsdreieck und Steigungswinkel

```
_____ Player.java _____
14    static Vertex getOnCircle(double angle, double w){
15        return new Vertex(Math.sin(angle)*w
16                    ,Math.cos(angle)*w);
17    }
```

Unsere Spielfiguren sollen sich genau eine Einheit weiterbewegen, somit setzen wir $w = 1$. Der daraus resultierenden Wert der Bewegung ist der Position der Spielfigur hinzu zu addieren:

```
_____ Player.java _____
18    void move(){
19        pos.addMod(getOnCircle(angle,1));
20    }
```

Des Weiteren sei eine kleine Hilfsmethode definiert, die den Mittelpunkt einer Spielfigur berechnet:

```
_____ Player.java _____
21    Vertex getCenter(){
22        return new Vertex(pos.x+width/2,pos.y+height/2);
23    }
```

151

Spielfiguren sollen als Dreiecke gezeichnet werden. Eine der Spitzen des Dreiecks soll die Blickrichtung der Spielfigur darstellen. Diese soll als der Kopf der Figur bezeichnet werden. Hierzu ist die Position des Kopfes einer Spielfigur zu berechnen:

```
───────────────── Player.java ─────────────────
24   Vertex getHead(){
25      return getCenter().add(getOnCircle(angle,width/2));
26   }
```

Mit den entsprechenden Methoden aus der Klasse Graphics lassen sich die Spielfiguren zeichnen. Es gibt in Graphics keine eigene Methode zum Zeichnen von Dreiecken, sondern nur eine allgemeine Methode zum Zeichnen von Vielecken, sogenannten Polygonen. Eine Klasse Polygon existiert, um Vielecke zu spezifizieren. Mit der Methode addPoint lassen sich weitere Eckpunkte zu einem Polygon hinzufügen:

```
───────────────── Player.java ─────────────────
27   void paintMe(java.awt.Graphics g){
28      final java.awt.Polygon poly = new java.awt.Polygon();
29      final Vertex head=getHead();
30
31      poly.addPoint((int)head.x,(int)head.y);
32
33      final Vertex base1
34       = getCenter().add(getOnCircle(angle+2*Math.PI/3,width/2));
35      final Vertex base2
36       = getCenter().add(getOnCircle(angle+4*Math.PI/3,width/2));
37
38      poly.addPoint((int)base1.x,(int)base1.y);
39      poly.addPoint((int)base2.x,(int)base2.y);
40
41      g.fillPolygon(poly);
42      g.setColor(java.awt.Color.BLACK);
43      g.fillRect((int)head.x,(int)head.y,2,2);
44   }
45 }
```

Spiellogik Nachdem alle relevanten Klassen implementiert sind die den Spielstatus beschreiben, geht es nun daran, die eigentliche Spiellogik zu implementieren. Hierzu ist die Schnittstelle RMIGame, mit der die Funktionalität des Spiels festgehalten wurde, zu implementieren.

Eine große Zahl von verschiedenen Bibliotheksklassen werden benötigt, die zu importieren sind:

```
───────────────── RMIGameImpl.java ─────────────────
1  package name.panitz.ludens.rmi.game;
2  import name.panitz.ludens.animationGame.Vertex;
```

```
 3  import java.util.*;
 4
 5  import javax.swing.Timer;
 6  import java.awt.event.*;
 7  import java.awt.Dimension;
 8
 9  import java.rmi.registry.Registry;
10  import java.rmi.registry.LocateRegistry;
11  import java.rmi.RemoteException;
12  import java.rmi.server.UnicastRemoteObject;
13
14
15  public class RMIGameImpl implements RMIGame {
```

Zuvorderst braucht das Spiel einen Spielstatus und nach der Spezifikation der zu implementierenden Schnittstelle einen Get-Methode für diesen Status:

─────────── RMIGameImpl.java ───────────
```
16    private State state = new State();
17    public State getState(){return state;}
```

Nach unseren Entwurfsüberlegungen muss das Spiel ein eigenes **Timer**-Objekt enthalten, das dafür sorgt, dass in regelmäßigen Abständen der Spielzustand geändert wird. Dieses **Timer**-Objekt sei im Konstruktor erzeugt und gestartet:

─────────── RMIGameImpl.java ───────────
```
18    RMIGameImpl(){
19      Timer t = new Timer(30,new ActionListener(){
20        public void actionPerformed(ActionEvent e){
21          doOnTick();
22        }
23      });
24      t.start();
25    }
```

Bei einer naiven Implementierung des RMI Spiels bekommen wir ein Synchronisationsproblem. Die beiden Sammlungen, zum einen die Liste der Geschosse, zum anderen die Abbildung, in der sich die Spieler befinden, werden durch verschiedene Methoden manipuliert. Zum Fortgang des Spieles werden getroffene Figuren aus dem Spiel gelöscht und verbrauchte Geschosse aus der Liste gelöscht. Hierzu wird über die Elemente der Geschosse und der entsprechende Abbildung auf den Spielzustand iteriert. Gleichzeitig kann von einem Clientrechner eine Aktion auftreten, die ein neues Geschoss in diese Liste einfügt oder einen neuen Spieler in die Abbildung einträgt. Dann werden die Sammlungen, durch die iteriert wird, gleichzeitig verändert. Dieses mögen verständlicherweise die Sammlungsklassen überhaupt nicht und reagieren darauf mit einer **ConcurrentModificationException**. Wir müssen dafür Sorge tragen, dass dieses nicht nebenläufig passieren darf. Hierzu könnten wir die Methoden, die auf die Sammlungen zugreifen, synchronisieren. Damit befinden wir uns mitten in einem unangenehmen neuen Thema, den nebenläufigen Steuerfäden (threads) und deren Synchronisation.

Etwas einfacher wird es für uns, wenn wir wieder auf Swing und seine Ereignisbehandlung vertrauen. Mit Hilfe von einem Timer können wir uns in die Ereignisbehandlung von Swing einklinken. Ein Timer lässt sich so einstellen, dass er nicht mehrfach wiederholt sein Ereignis abfeuert, sondern nur genau einmal. So können wir mit folgender Methode ein Ereignis durch Swings Ereignisbehandlung genau einmal auslösen lassen:

```
                         ──── RMIGameImpl.java ────
26   void doAction(ActionListener al){
27     Timer t = new Timer(0,al);
28     t.setRepeats(false);
29     t.start();
30   }
```

Die Methode, die einen neuen Spieler erzeugt, generiert per Zufallsmethode eine Position für die neue Spielfigur und trägt diese unter dem übergebenen Spielernamen in der Sammlung der Spieler ein. Dieses ist eine kritische Methode, weil sie durch Clients ausgelöst wird und die Abbildung, die die Spieler enthält, verändert. Daher wird der Inhalt dieser Methode durch die vorherige Methode doAction gekapselt, ausgelöst:

```
                         ──── RMIGameImpl.java ────
31   public void createPlayer(final String name){
32     doAction(new ActionListener(){
33       public void actionPerformed(ActionEvent _){
34        state.players.put
35          (name
36          ,new Player
37               (new Vertex((int)(Math.random()*state.size.x)
38                   ,(int)(Math.random()*state.size.y))));
39       }
40     });
41   }
```

Die Methoden zur Bewegung einer Spielfigur bekommen alle den Namen des Spielers als Argument überreicht. In diesen Methoden ist jeweils für einen Spielernamen die Spielfigur aus der Abbildung players nachzuschlagen, um, wenn diese Figur gefunden wurde, auf dieser Spielfigur die entsprechende Methode zur Bewegung aufzurufen. So bei der Methode move zur Bewegung in die Blickrichtung:

```
                         ──── RMIGameImpl.java ────
42   public void move(final String name){
43     Player d=state.players.get(name);
44     if (d!=null) d.move();
45   }
```

Und ebenso bei den Methoden zum Drehen der Spielfigur:

```
———————————— RMIGameImpl.java ——————————
46    public void turnRight(String name){
47       Player d=state.players.get(name);
48       if (d!=null) d.turnRight();
49    }
50    public void turnLeft(String name){
51       Player d=state.players.get(name);
52       if (d!=null) d.turnLeft();
53    }
```

Soll eine Spielfigur ein Geschoss abfeuern, so ist auch erst die Spielfigur nach ihrem Namen aus der Spielerabbildung zu erfragen. Anschließend wird ein Geschoss erzeugt, das in Richtung der Blickrichtung abgefeuert wird:

```
———————————— RMIGameImpl.java ——————————
54    public void shoot(final String name){
55       doAction(new ActionListener(){
56          public void actionPerformed(ActionEvent _){
57             Player d=state.players.get(name);
58             if (d!=null){
59                final Shot s
60                   =new Shot(d.getHead(),Player.getOnCircle(d.angle,6));
61                state.shots.add(s);
62             }
63          }
64       });
65    }
```

Schließlich die entscheidende Methode, die bei jedem Tick des **Timer**-Objektes ausgeführt wird:

```
———————————— RMIGameImpl.java ——————————
66    void doOnTick(){
```

Die Spielfiguren bewegen sich nicht automatisch wenn sie einmal in Bewegung sind, sondern nur wenn der entsprechende Spieler die Bewegungsmethode auf seiner Spielfigur aufruft. Hingegen bewegen sich die Geschosse, wenn einmal gestartet, selbsttätig über die Zeit. Erst wenn ein Geschoss seine Schubenergie verbraucht hat, bewegt es sich nicht mehr und verschwindet.

Es wird also nötig sein, über alle Geschosse zu iterieren. Anders als in den vorherigen Kapiteln werden wir hierzu nicht die bequeme *foreach* Schleife verwenden, sondern die Iteration explizit über das Iteratorobjekt, das von allen iterierbaren Objekten bereit gehalten wird, durchführen. Ein Iterator hat drei Methoden: eine zum Erfragen ob es weitere Elemente in der Iteration gibt, eine um das nächste Element zu bekommen, quasi um den Iterator um eins weiter zu schalten und eine dritte Methode, die das aktuell iterierte Element aus der Sammlung löscht. Die dritte Methode, das Löschen des aktuell iterierten Elements, steht in der *foreach*-Schleife nicht zur Verfügung. Da wir Geschosse, die ihre Anschubkraft verbraucht haben, aus der Liste der Geschosse löschen wollen, ist es jetzt tatsächlich bequemer, explizit mit dem Iterator des Sammlungsobjekts zu iterieren:

```
———————————————— RMIGameImpl.java ————————————————
67    for (Iterator<Shot> it=state.shots.iterator();it.hasNext();){
68        Shot s = it.next();
```

Jedes Geschoss soll sich zunächst einmal einen Bewegungsschritt weiterbewegen:

```
———————————————— RMIGameImpl.java ————————————————
69        s.move();
```

Anschließend ist zu prüfen, ob das Geschoss einen Spieler berührt. Ist dieses der Fall, dann ist der Spieler aus dem Spiel zu löschen. Die Namen der zu löschenden Spielfiguren werden zunächst in einer temporären Hilfsliste gesammelt:

```
———————————————— RMIGameImpl.java ————————————————
70        List<String> removeP = new LinkedList<String>();
```

Jetzt soll über jeden Eintrag der Spielerabbildung iteriert werden. Diese können über die Methode **entrySet** von einer Abbildung erfragt werden. Die Elemente sind Objekte des internen Typs **Map.Entry** für Abbildungen. Diese haben Methoden um den Schlüssel und den Wert eines Abbildungseintrags zu erfragen. Wenn eine Spielfigur von dem aktuellen Geschoss berührt wird, ist der Spieler dieser Figur in der Liste der zu löschenden Spielfiguren aufzunehmen:

```
———————————————— RMIGameImpl.java ————————————————
71        for (Map.Entry<String,Player> p:state.players.entrySet())
72            if (p.getValue().touches(s)) removeP.add(p.getKey());
```

Anschließend sind aus der Spielerabbildung die entsprechenden Spieler zu löschen:

```
———————————————— RMIGameImpl.java ————————————————
73        for (String p:removeP) state.players.remove(p);
```

Schließlich wird das aktuelle Geschoss gelöscht, wenn es seine Schubkraft verloren hat:

```
———————————————— RMIGameImpl.java ————————————————
74        if (s.velocity<=0) it.remove();
75    }
76  }
77 }
```

Soweit die Implementierung der Spiellogik. Es verbleibt, ein Spielobjekt über einen Server als RMI-Objekt zur Verfügung zu stellen und es verbleibt, die Spielclients zu implementieren, die den Spielzustand visualisieren und Spielinteraktionen erlauben.

Der Server

Der Spielserver ist eins-zu-eins nach dem Schema des ersten RMI-Servers in dem einführenden Beispiel GetDateServer zu implementieren. Das RMI-Objekt, in diesem Fall das Spielobjekt wird einmal konstruiert und als RMI-Server registriert:

—————————— RMIGameServer.java ——————————
```
1  package name.panitz.ludens.rmi.game;
2  import java.rmi.registry.*;
3  import java.rmi.server.UnicastRemoteObject;
4  public class RMIGameServer {
5    public static void main(String args[]) {
6      try {
7        RMIGameImpl obj = new RMIGameImpl();
8        RMIGame stub
9          = (RMIGame) UnicastRemoteObject.exportObject(obj, 0);
10       Registry registry = LocateRegistry.getRegistry();
11       registry.bind("rmigame", stub);
12       System.err.println("Server ready");
13     } catch (Exception e) {
14       System.err.println("Server exception: " + e.toString());
15       e.printStackTrace();
16     }
17   }
18 }
```

Der Client

Der Client für das RMI-Spiel ist das GUI-Programm. In diesem wird der Spielzustand visualisiert und es werden die Interaktionen des Spielers mit seiner Spielfigur ermöglicht. Zum Visualisieren des Spielzustands wird der Client als eine Unterklasse von JPanel definiert. Eine ganze Reihe von Klassen aus unterschiedlichen Paketen wird benötigt:

—————————— RMIGameClient.java ——————————
```
1  package name.panitz.ludens.rmi.game;
2  import name.panitz.ludens.util.ShowInFrame;
3  import javax.swing.*;
4  import java.awt.event.*;
5  import java.awt.*;
6  import java.rmi.registry.*;
7  import java.util.Map;
8  import static java.awt.event.KeyEvent.*;
9
10 public class RMIGameClient extends JPanel {
```

157

Die wichtigsten Felder eines Spielerclients sind: der Name des Spielers, der auf diesen Client spielt, das entfernte Spielobjekt und der aktuelle Spielzustand, der zuletzt vom entfernten Spielobjekt erfragt wurde:

```
――――――――――――――― RMIGameClient.java ―――――――――――――
11   final String name;
12   RMIGame game=null;
13   State s=null;
```

Die meiste Arbeit ist im Konstruktor zu programmieren. Der Konstruktor bekommt den Namen des Servers, auf dem das Spiel läuft und den Namen des neuen Spielers als Argumente übergeben. Als Erstes wird versucht, das RMI-Objekt des Typs RMIGame vom Server zu bekommen:

```
――――――――――――――― RMIGameClient.java ―――――――――――――
14   RMIGameClient(String host,String n){
15     this.name=n;
16     setFocusable(true);
17     try {
18       Registry registry = LocateRegistry.getRegistry(host);
19       game = (RMIGame) registry.lookup("rmigame");
20       s = game.getState();
21     } catch (Exception e) {e.printStackTrace();}
```

War dieses erfolgreich, kann das Spielobjekt nach der Spielfeldgröße befragt werden und diese als bevorzugte Größe des Clients gesetzt werden:

```
――――――――――――――― RMIGameClient.java ―――――――――――――
22   setPreferredSize
23     (new Dimension((int)s.size.x,(int)s.size.y));
```

Das Spiel beginnt mit einem Mausklick. Per Mausklick lässt sich eine Spielfigur ins Spiel setzen. Tatsächlich erlauben wir das nicht nur zum Start des Spiels sondern jederzeit:

```
――――――――――――――― RMIGameClient.java ―――――――――――――
24   addMouseListener(new MouseAdapter(){
25     public void mouseClicked(MouseEvent e){
26       try{game.createPlayer(name);}catch(Exception e1){}
27     }
28   });
```

Gesteuert wird die Spielfigur über die Tastatur. Eine Tastatureingabe auf den Pfeiltasten führt zu den entsprechenden Aktionen auf der Spielfigur:

```
――――――――――――――― RMIGameClient.java ―――――――――――――
29   addKeyListener(new KeyAdapter(){
30     public void keyReleased(KeyEvent e){
```

```
31        try{
32            switch (e.getKeyCode()){
33              case VK_LEFT:   game.turnLeft(name); break;
34              case VK_RIGHT:  game.turnRight(name);break;
35              case VK_UP:     game.move(name);      break;
36              case VK_DOWN:   game.shoot(name);     break;
37            }
38          }catch(Exception e1){System.out.println(e);}
39        }
40    });
```

Und schließlich ist ein **Timer**-Objekt zu installieren, das dafür sorgt, dass in regelmäßigen Abständen der aktuelle Spielzustand vom Server erfragt wird und dann das Spiel neu gezeichnet wird:

```
──────────────── RMIGameClient.java ────────────────
41    Timer t = new Timer(100,new ActionListener(){
42        public void actionPerformed(ActionEvent e){
43            try{s=game.getState();
44            }catch(Exception e2){e2.printStackTrace();}
45            repaint();
46        }
47    });
48    t.start();
49  }
```

Schließlich ist zu spezifizieren, wie der Spielzustand visualisiert wird. Hierzu sind alle Spielfiguren und alle Geschosse auf der Leinwand zu zeichnen. Geschosse werden mit schwarzer Farbe gezeichnet. So wird die Zeichenfarbe auf schwarz gesetzt und über alle Geschosse iteriert, um diese zu zeichnen:

```
──────────────── RMIGameClient.java ────────────────
50  public void paintComponent(Graphics g){
51      super.paintComponent(g);
52      try{
53          g.setColor(Color.BLACK);
54          for (Shot shot:s.shots) shot.paintMe(g);
```

Beim Zeichnen der Spielfiguren kommt es darauf an, dass der Spieler zumindest seine eigene von fremden Spielfiguren unterscheiden kann. Es wird daher zunächst über alle Spieler der Spielerabbildung iteriert:

```
──────────────── RMIGameClient.java ────────────────
55      for (Map.Entry<String,Player> sp:s.players.entrySet()){
```

Wenn der Schlüssel eines solchen Eintrags, das ist der Name des Spielers, der Name des Spielers ist, für den der Client gestartet wurde, so wird als Zeichenfarbe die Farbe Blau genommen, ansonsten die Farbe Gelb und schließlich die Spielfigur gezeichnet:

```
                          ─── RMIGameClient.java ───
56        if (sp.getKey().equals(name))g.setColor(Color.BLUE);
57        else g.setColor(Color.YELLOW);
58        sp.getValue().paintMe(g);
59      }
60    }catch (Exception e){}
61  }
```

In gewohnter Weise ist der Client in einem Fenster darzustellen. Zum Konstruieren des Clients werden der Spielername und der Name des Servers aus den Kommandozeilenparametern gelesen:

```
                          ─── RMIGameClient.java ───
62  public static void main(String[] args) {
63    ShowInFrame.show(new RMIGameClient(args[0],args[1]));
64  }
65 }
```

Aufgabe 27 Sofern Sie Mitstreiter haben, starten Sie die obige kleine verteilte Spieleanwendung in einem Netzwerk und spielen Sie ein wenig gegeneinander.

Aufgabe 28 Entwickeln Sie jetzt ein eigenes Netzwerkspiel.

7.3 In diesem Kapitel eingeführte Javaeigenschaften

Kommunikation kann zu vielen unterschiedlichen Problemen führen. Daher haben wir zunächst die Behandlung von Ausnahmen in Java eingeführt. Ausnahmeobjekte können geworfen werden. Geworfene Ausnahmen können wieder abgefangen werden, um auf sie koordiniert zu reagieren. Methoden, in denen Ausnahmen geworfen werden und diese nicht abfangen, müssen die Ausnahmen im Methodenkopf deklarieren. Ausgenommen sind davon die Laufzeitausnahmen.

Um Objekte über ein Netzwerk zu verschicken, müssen diese serialisierbar sein. Hierzu ist die Schnittstelle **Serializable** zu implementieren.

RMI Anwendungen werden über Schnittstellen, die die Schnittstelle **Remote** erweitern, definiert. Die Methoden innerhalb der **Remote**-Schnittstelle müssen die Ausnahme **RemoteException** als mögliche Ausnahme deklarieren.

Der Server einer RMI-Anwendung macht das Objekt, auf das andere virtuelle Maschinen zugreifen können, unter einem Namen in der **rmiregistry** bekannt. Die Clients der RMI-Anwendung lassen sich ein Abbild des entfernten Objektes vom Server geben und können auf diesem Abbild arbeiten, als sei es ein lokales Objekt.

Kapitel 8

Spiele für das Handy

Heutzutage tragen die meisten Menschen einen Computer in der Tasche, der in Speicherkapazität und Rechenleistung bereits einen Arbeitsplatzrechner von vor wenigen Jahren übertrifft: das Mobiltelefon auch Handy genannt. Auf den meisten heute handelsüblichen Mobiltelefonen ist auch Javas virtuelle Maschine vorhanden. Hier kann Java sein Ausführungsmodell wieder perfekt nutzen. Ursprünglich war es entwickelt worden für Set-Top-Boxen im Fernsehbereich, erwies sich dann für kurze Zeit als Killerapplikation im Webbrowser und kann jetzt auf Mobiltelefonen reüssieren. Was in allen diesen drei Anwendungen identisch ist: Es gibt Clients mit verschiedener Hardware. Ziel ist es, auf diesen Clients fremde Software laufen zu lassen, und dieses in einer sicheren Umgebung, die nur auf kontrollierte Art und Weise auf die Ressourcen der Hardware zugreifen kann.

Nun unterscheidet sich ein Mobiltelefon in vielen Punkten von einem Arbeitsplatzrechner:

- Als Bildschirm existiert nur eine sehr kleine Fläche.

- Als Tastatur stehen in der Regel nur die Tasten eines Telefons zur Verfügung.

- Der Prozessor ist einfacher gestaltet und unterstützt manchmal sogar keine Fließkommaoperationen.

- Die Kommunikation läuft auf eingeschränkten definierten Wegen.

- Der Arbeitsspeicher ist wesentlich kleiner.

- Statt einer großen Festplatte gibt es eingebaute oder austauschbare Speicherchips.

- Eingehende Anrufe sollten in jedem Fall die Oberhand gegenüber anderen Applikationen behalten.

Zieht man diese nicht marginalen Unterschiede in Betracht, verwundert es nicht, dass auf einem Mobiltelefon nicht komplette Javaanwendungen, wie wir sie bisher entwickelt haben, laufen können. Die virtuelle Maschine, wie sie auf Mobiltelefonen installiert ist, stellt nicht die komplette Javastandardbibliothek zur Verfügung. Sie hat ein stark eingeschränktes API. Die Gründe weshalb Standardklassen aus Java auf einem Mobiltelefon nicht zur Verfügung stehen können unterschiedlichster Natur sein; z.B. lediglich um die Masse der Klassen zu reduzieren oder weil sie sich auf Hardware beziehen, wie sie so nicht im Mobiltelefon existiert.

Um all diesen Überlegungen Rechnung zu tragen, gibt es eine spezielle Java-API Version für Hardware mit eingeschränkten Ressourcen: die Java ME. Hierbei handelt es sich um eine Version von Java, die im programmiersprachlichen Sinne ein volles Java ist. Als Javaübersetzer wird der Standardübersetzer genommen, den wir bisher auch benutzt haben. Lediglich die verfügbaren Bibliotheken sind stark reduziert. Zusätzlich gibt es dafür Bibliotheken, die sich speziell auf die Bedürfnisse von Mobiltelefonen beziehen.

Um bequem Javaanwendungen für Mobiltelefone zu entwickeln, bietet Java eine kleine Entwicklungsumgebung an: das J2ME Wireless Toolkit (WTK). Diese hilft einem dabei, Javaanwendungen für Telefone zu übersetzen, zu testen und als fertige Anwendung zu verpacken. Wie man am Namen J2ME sieht, hat Java 5 noch nicht in die Welt der Kleingeräte Einzug gehalten. Dieses macht sich insbesondere dadurch bemerkbar, dass es keine generischen Typen gibt. Auch werden wir die gewohnten Sammlungsklassen, die Iteratoren für diese und die bequeme for-Schleife vermissen.

8.1 Hello Mobile World

Genug der Vorrede; Zeit die erste Javaanwendung für das Handy zu schreiben. So wie Anwendungen, die im Browser laufen sollen, von der Klasse Applet ableiten müssen, müssen Anwendungen, die im Handy laufen sollen, von einer bestimmten Klasse ableiten: javax.microedition.midlet.MIDlet. Wir schreiben also ein so genanntes Midlet:

```
───────────────────────── HelloMobileWorld.java ──────────────
1 package name.panitz.mobile;
2
3 import javax.microedition.midlet.MIDlet;
4 import javax.microedition.lcdui.*;
5
6 public class HelloMobileWorld extends MIDlet{
```

Ähnlich den Applets gibt es in Midlets Methoden, die das Verhalten beim Starten, Pausieren oder endgültigen Zerstören eines Midlets bestimmen. Für unsere erste kleine Anwendung reicht es aus, das Verhalten beim Starten zu definieren. Wir wollen auf dem Display einen Text platzieren. Hierzu erlaubt es ein Midlet sein Display in Form eines Objekts der Klasse **Display** zu erfragen. Diesem Display kann dann ein Objekt der Klasse **Form** hinzugefügt werden, dem wiederum verschiedenste Text- und Bildelemente zugefügt werden können. Man kann vielleicht in Analogie zu GUI-Anwendungen in Swing das **Display** mit einem **JFrame** und das **Form** mit einem **JPanel** vergleichen:

```java
──────────── HelloMobileWorld.java ────────────
 7   public void startApp() {
 8      final Display display = Display.getDisplay(this);
 9      final Form mainForm = new Form("TinyMIDlet");
```

Dem **Form**-Objekt lässt sich nun der gewünschte Text hinzufügen:

```java
──────────── HelloMobileWorld.java ────────────
10      mainForm.append("Welcome to the world of MIDlets!");
```

Auch im Handy gibt es Ereignisse. Das Ereignisbehandlungskonzept ist dabei auf gleiche Weise realisiert, wie wir es bereits aus *AWT* und *Swing* kennen. Ein Ereignisbehandler für **Form**-Objekte sind Kommandoereignisse. Mit einer anonymen Klasse fügen wir dem **Form**-Objekt eine Behandlung des Kommandos **exit** hinzu, die bewirkt, dass das Midlet schließlich zerstört wird:

```java
──────────── HelloMobileWorld.java ────────────
11      mainForm.setCommandListener(new CommandListener(){
12        public void commandAction(Command c, Displayable s) {
13          if (c.getCommandType() == Command.EXIT)
14            notifyDestroyed();
15        }
16      });
```

Das somit erstellte **Form**-Objekt kann nun dem Display zugefügt werden:

```java
──────────── HelloMobileWorld.java ────────────
17      display.setCurrent(mainForm);
```

Schließlich ist noch das Kommando **Exit** als Auswahlkommando dem Midlet hinzuzufügen:

```java
──────────── HelloMobileWorld.java ────────────
18      mainForm.addCommand(new Command("Exit", Command.EXIT, 0));
19   }
20   public void destroyApp(boolean b) {}
21   public void pauseApp() {}
22 }
```

163

8.1.1 Übersetzen der mobilen Anwendung

Beim Übersetzen einer Anwendung für das Handy sind eine Reihe Besonderheiten zu beachten:

- Dem Java-Compiler ist anzugeben, dass er gegen das eingeschränkte API für Java ME übersetzen soll und nicht gegen das Standard-API.

- Dem Java-Compiler ist anzugeben, dass der Quelltext nach der Javaversion 1.3 vorliegt und auch die generierten Klassendateien für diese Version erzeugt werden sollen.

- Die vom Java-Compiler erzeugten Klassendateien können nicht direkt verwendet werden, um von der virtuellen Maschine auf mobilen Endgeräten ausgeführt zu werden. Die Klassendateien sind hierzu noch zusätzlich zu bearbeiten.

- Um die Klassendateien auf einem mobilen Endgerät auszuliefern, wird eine Beschreibung der Applikation in Form einer JAD-Datei benötigt. JAD steht dabei für: *Java Application Descriptor*.

Erstellen mit dem WTK-Tool   Um mobile Anwendungen bequem zu übersetzen und zu testen, enthält das *wireless toolkit* (WTK) ein kleines Programm, in dem mobile Anwendungen verwaltet werden können. Auf der Linux-Plattform heißt dieses Programm `ktoolbar`. Abbildung 8.1 zeigt das Fenster dieses kleinen Hilfsprogramms. Projekte können geöffnet oder neu erzeugt werden. Über den Knopf *Build* werden die Projekte komplett erstellt, über den Knopf *Run* startet die Simulation eines Handys, in dem das Midlet läuft.

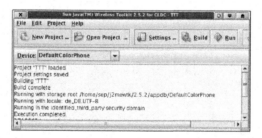

Abbildung 8.1: Verwalten, Übersetzen und Testen mobiler Anwendungen mit ktoolbar

Die Projekte werden in einem zentralen Ordner abgelegt. Dieses ist standardmäßig der Ordner `j2mewtk` im Heimatverzeichnis des Benutzers. Im dortigen Unterverzeichnis `apps` befinden sich die Projekte. Jedes Projekt hat ein eigenes Verzeichnis `src`, in dem die Quelltexte des Projektes abzulegen sind.

Erstellen über die Kommandozeile Die graphische Benutzeroberfläche des WTK nimmt dem Entwickler viel Arbeit beim Erstellen mobiler Anwendungen ab. Trotzdem ist es immer gut, auch einmal hinter die Kulissen zu schauen, um gegebenenfalls in der Lage zu sein, mobile Anwendungen auch von Hand oder über eigene Skripte automatisch erstellen zu können. Zunächst sind die Quelltextdateien einer mobilen Anwendung zu übersetzen. Hierzu kann der reguläre Javaübersetzer verwendet werden. Allerdings sind bestimmte Optionen zu setzen. Es ist dem Javaübersetzer mitzugeben, dass er nicht gegen das Standard API von Java übersetzen soll, sondern das spezielle API für Midlets. Hierzu ist die Kommandozeilenoption -bootclasspath zu benutzen. Es sind die beiden Jar-Dateien anzugeben, die mit dem WTK mitgeliefert werden:

```
1  -bootclasspath \
2  /home/sep/software/WTK2.5.2/lib/cldcapi11.jar\
3  :/home/sep/software/WTK2.5.2/lib/midpapi21.jar \
```

Des Weiteren ist dem Javaübersetzer mitzuteilen, dass es sich um Java Quelltext handelt, der nach dem Standard der Javaversion 1.3 geschrieben ist. Hierzu dient die Option -source 1.3. Ebenso ist mit der Option -target 1.3 dem Übersetzer mitzuteilen, dass die zu erzeugenden Klassendateien für den Javastandard der Version 1.3 zu erzeugen ist. Schließlich kann wieder die -d Option verwendet werden, um ein Zielverzeichnis für die erzeugten Klassendateien anzugeben. Hierzu legen wir als Zielverzeichnis einen Ordner `tmpclasses` an, so dass der komplette Aufruf des Javaübersetzers wie folgt aussieht:

```
1  javac \
2   -bootclasspath \
3  /home/sep/software/WTK2.5.2/lib/cldcapi11.jar\
4  :/home/sep/software/WTK2.5.2/lib/midpapi21.jar \
5  -source 1.3 -target 1.3 -d tmpclasses HelloMobileWorld.java
```

Die durch diesen Aufruf erzeugten Klassendateien können noch nicht direkt innerhalb der virtuellen Maschine auf einem mobilen Endgerät benutzt werden. Wegen der begrenzten Ressourcen auf mobilen Endgeräten verzichtet die virtuelle Maschine beim Laden von Klassen auf Konsistenzprüfungen des geladenen Codes. Diese Konsistenzprüfung wird auf der herkömmlichen virtuellen Maschine von Java als Verifizierung des Codes bezeichnet (*verifier*). Bei mobilen Endgeräten verlangt die virtuelle Maschine, dass diese Konsistenzprüfung bereits vorab durchgeführt wurde und die Klassen entsprechend als geprüft vermerkt sind. Die Vorabprüfung übernimmt ein kleines zusätzliches Werkzeug, das mit dem WTK mitgeliefert wird, dem *preverifier*. Dieses ist ein kleines Javaprogramm, dem ein Ordner mit zu verifizierenden Klassen angegeben wird. Auch diesem Programm kann mit der Option -d ein Zielordner angegeben werden, in dem die zu erzeugenden Klassen schließlich gespeichert werden. Zusätzlich ist dem Programm der Klassenpfad so zu setzen, dass die Klassen des WTK bekannt sind.

Insgesamt sieht ein Aufruf des Programms **preverify** wie folgt aus:

```
1  preverify\
2   -classpath /home/sep/software/WTK2.5.2/lib/cldcapi11.jar\
3  :/home/sep/software/WTK2.5.2/lib/midpapi21.jar\
4   -d classes/ tmpclasses/
```

Anschließend befinden sich im Ordner **classes** die Klassen, so wie sie von der virtuellen Maschine auf mobilen Endgeräten direkt verarbeitet werden können.

Schließlich lassen sich alle diese Klassen und die zusätzlichen Ressourcen, die das Programm der mobilen Endanwendung benötigt, in eine Jar-Datei archivieren und zum Laden auf das Mobiltelefon bereitstellen. Hierzu sind in einer so genannten Manifestdatei die relevanten Informationen der mobilen Anwendung zu beschreiben. Dieses sind Informationen über die benutze Version, den Hersteller der Anwendung und den Namen der Anwendung sowie der Klasse, in der sich das eigentliche Midlet befindet. Für das erste Beispiel kann diese Manifestdatei wie folgt aussehen:

```
                    ——————— MANIFEST.MF ———————
1  MIDlet-1: HelloMobileWorld, HelloMobileWorld.png,
2   name.panitz.mobile.HelloMobileWorld
3  MIDlet-Name: HelloMobileWorld
4  MIDlet-Vendor: Sven Eric Panitz, HS RheinMain, www.panitz.name
5  MIDlet-Version: 1.0
6  MicroEdition-Configuration: CLDC-1.1
7  MicroEdition-Profile: MIDP-2.1
```

Mit dem Standardwerkzeug Jar der Javaentwicklungswerkzeuge lassen sich alle Ressourcen und Klassen mit der Manifestdatei zur Information in ein einziges Archiv zusammenfassen. Der entsprechende Aufruf lautet:

```
1  jar cfm HelloMobileWorld.jar MANIFEST.MF -C classes .
```

Um die so erzeugte Jararchivdatei schließlich auf unserem Handy laden zu können, z.B. über den Webzugang des Handys, indem das Archiv von einem Webserver geladen wird, ist noch eine zusätzliche beschreibende Datei, die JAD-Datei, für die Anwendung zu schreiben. Diese enthält im Großen und Ganzen die gleichen Informationen wie die Manifestdatei. Zusätzlich enthält sie noch die Information darüber, in welcher Jar-Datei die Anwendung zu finden ist und wie groß diese Jar-Datei ist:

```
                    ——————— HelloMobileWorld.jad ———————
1  MIDlet-1: HelloMobileWorld, HelloMobileWorld.png,
2   name.panitz.mobile.HelloMobileWorld
```

```
3  MIDlet-Jar-Size: 8212
4  MIDlet-Jar-URL: HelloMobileWorld.jar
5  MIDlet-Name: HelloMobileWorld
6  MIDlet-Vendor: Sven Eric Panitz, HS RheinMain, www.panitz.name
7  MIDlet-Version: 1.0
8  MicroEdition-Configuration: CLDC-1.1
9  MicroEdition-Profile: MIDP-2.1
```

Nun ist die mobile Anwendung einsatzbereit. Sie kann mit der Emulation eines Handys getestet werden. Hierzu liegt im WTK ein Emulationsprogramm bereit, das mit einer JAD-Datei als Argument gestartet werden kann:

```
1  WTK2.5.2/bin/emulator -Xdescriptor:HelloMobileWorld.jad
```

8.2   Zweidimensionale Handyspiele

Jetzt, wo die Technik der Midlets weitgehend beherrscht wird, sollen auch Spiele, wie wir sie für die Standardedition von Java entwickelt haben, für das Handy geschrieben werden. Tatsächlich ließen sich alle Klassen, die wir bisher geschrieben haben, weiterverwenden, sofern diese sich auf den Javastandard 1.3 beschränken und keine Klassen verwenden, die nicht auf der Microedition von Java existieren. Da wir uns in den bisherigen Kapiteln darüber keine Gedanken gemacht haben, schreiben wir die entsprechenden Klassen noch einmal neu.[1] Eine fundamentale Klasse der Spiele im zweidimensionalen Raum stellt ein sich bewegendes Objekt in diesem Raum dar. Die entsprechende Klasse sei hier noch einmal für mobile Anwendungen geschrieben. Sie enthält die x,y Koordinaten des Objektes, die Bewegungsschritte in x- und y-Richtung, sowie die Breite und Höhe des Objektes. Diese Daten werden innerhalb des Konstruktors initialisiert:

```
_____ MovableObject.java _____
1  package name.panitz.mobile;
2  import javax.microedition.lcdui.*;
3  public class MovableObject{
4    int x=0;
5    int y=0;
6    double dX=1;
7    double dY=2;
8    int width=2;
9    int height=2;
10   MovableObject(int x,int y,double dX,double dY,int w,int h){
11     this.x=x;
12     this.y=y;
```

[1]Kaum etwas übt nebenbei mehr, als bereits entwickelte Klassen noch einmal neu zu schreiben.

167

```
13 |    this.dX=dX;
14 |    this.dY=dY;
15 |    this.width=w;
16 |    this.height=h;
17 | }
```

Die Methode zur Durchführung eines Bewegungsschrittes und die Methode zum Testen, ob sich zwei Objekte berühren, seien noch einmal auf die bereits gesehene Art implementiert:

```
                    ———— MovableObject.java ————
18 | public void move(){
19 |    x=x+(int)dX;
20 |    y=y+(int)dY;
21 | }
22 |
23 | public boolean touches(MovableObject that){
24 |    if (this.isLeftOf(that))  return false;
25 |    if (that.isLeftOf(this))  return false;
26 |    if (this.isAbove(that))   return false;
27 |    if (that.isAbove(this))   return false;
28 |    return true;
29 | }
30 |
31 | public boolean isAbove(MovableObject that){
32 |    return y+height<that.y;
33 | }
34 | public boolean isLeftOf(MovableObject that){
35 |    return this.x+this.width<that.x;
36 | }
```

Standardmäßig zeichnen sich die Objekte als rotes Viereck:

```
                    ———— MovableObject.java ————
37 | public void paintMe(Graphics g){
38 |    g.setColor(255,0,0);
39 |    g.fillRect(x,y,width,height);
40 | }
41 | }
```

Somit stehen wieder Objekte, die sich auf einem Spielfeld bewegen können, zur Verfügung. Schließlich ist das Spielfeld zu entwickeln, auf dem sich mehrere solche beweglichen Objekte tummeln können. Diese Objekte haben wir bisher in Listen aus dem Standardpaket `java.util` gesammelt. Auf Java ME existiert auch dieses Paket, allerdings enthält es kaum eine der gewohnten Schnittstellen und Klassen. Immerhin findet sich hier die bisher verschmähte Klasse `Vector`. Sie ist das Mittel der Wahl, um auf Java ME dynamische Listen auszudrücken. Allerdings kennt Java ME noch keine generischen Klassen. So können in einem Objekt der Klasse `Vector` beliebige Objekte unterschiedlicher Typen gleichzeitig gesammelt werden. Beim Zugriff auf ein Element des Vectorobjekts ist dieses dann auch nur vom Typ `Object` und muss mit einer Typzusicherung auf seinen eigentlichen Typ geprüft werden.

Die Klassen der Benutzeroberfläche Swing stehen auf Java ME überhaupt nicht zur Verfügung. Das schmerzt uns insofern, weil wir den `Timer` aus dem Paket `javax.swing` benutzt haben, um die Animation der Objekte zu triggern. Es gibt aber eine Klasse `Timer` im Paket `java.util` des Java ME APIs. Diese erfüllt den gewünschten Effekt. Das Spielfeld sei also ein Midlet mit einem Vectorobjekt, das die bewegbaren Objekte enthält und einem Timerobjekt, das die Bewegungen triggert:

──────── GameMidlet.java ────────
```java
package name.panitz.mobile;
import javax.microedition.midlet.MIDlet;
import javax.microedition.lcdui.*;
import java.util.*;

public class GameMidlet extends MIDlet{
    Timer timer = new Timer();
    Vector mos=new Vector();
```

Neben der Zeitsteuerung und der Sammlung der beweglichen Objekte braucht die Spielanwendung noch eine Leinwand, auf der diese Objekte gezeichnet werden. In den für Swing entwickelten Spielen wurde als Leinwand eine Unterklasse der Klasse `JPanel` geschrieben. Die Swingklasse `JPanel` steht in Java ME nicht zur Verfügung. Stattdessen ist nun die Klasse `Canvas` das Mittel der Wahl. Diese enthält eine Methode `paint` entsprechend der Methode `paintComponent` aus Swing. Durch Überschreiben dieser Methode kann die graphische Ausprägung des `Canvas`-Objektes programmiert werden. Dieses kann z.B. durch eine Unterklasse von `Canvas`, die als innere Klasse realisiert ist, ausgedrückt werden:

──────── GameMidlet.java ────────
```java
    Canvas myCanvas = new MyCanvas();
    class MyCanvas extends Canvas{
        public void paint(Graphics g){
```

Beim Zeichnen soll zunächst ein weißer Hintergrund gezeichnet werden. Hierzu wird ein Viereck mit Größe der Leinwand an den Ursprung gezeichnet:

──────── GameMidlet.java ────────
```java
        g.setColor(255,255,255);
        g.fillRect(0,0,getWidth(),getHeight());
```

Anschließend sollen alle beweglichen Objekte sich auf diese Leinwand zeichnen. Hierzu ist über die Elemente des Vectorobjektes zu iterieren. Leider kann die bequeme `for`-Schleife mit der Doppelpunktnotation in Java ME noch nicht verwendet werden. Auch die Iteration mit Hilfe des Iterators, wie wir sie bereits gesehen haben, existiert für die Klasse `Vector` der Java ME nicht. Stattdessen gibt es in der Klasse `Vector` eine Methode `elements`. Durch diese erhält man ein Objekt der Klasse `Enumeration`. Diese ist fast funktionsgleich mit der Klasse `Iterator`. Statt der Methoden `next` und `hasNext` gibt es hier die Methoden `nextElement` und `hasMoreElements`. Diese sind mehr oder weniger funktionsgleich zu ihren Entsprechungen aus dem `Iterator`. Allerdings ist die Rückgabe der Methode `nextElement` nur vom Typ `Object`. Hier wird eine Typzusicherung nötig. Somit lässt sich über die Elemente des Vectorobjekts mit der folgenden Schleife iterieren:

```
                          GameMidlet.java
14      for (Enumeration e = mos.elements();e.hasMoreElements();){
15          MovableObject mo=(MovableObject)e.nextElement();
```

Für die so durch die Iteration durchlaufenden bewegbaren Objekte kann nun die Methode zum Zeichnen aufgerufen werden:

```
                          GameMidlet.java
16          mo.paintMe(g);
17        }
18      }
19   };
```

Anders als für den aus Swing bekannten `Timer` wird die Reaktion auf ein von dem `Timer` ausgelöstes Ereignis nicht mit einem Objekt der Klasse `ActionListener` von AWT programmiert, sondern über eine eigene hierfür vorgesehene Klasse `TimerTask`, die eine Methode `run` enthält. Für den `Timer` des Spielfeldes sei ein Objekt dieser Klasse erzeugt, das beim Ausführen der Methode `run` eine Methode `doOnTic` des Spiels ausführt und anschließend das Spielfeld neu zeichnet:

```
                          GameMidlet.java
20   TimerTask myRefreshTask = new TimerTask(){
21     public void run(){
22       doOnTic();
23       myCanvas.repaint();
24     }
25   };
```

Wie schon aus den Spielen für die Swingumgebung gewohnt, kann pro Zeitintervall auf jedem Element ein Bewegungsschritt durchgeführt werden. Auch hierzu ist wieder über die Elemente mit der `Enumeration` zu iterieren:

```
                          GameMidlet.java
26   public void doOnTic(){
27     for (Enumeration e = mos.elements();e.hasMoreElements();){
28       MovableObject mo=(MovableObject)e.nextElement();
29       mo.move();
```

```
30       }
31     }
```

Schließlich sind alle Einzelteile des Midletspielfeldes noch zusammenzustecken. Dieses kann im Konstruktor erledigt werden. Wir lagern allerdings die eigentlichen Initialisierungsschritte in eine Methode aus, die vom Konstruktor aufgerufen wird:

```
──────────────── GameMidlet.java ────────────────
32     public GameMidlet(){
33       initDisplay();
34     }
```

Zunächst wird das Display auf die erzeugte Leinwand gesetzt:

```
──────────────── GameMidlet.java ────────────────
35     void initDisplay(){
36       Display.getDisplay(this).setCurrent(myCanvas);
```

Zusätzlich sei für das Spielfeld noch ein Kommando gesetzt. Kommandos werden bei Handys quasi als Menüersatz unten im Fenster angezeigt und durch die darunter liegenden Tasten aktiviert. Wir fügen dem Spiel das Kommando zum Beenden des Programms hinzu:

```
──────────────── GameMidlet.java ────────────────
37     myCanvas.addCommand(new Command("Exit", Command.EXIT, 0));
38     myCanvas.setCommandListener(new CommandListener(){
39       public void commandAction(Command c, Displayable s){
40         if (c.getCommandType() == Command.EXIT)
41           notifyDestroyed();
42       }
43     });
44   }
```

Für Midlets ist zu spezifizieren, was beim Starten, Pausieren und Beenden der Anwendung geschehen soll. Beim Starten soll in unserem Fall der Timer mit seiner Ereignisbehandlung in einem Zeitintervall gestartet werden:

```
──────────────── GameMidlet.java ────────────────
45   public void startApp(){timer.schedule(myRefreshTask,0,50);}
```

Beim Pausieren soll der Timer beendet werden:

```
──────────────── GameMidlet.java ────────────────
46   public void pauseApp(){timer.cancel();}
```

Beim Beenden der Anwendung ist kein spezieller Code auszuführen:

171

```
_____ GameMidlet.java _____
47  public void destroyApp(boolean unconditional){}
48  }
```

Mit diesen zwei Klassen steht bereits eine kleine Bibliothek zur Verfügung, um Spiele für das Handy zu schreiben. Ein erstes kleines Beispiel soll uns davon überzeugen. Eine weitere Unterklasse der Klasse `MyCanvas` überschreibt hierzu die Methode `keyPressed`, um auf Tastaturereignisse zu reagieren. Dabei soll ein ausgezeichnetes Objekt jeweils auf Tastendruck um ein Pixel bewegt werden:

```
_____ SimpleMidlet.java _____
1   package name.panitz.mobile;
2   import javax.microedition.lcdui.*;
3   import java.util.*;
4   public class SimpleMidlet extends GameMidlet {
5     MovableObject moveMe;
6
7     public SimpleMidlet() {
8       myCanvas=new MyCanvas(){
9         protected void keyPressed(int keyCode){
10          if (keyCode==Canvas.KEY_NUM4) moveMe.x-=1;
11          if (keyCode==Canvas.KEY_NUM6) moveMe.x+=1;
12          if (keyCode==Canvas.KEY_NUM2) moveMe.y-=1;
13          if (keyCode==Canvas.KEY_NUM8) moveMe.y+=1;
14        }
15      };
16      initDisplay();
```

Mit dieser neuen Leinwand, die auch auf die Tastatur reagiert, sei das Spiel initialisiert. Ein bewegliches Objekt sei nun zu steuern, ein zweites bewegt sich automatisch:

```
_____ SimpleMidlet.java _____
17      moveMe=new MovableObject(100,100,0,0,10,10);
18      mos.addElement(moveMe);
19      mos.addElement(new MovableObject(100,1,0,1,10,10));
20    }
```

Pro Tic des Timerobjekts sei zusätzlich noch geprüft, ob sich ein Objekt aus dem Spielfeld heraus bewegt hat, um es auf der gegenüberliegenden Seite wieder erscheinen zu lassen:

```
_____ SimpleMidlet.java _____
21  public void doOnTic(){
22    super.doOnTic();
23    for (Enumeration e = mos.elements();e.hasMoreElements();){
24      MovableObject mo=(MovableObject)e.nextElement();
25      if (mo.y>myCanvas.getHeight()) mo.y=0;
```

```
26      if (mo.y<0) mo.y=myCanvas.getHeight();
27      if (mo.x>myCanvas.getWidth()) mo.x=0;
28      if (mo.x<0) mo.x=myCanvas.getWidth();
29    }
30  }
31 }
```

Das so geschriebene Midlet hat bereits ein sich selbst bewegendes Objekt und ein über die Tastatur zu steuerndes Objekt, also im Prinzip alles, was für ein kleines Spiel benötigt wird.

Nun lässt sich allerdings auch auf Handys nicht mehr allzu große Begeisterung hervor-rufen, wenn sich rote Quadrate über das Display bewegen. Spiele werden erst lustig, wenn sich Bilder auf dem Display bewegen. Natürlich lassen sich auch auf mobilen Endgeräten Bilder laden und auf dem Display darstellen.

Im Paket `javax.microedition.lcdui` steht eine Klasse `Image` zur Verfügung, die mit einer statischen Methode Bilder laden kann. Wie schon auf der Standardplattform können wir jetzt eine spezielle Unterklasse der Klasse `MoveableObject` schreiben, die eine Bilddatei benutzt, um sich graphisch darzustellen:

```
———————————————— ImageObject.java ——————————————
1 package name.panitz.mobile;
2 import javax.microedition.lcdui.*;
3 public class ImageObject extends MovableObject{
4   Image img;
5   ImageObject(int x,int y,double dX,double dY,Image img){
6     super(x,y,dX,dY,0,0);
7     this.img=img;
8     width=img.getWidth();
9     height=img.getHeight();
10  }
```

Ebenso wie in der Standardedition von Java ist es möglich zusätzliche Res-sourcen, in diesem Falle Bilddateien, auf die gleiche Weise zu laden, wie auch die Klassen geladen werden. Hierzu kann auf einem Klassenobjekt die Metho-de `getResourceAsStream` aufgerufen werden. Man erhält einen Eingabestrom, den man der Methode `Image.createImage` zum Erzeugen des Bildobjektes überge-ben kann. Man erinnere sich, dass in der Standardedition die Ressourcen mit `getClass().getClassLoader().getResource(...)` lokalisiert wurde. Perfiderweise funktioniert diese Lokalisierung der Ressourcen in der Standardedition anders als in Java ME. Eine relative Dateiangabe wurde in der Standardedition von der Wurzel der Verzeichnisse des Klassenpfades aufgelöst, in Java ME hingegen von dem Ordner aus, in dem die Klasse gefunden wurde. Soll die Datei von der Wurzel aus gesucht werden, so ist der Dateiname mit dem die Wurzel bezeichnenden Schrägstrich beginnend zu bezeichnen.

Folgende statische Hilfsmethode lädt nun eine Bilddatei in die Applikation:

```
                        ImageObject.java
11   static Image load(String fileName){
12     try{
13       java.io.InputStream stream
14         =ImageObject.class.getResourceAsStream(fileName);
15       return Image.createImage(stream);
16     }catch(Exception e){
17       System.out.println(e);
18       return null;
19     }
20   }
```

Damit lässt sich ein Konstruktor definieren, der den Dateinamen statt des fertigen Bildes als Parameter erhält:

```
                        ImageObject.java
21   ImageObject(int x,int y,double dX,double dY,String fileName){
22     this(x,y,dX,dY,load(fileName));
23   }
```

Auf dem `Graphics`-Objekt lässt sich an eine bestimmte Position ein Bild zeichnen. Hierbei ist die Positionierung noch genauer zu spezifizieren:

```
                        ImageObject.java
24   public void paintMe(Graphics g){
25     if(img!=null)g.drawImage(img,x,y,Graphics.TOP|Graphics.LEFT);
26   }
27 }
```

8.2.1 TrainFrogger für das Handy

Damit ist alles wieder vorhanden, um das für die Standardedition entwickelte Spiel **TrainFrogger** nun noch einmal für das Handy zu reimplementieren. Hierzu sei ein entsprechendes Midlet definiert:

```
                        TrainFroggerMidlet.java
1 package name.panitz.mobile;
2 import javax.microedition.lcdui.*;
3 import java.util.*;
4 public class TrainFroggerMidlet extends GameMidlet{
5   final static int TRACK_HEIGHT = 33;
6   int track_number = 5;
```

In Java ME existiert nicht die Methode `Math.random()`, die in der Standardedition genutzt wurde, um Zufallszahlen zu erzeugen. Stattdessen gibt es eine Klasse `java.util.Random`, die ein Verfahren zur Generierung von Pseudozufallszahlen enthält. Von dieser Klasse ist ein Objekt zu erzeugen, auf dem dann Methoden wie `nextDouble` und `nextInt` aufgerufen werden können:

```
───────────────── TrainFroggerMidlet.java ─────────────────
7   final Random random=new Random();
```

Für die Abstände, Geschwindigkeiten und Bilddateien seien wieder entsprechende Felder initialisiert. Bei den Bilddateien ist natürlich darauf zu achten, dass diese entsprechend des kleinen Displays bei mobilen Endgeräten auch kleinere Bilder enthalten:

```
───────────────── TrainFroggerMidlet.java ─────────────────
8    double maxSpeed=5.5;
9    double minSpeed=1;
10   int minSpace=40;
11   int maxSpace=80;
12
13   Image[] trainIcons =
14    {ImageObject.load("/e120s.png"),ImageObject.load("/e182s.png")
15    ,ImageObject.load("/e103s.png"),ImageObject.load("/e120s.png")
16    ,ImageObject.load("/e140s.png")};
```

Natürlich wird auch der Frosch benötigt:

```
───────────────── TrainFroggerMidlet.java ─────────────────
17   MovableObject frog=new ImageObject(0,0,0,0,"/frog.png");
```

Die Leinwand wird als spezielle Unterklasse von `MyCanvas` realisiert, in der auf eine Tastatureingabe mit der Steuerung des Frosches reagiert wird:

```
───────────────── TrainFroggerMidlet.java ─────────────────
18   public TrainFroggerMidlet() {
19     myCanvas=new MyCanvas(){
20       protected void keyPressed(int keyCode){
21         if (keyCode==Canvas.KEY_NUM4) frog.dX-=1;
22         if (keyCode==Canvas.KEY_NUM6) frog.dX+=1;
23         if (keyCode==Canvas.KEY_NUM2) frog.y-=TRACK_HEIGHT;
24         if (keyCode==Canvas.KEY_NUM8) frog.y+=TRACK_HEIGHT;
25         if (keyCode==Canvas.KEY_NUM0) {frog.dY=0;frog.dX=0;}
26       }
27     };
28     initDisplay();
```

Die Anzahl der Gleise, die der Frosch überqueren muss, richtet sich nach der Höhe des Spielfeldes:

```
                        ———— TrainFroggerMidlet.java ————
29    track_number
30       = (myCanvas.getHeight()-2*TRACK_HEIGHT)/TRACK_HEIGHT;
```

Der Frosch wird in der Methode **resetFrog** auf seine Ausgangsposition gesetzt. Diese ist ebenfalls von der Größe des Spielfelds abhängig:

```
                        ———— TrainFroggerMidlet.java ————
31    resetFrog();
32    mos.addElement(frog);
```

Für jedes Gleis werden die Züge nacheinander erzeugt:

```
                        ———— TrainFroggerMidlet.java ————
33    fillings  = new int[track_number];
34    for (int i=0;i<track_number;i++) addTrains(i);
35    }
```

Beim Erzeugen der Lokomotiven für ein Gleis wird das gleiche Verfahren angewendet wie im großen Bruder des Spiels für die Java Standardedition:

```
                        ———— TrainFroggerMidlet.java ————
36   int [] fillings;
37   void addTrains(int trackNr){
38     double speed = random.nextDouble()*maxSpeed*2+minSpeed;
39     if(speed>maxSpeed+minSpeed)
40         speed = speed-(2*maxSpeed+minSpeed);
41
42     int filled = 0;
43     while (filled < myCanvas.getWidth()+300){
44       Image icon = trainIcons[random.nextInt(trainIcons.length)];
45       final int x = speed<0?filled:-filled;
46       final MovableObject train
47        =new ImageObject
48           (filled
49           ,myCanvas.getHeight()-(2+trackNr)*TRACK_HEIGHT
50           ,speed ,0,icon);
51       mos.addElement(train);
52       filled
53         = filled+train.width+random.nextInt(maxSpace)+minSpace;
54     }
55     fillings[trackNr]=filled;
56   }
57
58   int getFill(int y){
59     int ind=(myCanvas.getHeight()-2*TRACK_HEIGHT-y)/TRACK_HEIGHT;
60     return fillings[ind];
61   }
```

Die Startposition des Frosches ist am unterem Spielfeldrand zentriert:

```
──────────── TrainFroggerMidlet.java ────────────
62    void resetFrog(){
63      frog.x=myCanvas.getWidth()/2;
64      frog.y=myCanvas.getHeight()-frog.height;
65      frog.dX=0;
66      frog.dY=0;
67    }
```

Pro Tic des Timers sind mit Hilfe der überschriebenen Methode alle Objekte einen Bewegungsschritt weiter zu bewegen. Schließlich ist zu prüfen, ob der Frosch ein anderes Objekt berührt, und Lokomotiven außerhalb des Spielfeldes sind wieder am anderen Ende des Gleises einzufügen:

```
──────────── TrainFroggerMidlet.java ────────────
68    public void doOnTic(){
69      super.doOnTic();
70      for (Enumeration e = mos.elements();e.hasMoreElements();){
71        MovableObject go=(MovableObject)e.nextElement();
72        if (go!=frog){
73          if (go.touches(frog)) resetFrog();
74
75          if (go.dX> 0 && go.x > myCanvas.getWidth())
76            go.x-=getFill(go.y);
77          else if (go.dX< 0&& go.x+go.width < 0)
78            go.x+=getFill(go.y);
79        }
80      }
81    }
82  }
```

Die Abbildung 8.2 zeigt das laufende Midlet im Emulator des WTK.

Die Bedeutung der Programmierung von Handys wird in naher Zukunft sicher zunehmen. Bisher stellen kleine Spielereien noch einen großen Anteil an typischen Programmen für das Handy. Dem trägt das entsprechende Java API auch Rechnung, indem es bereits in einem Paket `javax.microedition.lcdui.game` Klassen zur Verfügung stellt, die der von uns entwickelten kleinen Spielebibliothek sehr nahe kommen.

8.3 In diesem Kapitel eingeführte Javaeigenschaften

In diesem Kapitel haben wir die Javaplattform in ihrer eingeschränkten Form der Java ME kennen gelernt, wie sie benutzt wird, um Anwendungen für mobile Endgeräte

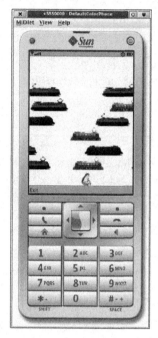

Abbildung 8.2: Midlet im Emulator des WTK

zu entwickeln. Diese zeichnet sich durch ein wesentlich kleineres API gegenüber der Standardedition aus. Beim Übersetzen dieser Anwendungen ist dem Compiler der *bootclasspath* auf die Microedition zu setzen. Zusätzlich sind erzeugte Klassendateien noch mit dem Programm `preverify` vorher zu behandeln. Für die Anwendungen sind beschreibende JAD-Dateien bereitzustellen. Die Anwendungen können bequem mit dem WTK übersetzt und verwaltet werden.

Teil II

Logikrätsel und strategische Spiele

Kapitel 9

Brettspiele

9.1 Eine allgemeine Spieleschnittstelle

Nach den teilweise nervenaufreibenden Spielen im vorangegangenen Teil des Buches, in denen unsere Reaktion gefragt war, wollen wir uns jetzt Spielen widmen, in denen eine strategische Denkleistung gefordert ist. Es handelt sich dabei um Spiele, in denen zwei Spieler wechselseitig einen Zug tätigen. Es gibt keine Zufallskomponente, wie z.B. einen Würfel und auch keine verdeckten Spielzustände, wie z.B. Ereigniskarten oder andere verdeckte Karten bei einem Kartenspiel. Typische Spiele dieser Art sind: *Mühle, Dame, Othello* (auch bekannt als *Reversi*), *Vier Gewinnt* und als komplexeste Varianten *Schach* und *Go*. Diese Spiele werden als Zweipersonen-Strategiespiel mit vollständiger Information bezeichnet.

Das einfachste Spiel in dieser Kategorie dürfte das Spiel *Tic Tac Toe* sein. Es ist ein Spiel, in dem zwei Spieler auf einem drei mal drei Felder großen Spielbrett abwechselnd einen Stein setzen. Gelingt es einem Spieler drei Steine in eine Reihe zu bekommen, ist er der Sieger.

Wir werden für keines dieser Spiele eine Speziallösung entwickeln, sondern einen allgemeinen Algorithmus vorstellen, der in der Lage ist, einen mehr oder weniger guten nächsten Zug zu berechnen. Tatsächlich, um keine falschen Erwartungen zu wecken, wird dieser allgemeine Lösungsansatz für komplexe Spiele wie *Schach* und *Go* als Lösungsweg nicht ausreichen, aber erstaunlicherweise wird ein und dieselbe Klasse die Lösung für unterschiedliche Spiele liefern können.

Die Spiele, für die wir einen Algorithmus suchen, der für eine bestimmte Spielsituation einen möglichst guten Spielzug berechnet, haben eine Reihe von Gemeinsamkeiten. Daher bietet sich an, diese Gemeinsamkeiten in einer Javaschnittstelle zu beschreiben.

Die Gemeinsamkeiten der Spiele sind:

- Ein Spiel hat in einer Spielsituation immer endlich viele mögliche erlaubte Züge.

- Für eine Spielsituation kann erfragt werden, welcher Spieler gerade am Zug ist.

- Für eine Spielsituation lässt sich nach einem bestimmter Zug der Spielzustand errechnen.

- Eine Spielsituation kann das Spielende darstellen, weil keine Züge mehr möglich sind oder ein bestimmter Spieler das Spiel gewonnen hat.

- Schließlich kann für jeden Spieler bewertet werden, ob es eine günstige oder ungünstige Spielsituation ist.

Allerdings unterscheiden sich diese Spiele auch in einem entscheidenden Punkt: Sie haben alle vollkommen unterschiedliche Spielbretter und Spielzüge. Trotzdem können wir die Gemeinsamkeiten in einer Javaschnittstelle beschreiben. Dazu dienen generische Typen.

Wir haben noch keine generischen Klassen oder Schnittstellen selbst definiert, aber schon vielfach solche benutzt. Die Sammlungsklassen des Pakets `java.util` sind allesamt generisch definiert. In den Sammlungsklassen ist variabel gehalten, welchen Typ die Elemente der Sammlung haben. Erst beim Erzeugen eines Listenobjekts ist im Konstruktor in spitzen Klammern ein konkreter Typ für die Listenelemente anzugeben.

Wir werden jetzt eine generische Javaschnittstelle für Spiele definieren, in der wir den konkreten Typ eines Spielzuges variabel halten. Erst beim Implementieren dieser Schnittstelle mit einer konkreten Klasse, wird dieser variabel gehaltene Typ für die Klasse konkretisiert, die einen Spielzug für das konkrete Spiel ausdrückt.

Syntaktisch wird ein variabler Typ für eine generische Klasse eingeführt, indem nach dem Klassennamen in spitzen Klammern eingeschlossen Bezeichner für Typvariablen folgen. Es hat sich dabei als Konvention durchgesetzt, als Bezeichner für Typvariablen einfache Großbuchstaben zu benutzen.

So startet die Schnittstellendeklaration für Spiele mit einem variabel gehaltenen Typ M für die Spielzüge wie folgt:

```
──────────────── Game.java ────────────────
1  package name.panitz.ludens.strategy;
2  import java.util.List;
3  public interface Game<M>{
```

Als Bezeichner für die Spielzüge wurde M, der erste Buchstabe des englischen Worts *Move* für Spielzug, gewählt.

Eine der wichtigsten Eigenschaften eines Spiels ist, welche Spielzüge in einem bestimmten Spielzustand erlaubt sind. Hierzu wird eine Methode benötigt, die eine Liste der möglichen Spielzüge zurückgibt:

```
———————————————— Game.java ————————————————
4   List<M> moves();
```

Schließlich muss es möglich sein, einen konkreten Spielzug auszuführen. Auch dafür sei eine Methode vorgesehen:

```
———————————————— Game.java ————————————————
5   Game<M> doMove(M m);
```

Diese Methode hat einen neuen Spielzustand als Rückgabewert. Das ist der Zustand des Spiels nach Ausführen des Spielzugs auf dem aktuellen Zustand. Damit wird eine Methode definiert, die nicht das **this**-Objekt modifiziert, sondern ein neues Objekt errechnet. Dieses ist eine Entwurfsentscheidung, die später leichter erlaubt, ganze Spielbäume im Speicher zu halten.

Ein Spielzustand muss uns sagen können, welcher Spieler gerade am Zug ist. Auch hierzu sei eine Methode vorgesehen. Ein Spieler wird dabei als eine **byte** Zahl dargestellt:

```
———————————————— Game.java ————————————————
6   byte currentPlayer();
7   byte otherPlayer(byte player);
```

Noch allgemeiner wäre es gewesen, auch den Typen, der einen Spieler darstellt, variabel zu halten. Hierzu hätte neben der Typvariablen M die Schnittstelle eine weitere Typvariable benötigt. Diese Abstraktion scheint für unsere Zwecke jedoch übertrieben. In allen modellierten Spielen reicht der Typ **byte** vollkommen aus, um einen einzelnen Spieler zu charakterisieren.

Zwei Bool'sche Methoden sollen schließlich Auskunft darüber geben, ob es noch weitere Spielzüge gibt oder nicht. Es sind die Gründe zu unterscheiden, aufgrund derer es keinen Zug mehr gibt:

- Das Spielbrett ist voll. Dies ist z.B. bei *Tic Tac Toe* der Fall, wenn alle neun Felder des Spielbretts mit Spielsteinen belegt sind.

- Das Spiel ist beendet, da ein Spieler gewonnen hat oder ein Remis erzielt wurde.

```
———————————————— Game.java ————————————————
8   boolean noMoreMove();
9   boolean ended();
```

Dann wird noch eine Methode benötigt, die angibt, ob ein bestimmter Spieler gewonnen hat:

```
———————————————— Game.java ————————————————
10  boolean wins(byte player);
```

183

Außerdem soll ein Spielzustand für einen bestimmten Spieler bewertet werden. Die Bewertung wird in Form einer ganzen Zahl ausgedrückt. Je höher diese Zahl ist desto besser ist der Spielzustand für den Spieler. Negative Zahlen drücken aus, dass der Gegner im Vorteil ist:

```
─────────────── Game.java ───────────────
11    int evalState(byte player);
```

Soweit die allgemeine Spielschnittstelle `Game<M>`:

```
─────────────── Game.java ───────────────
12  }
```

9.2 Reguläre Brettspiele

Die Schnittstelle `Game` ist sehr allgemein gehalten und deckt im Prinzip alle Spiele ab, die aus Spielzügen irgendeiner Art bestehen. Wir wollen uns zunächst auf eine spezielle Form von Spielen beschränken. Dieses sind Spiele, in denen auf einem rechteckigen Spielbrett in Zeilen und Spalten Spielfelder angeordnet sind. Ein Spielzug bestehe daraus, einen Spielstein auf ein Spielfeld zu setzen. Wir bezeichnen fortan solche Spiele als *reguläre* Spiele. Das einfache *Tic Tac Toe* ist ein reguläres Spiel. *Othello* und *Vier Gewinnt* fallen auch in diese Kategorie. *Dame* ist kein reguläres Spiel, weil hier nicht neue Steine gesetzt werden, sondern bestehende Steine auf dem Feld verschoben werden. *Mühle* ist schon allein deswegen kein reguläres Spiel, weil die Spielfelder nicht in einem Rechteckmuster angeordnet sind.

Reguläre Spiele sind aber zuallererst einmal Spiele. Deshalb lässt sich eine Unterschnittstelle der Schnittstelle `Game` für reguläre Spiele definieren. Auch diese sei weiterhin generisch über die Art der Spielzüge gehalten:

```
─────────────── RegularGame.java ───────────────
1  package name.panitz.ludens.strategy;
2  public interface RegularGame<M> extends Game<M>{
```

Das Spielbrett eines regulären Spiels hat die Felder in Zeilen und Spalten angeordnet. Die Anzahl der Zeilen bzw. Spalten sind über zwei Methoden zu erfragen:

```
─────────────── RegularGame.java ───────────────
3    int getRows();
4    int getColumns();
```

Wir gehen bei regulären Spielen von zwei Spielern aus. Ein Spielfeld kann dabei entweder von einem Stein der beiden Spieler oder noch von keinem Stein belegt sein. Für diese drei Zustände sollen Werte verfügbar sein:

```
───────────────── RegularGame.java ─────────────────
5    byte getPlayerOne();
6    byte getPlayerTwo();
7    byte getPlayerNone();
```

Jetzt ist erfragbar, mit was für einem der obigen drei Steine ein Feld in einer bestimmten Zeile und Spalte belegt ist:

```
───────────────── RegularGame.java ─────────────────
8    byte getAtPosition(byte column,byte row);
```

Und schließlich sei für den Spieler, der an der Reihe ist, die Möglichkeit gegeben, an eine bestimmte Position einen Stein zu setzen:

```
───────────────── RegularGame.java ─────────────────
9    RegularGame<M> setAtPosition(byte column,byte row);
```

Die Rückgabe ist der neue Spielzustand des regulären Spiels, wenn der Spieler, der gerade am Zug ist, einen Stein in Spalte **column** und Zeile **row** setzt.

Damit sei die Definition der Eigenschaften eines regulären Brettspiels abgeschlossen:

```
───────────────── RegularGame.java ─────────────────
10   }
```

9.2.1 Implementierung regulärer Spiele

Auch ohne bereits ein konkretes Spiel im Visier zu haben, gibt es eine Reihe von Funktionalitäten, die sich für reguläre Spiele implementieren lassen. So werden sicherlich Felder für die Anzahl der Reihen und Spalten benötigt, es wird sicherlich eine zweidimensionale Reihung für das eigentliche Spielbrett benötigt und es werden Konstanten benötigt, um die beiden Spieler darzustellen. Alle diese Funktionalitäten, die den regulären Spielen gemein sind, lassen sich bereits in einer abstrakten Klasse implementieren. Auch die abstrakte Klasse ist hierzu noch generisch über den später zu konkretisierenden Typen für die Spielzüge zu halten:

```
──────────────── AbstractRegularGame.java ────────────────
1  package name.panitz.ludens.strategy;
2  public abstract class AbstractRegularGame<M>
3          implements RegularGame<M>, Cloneable{
```

Die abstrakte Klasse **AbstractRegularGame** implementiert erste Teile der Schnittstelle **RegularGame**. Viele Methoden aus der Schnittstelle werden allerdings noch nicht implementiert. Sie bleiben abstrakt und sind in weiteren Unterklassen zu implementieren.

Zusätzlich soll die Klasse **AbstractRegularGame** die Standardschnittstelle **Cloneable** implementieren. Diese Schnittstelle enthält keine Methoden. Sie ist nur dazu da, anzuzeigen, dass Kopien des Objektes über die Methode **clone**, die in der Klasse **Object** implementiert ist, erzeugt werden können.

Für die Spieler und ebenso für die noch unbelegten Felder seien Konstanten vom Typ **byte** definiert:

```
                    ————— AbstractRegularGame.java —————
4    final static byte NONE = 0;
5    final static byte ONE = 1;
6    final static byte TWO = 22;
```

Die Wahl der Konstanten mutet etwas willkürlich an. Viele Spiele arbeiten mit Reihen von Steinen, die nicht durch gegnerische Steine gestört werden dürfen. Da diese Reihen in den seltensten Spielen länger als 20 Felder sind, kann über die Summe der Spielwerte auf den Feldern so relativ einfach bestimmt werden, ob Steine verschiedener Spieler auf einer Reihen liegen.

Die Konstanten für die Spielerwerte sind über die von der Schnittstelle verlangten drei Methoden erfragbar:

```
                    ————— AbstractRegularGame.java —————
7    public byte getPlayerOne(){return ONE;}
8    public byte getPlayerTwo(){return TWO;}
9    public byte getPlayerNone(){return NONE;}
```

In einem Feld **player** der Klasse sei für einen Spielzustand vermerkt, welcher Spieler gerade am Zug ist. Initial sei dieses der erste Spieler:

```
                    ————— AbstractRegularGame.java —————
10   byte player=ONE;
```

Die Schnittstelle **Game** verlangt eine Methode, um den Spieler zu erfragen, der gerade am Zug ist. Zusätzlich seien noch drei weitere Methoden definiert, die den nächsten bzw. vorherigen Spieler angeben:

```
                    ————— AbstractRegularGame.java —————
11   public byte currentPlayer(){return player;}
12   public byte otherPlayer(byte p){return (p==ONE)?TWO:ONE;}
13   public byte nextPlayer(){return otherPlayer(player);}
14   public byte lastPlayer(){return otherPlayer(player);}
```

Zwei Felder werden benötigt, um die Spalten- und Zeilenanzahl des Spielbrettes zu speichern:

```
                    ————— AbstractRegularGame.java —————
15   final byte rows;
16   final byte columns;
```

Die beiden Felder sind als `final` attributiert. Ein reguläres Spiel verändert nicht die Größe seines Spielbretts während des Spielverlaufs.

Für die Implementierung der Schnittstelle `RegularGame` ist die Spalten- und Reihenanzahl über zwei Methoden zu erfragen. Hier werden die entsprechenden Konstanten als Ergebnis zurückgegeben:

```
―――――――――――――― AbstractRegularGame.java ――――――――――――――
17   public int getRows(){return rows;}
18   public int getColumns(){return columns;}
```

Das eigentliche Spielfeld lässt sich natürlich in einer zweidimensionalen Reihung gut ausdrücken. Die Elemente der Reihung sind Spielsteine. Die Spielsteine sind die Konstanten `ONE`, `TWO` und `NONE`. Diese sind vom Typ `byte`, so dass der Elementtyp der Reihung auch vom Typ `byte` ist:

```
―――――――――――――― AbstractRegularGame.java ――――――――――――――
19   byte[][] b;
```

Im Konstruktor wird die Größe des Spielbrettes übergeben und die entsprechende zweidimensionale Reihung initialisiert:

```
―――――――――――――― AbstractRegularGame.java ――――――――――――――
20   public AbstractRegularGame(byte c,byte r){
21     columns=c;
22     rows=r;
23     b=new byte[columns][];
24     for (int i=0;i<columns;i++) b[i]=new byte[rows];
25   }
```

Laut Schnittstelle wird eine Methode benötigt, die den Wert auf einem konkreten Spielfeld des Brettes erfragt. Diese Methode kann an der entsprechenden Stelle der Reihung, die den Spielzustand speichert, nachschauen:

```
―――――――――――――― AbstractRegularGame.java ――――――――――――――
26   public byte getAtPosition(byte column,byte row){
27     return b[column][row];
28   }
```

Eine im Prinzip redundante Information sei in einem zusätzlichen Feld gespeichert. Es ist die Information darüber, wie viele Spielzüge bereits gespielt wurden. Diese Information ließe sich für viele Spiele aus der Reihung b berechnen. Es ist die Anzahl der Felder der zweidimensionalen Reihung b, die nicht mehr mit der Konstante `NONE` belegt sind. Aus Effizienzerwägungen sei diese Information aber noch separat in einem eigenen Feld gespeichert:

```
―――――――――――――― AbstractRegularGame.java ――――――――――――――
29   int movesDone  = 0;
```

187

Ebenso wollen wir vorsehen, die Information über das Feld bereit zu halten, auf dem zuletzt ein Spielstein gesetzt wurde. Diese Information wird jeweils mit dem Wert −1 initialisiert, um anzuzeigen, dass noch kein Stein gesetzt wurde:

```
                        ── AbstractRegularGame.java ──
30   byte lastColumn = -1;
31   byte lastRow    = -1;
```

Das Spielende lässt sich darüber definieren, dass der zuletzt gezogene Spieler gewonnen hat, oder aber kein Zug mehr möglich ist:

```
                        ── AbstractRegularGame.java ──
32   Boolean winsLast=null;
33   public boolean wins(){
34       if (winsLast==null)winsLast=wins(lastPlayer());
35       return winsLast;
36   }
37   public boolean ended(){
38     return noMoreMove()||wins();
39   }
```

Kopieren von Objekten

Eine Entwurfsentscheidung für Spiele ist, dass ein Spielzug nicht den Spielzustand modifizieren soll, sondern einen neuen Spielzustand als Ergebnis berechnet. Dieser neue Spielzustand lässt sich am einfachsten aus einer Kopie des bestehenden Zustandes erzeugen. Zum Erstellen von Kopien von Objekten stellt Java eine Art Magie zur Verfügung. Dies ist die Methode clone aus der Klasse Object. Die aus der Klasse Objekt geerbte Methode clone ist bereits in der Lage, komplette Kopien eines Objektes zu erzeugen. Hierzu ist lediglich die Schnittstelle Cloneable zu implementieren. Diese Schnittstelle enthält keine Methode. Sie dient nur der Markierung von Klassen. Denn erst wenn eine Klasse die Schnittstelle Cloneable implementiert, wird die geerbte Methode clone aus der Klasse Object aktiv. Ansonsten wirft die Methode clone eine Ausnahme des Typs CloneNotSupportedException.

Insofern scheint es ausreichend zu sein, so wie wir es bereits getan haben, im Kopf der Klasse anzugeben, dass die Schnittstelle Cloneable implementiert wird. Damit steht die Methode clone zum Erstellen von Kopien zur Verfügung. Die so erstellten Kopien sind jedoch nur so genannte *flache (shallow)* Kopien. Es bedeutet, dass ein neues Objekt (also eine Kopie) des this-Objektes erzeugt wird. Alle Werte des this-Objektes werden dabei in die Kopie übernommen. Beinhaltet das this-Objekt einen Verweis auf ein weiteres Objekt, so wird dieser Verweis übernommen. Das Objekt, auf das verwiesen wird, wird hingegen nicht kopiert.

Soll auch ein Objekt kopiert werden, auf das das zu kopierende Objekt verweist, so ist die Methode clone zu überschreiben und explizit die Kopie des weiteren Objektes anzufertigen.

Das bedeutet für die Klasse `AbstractRegularGame`, dass durch die Implementierungsklausel im Kopf die Methode `clone` aus der Klasse `Object` zur Verfügung steht. Diese erstellt ein neues Objekt mit den gleichen Werten für die Felder `rows`, `columns`, `movesDone` etc. Die Reihung des eigentlichen Spielbrettes wird allerdings nicht kopiert. Um zu gewährleisten, dass auch diese kopiert wird, muss die Methode `clone` überschrieben werden:

```
────────────── AbstractRegularGame.java ──────────────
40   @Override public AbstractRegularGame clone(){
```

Eine lokale Variable wird für das Ergebnis vorgesehen, zunächst aber mit `null` initialisiert:

```
────────────── AbstractRegularGame.java ──────────────
41      AbstractRegularGame result = null;
```

Die eigentliche Kopie des Objekts lässt sich mit der geerbten Methode `clone` aus der Klasse `Object` erzeugen. Allerdings kann es dabei zu einer Ausnahme in Form einer `CloneNotSupportedException` kommen. Daher wird der Aufruf der geerbten Methode `clone` innerhalb eines **try**-Blocks vorgenommen:

```
────────────── AbstractRegularGame.java ──────────────
42      try{
43          result=(AbstractRegularGame)super.clone();
```

Jetzt ist in der Variablen `result` eine Kopie des **this**-Objekts zu finden. Diese Kopie verweist allerdings auf dieselbe Reihung für das Spielbrett wie das Originalobjekt. Daher wird explizit noch einmal eine Kopie von dieser Reihung angefertigt:

```
────────────── AbstractRegularGame.java ──────────────
44      result.b = b.clone();
45      result.winsLast=null;
```

Doch damit nicht genug. Die Reihung ist zweidimensional, d.h. die Elemente der Reihung sind Verweise auf weitere Reihungen. Der obige Aufruf der Methode `clone` auf der Reihung erwirkt nur eine flache Kopie der Reihung. Die inneren Reihungen werden dabei nicht kopiert. Auch dieses ist explizit vorzunehmen:

```
────────────── AbstractRegularGame.java ──────────────
46      for (int i = 0; i < result.b.length; i++)
47          result.b[i] = result.b[i].clone();
```

Jetzt ist eine komplette Kopie des Objekts auch bis in die Tiefe der referenzierten Reihung erstellt. Der **try**-Block kann beendet werden, wobei auf eine explizite Fehlerbehandlung verzichtet wird:

```
────────────── AbstractRegularGame.java ──────────────
48      }catch (CloneNotSupportedException _){}
```

Als Ergebnis wird die **result**-Variable zurückgegeben:

```
——————— AbstractRegularGame.java ———————
49    return result;
50  }
```

Soweit die abstrakte Klasse für reguläre Spiele:

```
——————— AbstractRegularGame.java ———————
51  }
```

Die folgenden Methoden sind in dieser Klasse noch nicht implementiert, sondern weiterhin abstrakt geblieben:

- `setAtPosition(byte column,byte row);`

- `public int evalState(byte player);`

- `public boolean wins(byte player);`

- `public boolean noMoreMove();`

- `public Game<M> doMove(M m);`

- `public java.util.List<M> moves();`

Dieses sind alles Methoden, die sich mit der speziellen Logik eines konkreten Spiels beschäftigen. In diesen Methoden sollen sich die Spielregeln eines konkreten Spieles finden.

Aufgabe 29 Ergänzen Sie die Klasse `AbstractRegularGame` um eine Methode `toString`, die das Spielfeld als ASCII-Grafik darstellt, so dass es gut mit dem Auge erfasst werden kann.

9.3 Tic Tac Toe

> Wahrhaftig, – hab' ich nicht einen Tic
> *Henrik Ibsen: Peer Gynt*

Nach zwei Schnittstellen und einer abstrakten Klasse ist es an der Zeit, ein erstes konkretes Spiel umzusetzen. Fangen wir mit dem wahrscheinlich einfachsten vorstellbaren Brettspiel an, dem Spiel *Tic Tac Toe*.

Das Spiel *Tic Tac Toe* wird auf einem Spielbrett der Dimension 3×3 gespielt. Abwechselnd setzen die Spieler Spielsteine auf die freien Felder. Ein Spieler hat gewonnen, wenn er drei Steine in eine vertikale, horizontale oder diagonale Reihe gesetzt hat.

9.3.1 Allgemeine Klasse für Paare

Bevor wir das Spiel *Tic Tac Toe* implementieren können, brauchen wir eine Klasse, die die Spielzüge des Spiels darstellen kann. Ein Spielzug besteht darin, einen Stein auf das Brett in einer bestimmten Spalte und Zeile zu setzen. Ein Spielzug braucht demnach zwei Informationen: die Spalte und die Zeile, in die gesetzt wird.

Wir könnten eine dedizierte Klasse für *Tic Tac Toe*-Spielzüge definieren. Doch auch dieses sei in einer allgemeinen Form definiert. Paare von zwei Objekten sind ein Konzept, das vielfach in Programmen benötigt wird. Mit Hilfe der generischen Typen lässt sich elegant allgemein eine Klasse für Paare beliebiger Elemente schreiben. Viele Programmiersprachen haben solche Paarklassen oder allgemeine Tupelklassen im Standard-API oder sogar eine spezielle Syntax für diese. Für einen Javaprogrammierer ist hierzu ein Blick auf die Sprache Scala[Ode07] zu empfehlen. In Java gibt es solche allgemeine Tupelklassen derzeit noch nicht, aber es hindert uns niemand daran, eine eigene Paarklasse zu definieren.

Die Klasse `Pair` soll zwei Elemente von zwei variabel gehaltenen Typen speichern. Dieses wird durch eine generische Klasse mit zwei Typvariablen ausgedrückt:

```
───────────── Pair.java ─────────────
1  package name.panitz.ludens.util;
2  public class Pair<A,B>{
```

Für die beiden Elemente eines Paares sei je ein Feld vorgesehen. Die Felder seien für das erste Element mit `fst` (*first*) und für das zweite Element mit `snd` (*second*) bezeichnet:

```
───────────── Pair.java ─────────────
3      public A fst;
4      public B snd;
```

Ein Konstruktor ermöglicht es, ein Paar aus zwei Elementen zu konstruieren:

```
───────────── Pair.java ─────────────
5      public Pair(A fst,B snd){
6          this.fst=fst;
7          this.snd=snd;
8      }
```

Aufgabe 30 Ergänzen Sie die Klasse `Pair` um Implementierungen der Methoden `toString` und `equals`.

```
───────────── Pair.java ─────────────
9  }
```

9.3.2 Die Klasse für *Tic Tac Toe*

Mit der Klasse `Pair` steht jetzt eine Klasse zur Verfügung, um Spielzüge für *Tic Tac Toe* auszudrücken. Ein Spielzug ist ein Paar aus Spalten- und Zeilennummer auf einem Spielbrett. Da in der Regel *Tic Tac Toe* auf einem 3×3 Spielfeld gespielt wird, reicht der Datentyp `byte` aus, um die Zeilen- bzw. Spaltennummer auszudrücken. Ein Spielzug in *Tic Tac Toe* besteht also aus einem Paar von zwei `byte` codierten Zahlen. Allerdings dürfen für die Typvariablen der generischen Typen keiner der acht primitiven Typen aus Java eingesetzt werden. Es gibt allerdings für jeden der acht primitiven Typen eine Klasse, die Daten des entsprechenden primitiven Typs speichert. In Falle des primitiven Typen `byte` ist dies die Standardklasse `Byte`. Somit ist ein Spielzug in *Tic Tac Toe* ein Objekt des Typs: `Pair<Byte,Byte>`.

Starten wir also mit der Definition der Klasse, die das Spiel *Tic Tac Toe* realisiert. Zunächst mit der Paketdeklaration und den notwendigen Importanweisungen:

```
───────────────── TicTacToe.java ─────────────────
1  package name.panitz.ludens.strategy;
2  import java.util.*;
3  import name.panitz.ludens.util.Pair;
```

Die Klasse `TicTacToe` soll die Schnittstelle `RegularGame` implementieren. Dazu wird von der abstrakten Klasse `AbstractRegularGame` abgeleitet. Es ist anzugeben, mit welchem konkreten Typ für die Typvariable M der Klasse `AbstractRegularGame` die Implementierung durchgeführt wird. Es ist der konkrete Typ für Spielzüge zu spezifizieren. Dieses soll der Typ `Pair<Byte,Byte>` sein, und somit implementiert die Klasse `TicTacToe` die Schnittstelle `Game<Pair<Byte,Byte>>`:

```
───────────────── TicTacToe.java ─────────────────
4  public class TicTacToe
5          extends AbstractRegularGame<Pair<Byte,Byte>>{
```

Die Oberklasse `AbstractRegularGame` hat keinen Standardkonstruktor, sondern einen Konstruktor, der die Zeilen- und Spaltenanzahl als Argumente übergeben bekommt. Im Standardkonstruktor der Klasse `TicTacToe` wird der Konstruktor der Oberklasse mit den entsprechenden Werten aufgerufen:

```
───────────────── TicTacToe.java ─────────────────
6  TicTacToe(){super((byte)3, (byte)3);}
```

Die von der Schnittstelle verlangte Methode zum Setzen eines Steins auf eine bestimmte Position des Brettes, delegiert die Arbeit an die Methode `doMove`. Hierzu ist ein Objekt der Klasse zu erzeugen, die im Spiel `TicTacToe` einen Spielzug darstellt. Das ist die Klasse `Pair`:

```
───────────────── TicTacToe.java ─────────────────
7    public TicTacToe setAtPosition(byte column,byte row){
8      return doMove(new Pair<Byte,Byte>(column,row));
9    }
```

9.3.3 Spielzüge berechnen

Kommen wir jetzt zu der Methode, die alle möglichen Spielzüge für einen Spielzustand berechnet. Laut der Schnittstelle `Game` hat diese Methode den Rückgabetyp `M`. Die Klasse `TicTacToe` hat diesen variabel gehaltenen Typen der Schnittstelle mit dem Typ `Pair<Byte,Byte>` konkretisiert. Deshalb ist die Methode `moves` mit dem Rückgabetyp `List<Pair<Byte,Byte>>` zu implementieren:

```
————————————— TicTacToe.java —————————————
10    public List<Pair<Byte,Byte>> moves(){
```

Zunächst sei eine Liste für das Ergebnis definiert und angelegt:

```
————————————— TicTacToe.java —————————————
11      List<Pair<Byte,Byte>> result
12        = new LinkedList<Pair<Byte,Byte>>();
```

Es lässt sich nun durch die zweidimensionale Reihung des Spielbrettes iterieren. Jedes freie Feld innerhalb dieser Reihung stellt einen möglichen Spielzug dar:

```
————————————— TicTacToe.java —————————————
13      for (byte c=0;c<columns;c++)
14        for (byte r=0;r<rows;r++)
```

Das Paar bestehend aus `c` und `r` ist ein möglicher Spielzug, wenn die entsprechende Position des Spielbrettes noch mit `NONE` belegt ist:

```
————————————— TicTacToe.java —————————————
15        if (b[c][r]==NONE)
16          result.add(new Pair<Byte,Byte>(c,r));
```

Die Liste mit den aufgesammelten Spielzügen wird als Methodenergebnis zurückgegeben:

```
————————————— TicTacToe.java —————————————
17      return result;
18    }
```

9.3.4 Spielzüge ausführen

Die Schnittstelle `Game` sieht eine Methode vor, die auf einem aktuellen Spielstatus einen bestimmten Spielzug ausführt. Die Methode `doMove` der Schnittstelle `Game` hat den neuen Spielzustand nach Ausführung des als Parameter übergebenen Spielzugs als Rückgabe, allgemein den Typ `Game<M>`. Im Falle der konkreten Spielklasse `TicTacToe` wäre dieses der Rückgabetyp `Game<Pair<Byte,Byte>>`. Wir dürfen bei der Implementierung einer Methode oder dem Überschreiben einer Methode in Java als Rückgabetyp einen spezielleren Typen wählen. In unserem Fall bietet sich an, die Klasse `TicTacToe` als Rückgabe der Methode `doMove` zu spezifizieren. `TicTacToe` implementiert den Typen `Game<Pair<Byte,Byte>>` und ist damit spezieller als der in der Schnittstelle verlangte Rückgabetyp.

Zum Ausführen eines Spielzugs soll eine neuer Spielzustand erzeugt werden. Dieser besteht aus dem aktuellen Spielzustand mit den Änderungen, den der Spielzug bewirkt. Hierzu ist es nützlich, eine Kopie des aktuellen Spielzustands zu erzeugen. Wir haben bereits die Methode `clone` in der Oberklasse `AbstractRegularGame` ausreichend implementiert. Die Klasse `TicTacToe` enthält keine Verweise auf weitere Objekte, die eventuell auch noch zu kopieren wären. Trotzdem überschreiben wir ein weiteres Mal die Methode `clone`. Diesmal mit dem noch spezielleren Rückgabetyp `TicTacToe` statt des Typs `AbstractRegularGame<Pair<Byte,Byte>>` wie in der geerbten Version:

```
──────────────── TicTacToe.java ────────────────
19   @Override public TicTacToe clone(){
20      return (TicTacToe)super.clone();
21   }
```

Mit Hilfe der Methode `clone` lässt sich die Methode `doMove` implementieren. Es wird zunächst eine Kopie erzeugt, dann in der Kopie der nächste Spieler als aktueller Spieler gesetzt, der Spielstein des Zuges wird im Spielfeld gesetzt und die Anzahl der getätigten Spielzüge um eins erhöht:

```
──────────────── TicTacToe.java ────────────────
22   public TicTacToe doMove(Pair<Byte,Byte> m){
23      TicTacToe result = clone();
24      result.player=nextPlayer();
25      result.b[m.fst][m.snd]=player;
26      result.movesDone=(byte)(movesDone+1);
27      return result;
28   }
```

9.3.5 Spielstatus abfragen

Die Schnittstelle `Game` sieht zwei Methoden vor, um den Spielzustand zu erfragen. Die erste Methode gibt an, dass es keine weiteren Spielzüge mehr gibt. Dieses ließe sich mit `moves().isEmpty()` erfragen. Allerdings haben wir das Feld `movesDone` in der Klasse vorgesehen, mit dem sich die gewünschte Information leichter erfragen lässt:

```
──────────────── TicTacToe.java ────────────────
29   public boolean noMoreMove(){
30      return rows*columns==movesDone;
31   }
```

Die wichtige und in vielen Spielen komplex abzufragende Information ist, ob ein Spieler gewonnen hat. Dieses ist der Fall, wenn der Spieler alle Felder einer Zeile oder Spalte oder Diagonalen besetzt hält:

```
                      ───────── TicTacToe.java ─────────
32   public boolean wins(byte p){
33       return   checkRows(p)
34             ||checkColumns(p)
35             ||checkDiagonal1(p)
36             ||checkDiagonal2(p);
37   }
```

Zunächst die Prüfung, ob der Spieler eine Zeile komplett besetzt hält. Hierzu wird jede Zeile überprüft:

```
                      ───────── TicTacToe.java ─────────
38   private boolean checkRows(byte p){
39       for (byte r=0;r<rows;r++){
```

Jede Zeile wird so lange durchlaufen, bis ein Feld in der Zeile nicht mit dem fraglichen Spieler belegt wurde. Dann wird mit dem **break** Befehl die innere Schleife verlassen und über die äußere Schleife zur nächsten Zeile gesprungen:

```
                      ───────── TicTacToe.java ─────────
40       for (byte c=0;c<columns;c++){
41           if (b[c][r]!=p) break;
```

Sind wir am Ende einer Zeile angelangt, so wurde eine Zeile gefunden, die komplett vom Spieler belegt ist. Die Methode kann mit dem positiven Ergebnis **true** beendet werden:

```
                      ───────── TicTacToe.java ─────────
42           if (c==columns-1) return true;
43       }
44   }
45   return false;
46   }
```

Ganz analog nur durch Vertauschen von Zeilen und Spalten gelangt man zum Test, ob der Spieler eine komplette Spalte besetzt hält:

```
                      ───────── TicTacToe.java ─────────
47   private boolean checkColumns(byte p){
48       for (byte c=0;c<columns;c++){
49           for (byte r=0;r<rows;r++){
50               if (b[c][r]!=p) break;
51               if (r==rows-1) return true;
52           }
```

```
53        }
54        return false;
55    }
```

Es gibt noch die zwei Diagonalen des Spielbrettes zu testen. Dabei verlassen wir uns auf die Tatsache, dass ein *Tic Tac Toe*-Spielbrett quadratisch ist:

```
————————————————————— TicTacToe.java —————————————————————
56    private boolean checkDiagonal1(byte p) {
57        for (byte r=0;r<rows;r++) {
58            if (b[r][r]!=p) break;
59            if (r==rows-1) return true;
60        }
61        return false;
62    }
```

Ebenso lässt sich die zweite Diagonale des Spielbrettes testen:

```
————————————————————— TicTacToe.java —————————————————————
63    private boolean checkDiagonal2(byte p) {
64        for (byte r=0;r<rows;r++) {
65            if (b[r][rows-r-1]!=p) break;
66            if (r==rows-1) return true;
67        }
68        return false;
69    }
```

9.3.6 Spielstatus evaluieren

Um für eine Spielsituation besonders günstige Spielzüge zu ermitteln, ist die Methode `evalState` vorgesehen. Im Falle von *Tic Tac Toe* kann diese Methode naiv implementiert werden. Ein Spielzustand in dem der Spieler gewinnt wird hoch bewertet, ein Spielzustand in dem der gegnerische Spieler gewinnt wird niedrig bewertet, alle anderen Zustände werden neutral bewertet:

```
————————————————————— TicTacToe.java —————————————————————
70    public int evalState(byte p) {
71        if (wins())
72            return
73                (lastPlayer()==p)?Integer.MAX_VALUE:-Integer.MAX_VALUE;
74        return 0;
75    }
```

Soweit die Klasse `TicTacToe` die erste Implementierung eines konkreten Spiels:

```
————————————————————— TicTacToe.java —————————————————————
76    }
```

9.4 Visualisierung regulärer Brettspiele

Die Klasse `TicTacToe` repräsentiert die Spielregeln des Spiels. In ihr ist beschrieben, was für Züge gültig sind, wie die Züge sich auf den Spielzustand auswirken und wann ein Spieler gewonnen hat. Um überhaupt ein Spiel spielen zu können, bedarf es einer Visualisierung des Spieles und einer Interaktion mit dem Benutzer. Aus dem ersten Teil dieses Buches haben wir schon recht umfangreiche Kenntnisse zur Programmierung graphischer Anwendungen mit der Swing Bibliothek von Java.

Alle regulären Spiele haben die gleiche Art der Visualisierung. Es ist ein rechteckiges Spielbrett zu zeichnen, auf dem die Spielsteine der beiden Spieler darzustellen sind. Daher können wir eine allgemeine Visualisierung regulärer Spiele implementieren und für *Tic Tac Toe* ebenso benutzen wie für *Vier Gewinnt* oder auch *Othello*.

Die Klasse `RegularBoard` visualisiert einen Spielzustand als ein `JPanel`-Objekt. Beginnen wir mit den Paket- und Importdeklarationen:

```
──────── RegularBoard.java ────────
1  package name.panitz.ludens.strategy;
2  import javax.swing.*;
3  import java.awt.*;
```

Die Klasse `RegularBoard` soll in der Lage sein, beliebige reguläre Spiele zu visualisieren. Die Klasse `RegularGame` ist generisch über die Art der Spielzüge. Insofern wird es notwendig sein, auch die Klasse `RegularBoard` über die Art der Spielzüge generisch zu halten.

Die obigen Überlegungen führen schließlich zu folgender Klassendeklaration:

```
──────── RegularBoard.java ────────
4  public class RegularBoard<M> extends JPanel{
```

Tatsächlich ist auch die Klasse `RegularBoard` generisch. Sie hat wieder eine Typvariable M für den noch zu konkretisierenden Typen der Spielzüge.

Die Klasse `RegularBoard` leitet von der Standard Swing-Klasse `JPanel` ab.

Die Visualisierungsklasse braucht natürlich ein Feld, in dem der anzuzeigende Spielzustand gespeichert ist:

```
──────── RegularBoard.java ────────
5    private RegularGame<M> game;
```

Dieses Feld wird im Konstruktor initialisiert:

```
──────── RegularBoard.java ────────
6    RegularBoard(RegularGame<M> g){game=g;}
```

Das Feld wird gekapselt, so dass nur über die entsprechenden Get- und Set-Methoden darauf zugegriffen werden kann. Wird ein neuer Spielzustand für die Visualisierung gesetzt, so bewirkt dieses auch, dass die Visualisierung neu gezeichnet wird:

```
──────────────── RegularBoard.java ────────────────
7   public void setGame(RegularGame<M> g){game=g;repaint();}
8   public RegularGame<M> getGame(){return game;}
```

Die Größe eines einzelnen Feldes auf dem Spielbrett sei in einem Feld der Klasse **RegularBoard** definiert:

```
──────────────── RegularBoard.java ────────────────
9   public int UNIT=50;
```

Damit ergibt sich die Gesamtgröße des Spielbrettes:

```
──────────────── RegularBoard.java ────────────────
10   @Override public Dimension getPreferredSize(){
11     return new Dimension(game.getColumns()*UNIT
12                         ,game.getRows()*UNIT);
13   }
```

Zum Zeichnen des Spielbrettes werden schließlich verschiedenfarbige Kreise auf der Spielfläche für die beiden Spieler positioniert. Hierzu wird in gewohnter Weise die Methode **paintComponent** überschrieben. In dieser wird durch alle Felder des Spielbretts iteriert und im Falle, dass dort ein Spielstein liegt, dieser durch einen farbigen Kreis visualisiert:

```
──────────────── RegularBoard.java ────────────────
14   @Override public void paintComponent(Graphics g){
15     super.paintComponent(g);
16     for (byte c=0;c<game.getColumns();c++)
17       for (byte r=0;r<game.getRows();r++)
18         if (game.getAtPosition(c,r)!=game.getPlayerNone()){
19           g.setColor(selectColor(game.getAtPosition(c,r)));
20           g.fillOval(c*UNIT,r*UNIT,UNIT,UNIT);
21         }
22   }
```

In der Methode **paintComponent** wurde die Farbe zur Visualisierung der einzelnen Spieler gesetzt. Hierzu wurde folgende kleine Hilfsmethode benutzt:

```
──────────────── RegularBoard.java ────────────────
23   Color selectColor(byte player){
24     if (player==game.getPlayerOne()) return Color.YELLOW;
25     if (player==game.getPlayerTwo()) return Color.BLUE;
26     return Color.BLACK;
27   }
```

Soweit also die Klasse **RegularBoard**:

```
──────────────── RegularBoard.java ──────────────
28 }
```

Damit haben wir eine Klasse um reguläre Brettspiele zu visualisieren. **TicTacToe** stellt ein reguläres Brettspiel dar und lässt sich mit Hilfe der obigen Klasse visualisieren.

Ein kleines Testbeispiel soll uns hiervon überzeugen. Dazu wird ein *Tic Tac Toe* Spiel eröffnet:

```
──────────────── TestTicTacToeBoard.java ────────────────
1 package name.panitz.ludens.strategy;
2 import name.panitz.ludens.util.*;
3 import javax.swing.*;
4 class TestTicTacToeBoard {
5   public static void main(String[] args){
6     TicTacToe ttt=new TicTacToe();
```

Auf diesem Spiel werden ein paar Spielzüge ausgeführt:

```
──────────────── TestTicTacToeBoard.java ────────────────
7     ttt=ttt.doMove(new Pair<Byte,Byte>((byte)1,(byte)1));
8     ttt=ttt.doMove(new Pair<Byte,Byte>((byte)0,(byte)0));
9     ttt=ttt.doMove(new Pair<Byte,Byte>((byte)2,(byte)0));
```

Dann wird für das Spiel ein Visualisierungsobjekt erzeugt:

```
──────────────── TestTicTacToeBoard.java ────────────────
10    RegularBoard<Pair<Byte,Byte>> board
11        = new RegularBoard<Pair<Byte,Byte>>(ttt);
```

Und diese Komponente lässt sich in gewohnter Weise in einem Fenster darstellen:

```
──────────────── TestTicTacToeBoard.java ────────────────
12    ShowInFrame.show("Tic Tac Toe",board);
13  }
14 }
```

Und schon lässt sich ein Spielstatus graphisch darstellen. Abbildung 9.1 zeigt die zugegeben einfache Visualisierung des Spielzustands.

Aufgabe 31 Schreiben Sie eine eigene Visualisierung für reguläre Spiele, die mit Hilfe von Bilddateien optisch ansprechender ist.

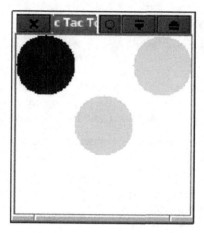

Abbildung 9.1: Visualisierung des Spiels *Tic Tac Toe*

9.5 Steuerung regulärer Brettspiele

Um ein Spiel spielen zu können, bedarf es einer Interaktion zwischen Benutzer und Programm. In den regulären Brettspielen, die wir betrachten wollen, besteht ein Zug aus dem Setzen eines Spielsteins auf ein bestimmtes Feld des Spielbretts. Hierzu bietet sich an, wieder eine allgemeine Klasse zu schreiben, in der über Mausinteraktion das Feld angezeigt wird, auf das der nächste Spielstein gesetzt werden soll.

Zunächst werden die gängigen Paketangaben benötigt:

```
──────────────── RegularControl.java ────────────────
1 package name.panitz.ludens.strategy;
2 import javax.swing.*;
3 import java.awt.event.*;
```

Die Klassendeklaration beginnt ganz genauso wie schon für die Klasse `RegularBoard`:

```
──────────────── RegularControl.java ────────────────
4 public class RegularControl<M> extends JPanel{
```

Intern wird in einem Feld gespeichert, welches Visualisierungsobjekt eine Steuerung über die Maus erhalten soll:

```
──────────────── RegularControl.java ────────────────
5   RegularBoard<M> board;
```

Ein Konstruktor initialisiert dieses Feld und fügt es als GUI-Komponente hinzu:

```
      ─────────────────── RegularControl.java ───────────────────
6 │   RegularControl(RegularBoard<M> b){
7 │      this.board=b;
8 │      add(this.board);
```

Die Steuerung wird über die Maus bewerkstelligt. Sobald die Maustaste gedrückt wird,
werden die Mauskoordinaten genommen, um die Position im Spielfeld zu errechnen.
Anschließend wird eine Methode benutzt, die mit diesen Daten weiterarbeitet:

```
      ─────────────────── RegularControl.java ───────────────────
9  │      board.addMouseListener(new MouseAdapter(){
10 │         @Override public void mousePressed(MouseEvent ev){
11 │            byte c = (byte)(ev.getPoint().getX()/board.UNIT);
12 │            byte r = (byte)(ev.getPoint().getY()/board.UNIT);
13 │            whenMousePressed(c,r);
14 │         }
15 │      });
16 │   }
```

Ein zweiter Konstruktor sieht vor, dass nur eine Spiellogik ohne ein Visualisierungsobjekt übergeben wird. In diesem Fall wird als Standardvisualisierung ein Objekt der
Klasse **RegularBoard** erzeugt:

```
      ─────────────────── RegularControl.java ───────────────────
17 │   RegularControl(RegularGame<M> game){
18 │      this(new RegularBoard<M>(game));
19 │   }
```

Die entsprechenden Koordinaten des Spielfeldes, auf das die Maus beim Drücken
zeigte, werden benutzt, um einen Spielzug durchzuführen. Der so neu entstandene
Spielzug wird in der Visualisierung gesetzt.

Allerdings wird nur auf leere Felder gesetzt und nur wenn das Spiel noch nicht beendet
ist:

```
      ─────────────────── RegularControl.java ───────────────────
20 │   public void whenMousePressed(byte c,byte r){
21 │      if (board.getGame().ended()) return;
22 │      if (board.getGame().getAtPosition(c,r)
23 │         != board.getGame().getPlayerNone()) return;
```

Nur wenn die beiden obigen Fälle nicht eingetroffen sind, wird tatsächlich ein Spielstein gesetzt:

```
      ─────────────────── RegularControl.java ───────────────────
24 │      board.setGame(board.getGame().setAtPosition(c,r));
25 │   }
```

Tatsächlich haben wir hier auf eine Prüfung, ob es sich dabei um einen legalen Zug des Spiels handelt, verzichtet. Diese Aufgabe sollte im besten Fall die konkrete Spielklasse übernehmen und bei ungültigen Zügen in der Methode `setAtPosition` den Zug ignorieren.

Ein weiteres Konzept wäre, dass die Methode `setAtPosition` beim Versuch illegale Züge auszuführen ein bestimmtes Ausnahmeobjekt wirft. Dann wäre in der Methode `whenMousePressed` für diese Ausnahme ein Sonderbehandlung vorzunehmen, z.B. in Form eines Dialogs, der geöffnet wird, um über den nach den Regeln illegalen Zug zu informieren.

Auf derartige Prüfungen sei im Zuge dieses Kapitels verzichtet und es als Anregung dem Leser überlassen.

Soweit die Klasse zur Maussteuerung regulärer Spiele:

```
──────────────── RegularControl.java ───────────────
26  }
```

Abschließend, um endlich ein Strategiespiel spielen zu können, sei die Klasse `RegularControl` benutzt, um *Tic Tac Toe* zu spielen. Hierzu sei eine spezielle Unterklasse definiert:

```
──────────────── TicTacToeControl.java ───────────────
1  package name.panitz.ludens.strategy;
2  import name.panitz.ludens.util.*;
3  import javax.swing.*;
4  class TicTacToeControl
5          extends RegularControl<Pair<Byte,Byte>>{
6
7    TicTacToeControl(TicTacToe ttt){super(ttt);}
8    TicTacToeControl(){this(new TicTacToe());}
```

Ein Objekt dieser Klasse kann in gewohnter Weise in einem Fenster dargestellt werden:

```
──────────────── TicTacToeControl.java ───────────────
9    public static void main(String[] args){
10     ShowInFrame.show("TicTacToe",new TicTacToeControl());
11   }
12 }
```

Nun haben wir ein erstes Programm, um *Tic Tac Toe* zu spielen. Per Mausklick wird der Spielstein gesetzt. Bevor Sie das Buch weiter durcharbeiten, suchen Sie sich einen Spielpartner und spielen eine kleine Partie.

9.6 In diesem Kapitel eingeführte Javaeigenschaften

Im letzten Kapitel wurde tiefer in die generische Programmierung eingestiegen. Generische Schnittstellen, Klassen sowie abstrakte Klassen wurden vorgestellt.

Die Standardschnittstelle `Cloneable` wurde in ihrer Handhabung der Methode `clone` vorgestellt. Insbesondere der Unterschied zwischen flachen und tiefen Kopien ist dabei berücksichtigt worden.

Kapitel 10

Spielagenten

Am Ende des letzten Kapitels hatte vielleicht nicht jeder Leser einen Partner zur Hand gegen den er hätte eine Partie *Tic Tac Toe* spielen können. Diesen Lesern soll geholfen werden, indem eine Klasse entwickelt wird, die einen eigenständigen Spieler darstellt. In der künstlichen Intelligenz (KI) wird hierbei von einem Agenten gesprochen. Es soll im Folgenden eine KI für Spiele entwickelt werden, so dass wir in der Lage sind, gegen diese KI zu spielen.

Hierzu muss die KI in der Lage sein, einen der möglichen Züge als den besten auszuwählen und schließlich auszuführen. Auch hier benutzen wir die Fähigkeit von Java, über generische Schnittstellen sehr abstrakt und allgemein bestimmte Eigenschaften auszudrücken und schreiben eine generische Schnittstelle für die künstliche Intelligenz von Spielen. Auch hierbei wird die Art der Spielzüge wieder generisch gehalten:

```
―――――――――――――― GameAI.java ――――――――――
1  package name.panitz.ludens.strategy;
2  import name.panitz.ludens.util.Pair;
3  import java.util.List;
4  public interface GameAI<M>{
```

Diese Schnittstelle soll eine Methode bereithalten, die den neuen Spielzustand nach Ausführen des vermeintlich besten Zuges darstellt:

```
―――――――――――――― GameAI.java ――――――――――
5    Game<M> doBestMove(Game<M> g);
```

Eine zweite Methode dieser Schnittstelle soll nur den vermeintlich besten Spielzug errechnen und zurückgeben:

```
―――――――――――――― GameAI.java ――――――――――
6    M bestMove(Game<M> g);
7  }
```

10.1 Spielbäume

Die Spiele dieses Kapitels charakterisieren sich dadurch, dass abwechselnd zwei Spieler jeweils endlich viele Spielzüge zur Auswahl haben. Damit hat jeder Spielzustand endlich viele Nachfolgezustände. Sämtliche Spielverläufe eines Spiels stellen damit eine Baumstruktur dar. An der Wurzel dieses Baums steht der Startzustand des Spiels, in der Regel ein leeres Spielbrett. Die Kinder eines Baumknotens sind die nachfolgenden Spielzustände, die durch einen nach den Spielregeln legalen Zug entstehen. Die Blätter des Baums sind solche Spielzustände, in denen das Spiel beendet ist. Ein Pfad durch diesen Baum von der Wurzel zu einem Blatt stellt einen bestimmten Spielverlauf dar.

Abbildung 10.1 zeigt einen Ausschnitt des kompletten Spielbaums von *Tic Tac Toe*. Die maximale Tiefe dieses Baumes ist neun, da es neun Felder gibt, die durch einen Spielstein belegt werden können. Spätestens nach 9 Spielzügen ist das Spiel beendet. Manche Pfade zu Blättern sind jedoch kürzer. Dieses ist der Fall, wenn ein Spieler drei seiner Steine in eine Reihe gebracht hat. Dieses kann bereits nach fünf Spielzügen der Fall sein. Dann setzt zum ersten Mal ein Spieler seinen dritten Spielstein und kann potenziell schon gewinnen.

Der Wurzelknoten hat neun Kinder, da die erste Spielperson neun freie Felder hat, auf die sie ihren Spielstein setzen kann.

Die gute Nachricht ist, dass wir im Prinzip den Spielbaum für die Spiele bereits implementiert haben. Durch die Methode `moves` lassen sich alle erlaubten Spielzüge ermitteln und die Methode `doMove` kann für einen Spielzug den nachfolgenden Spielzustand erzeugen.

10.2 Min-Max Suche

Mit dem Wissen über Spielbäume lässt sich ein nahe liegender Algorithmus für einen KI-Agenten entwickeln, der sich für einen der möglichen Züge entscheidet. Hierzu ist der Spielbaum zu betrachten, sprich alle Spielverläufe vom aktuellen Spielzustand aus werden betrachtet. Das ist natürlich für halbwegs interessante Spiele nicht komplett möglich. Deshalb beschränkt man sich darauf, die Spielverläufe nur für eine bestimmte Anzahl von Spielzügen nachzuverfolgen. Die Länge n der Spielverläufe, die verfolgt werden, wird als Suchtiefe bezeichnet.

Nun wird verfolgt, wie die unterschiedlichen Spielzustände nach n Zügen aussehen. Diese Spielzustände werden bewertet. Für diese Bewertung haben wir bereits die Methode `evalState` in der Schnittstelle `Game` vorgesehen. Jetzt werden alle Knoten oberhalb der Spielzustände der Ebene n auf Grund der Bewertung ihrer Nachfolgezustände bewertet. Dabei kommt es jetzt darauf an, für welchen Spieler die Bewertung des Spielbaums vorgenommen wird.

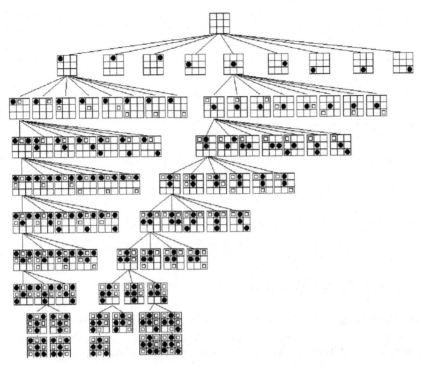

Abbildung 10.1: Ausschnitt des Spielbaums von *Tic Tac Toe*

- Wenn der Spieler, für den die Bewertung vorgenommen wird, am Zug war, um die Kinder des Spielbaums zu erzeugen, so hat dieser Spieler es in der Hand, den für ihn besten Zug auszuwählen. Deshalb kann er die Bewertung des besten Kindes als Bewertung seiner Spielsituation annehmen. Er wählt also das Maximum der Bewertungen seiner Kinder.

- Handelt es sich allerdings um einen Zug des gegnerischen Spielers, so ist davon auszugehen, dass dieser Spieler den Zug vornimmt, der uns am meisten schadet. Deshalb nehmen wir das Schlechtestmögliche an, und bewerten unsere Spielsituation mit der schlechtesten Bewertung der Kinder. Es wird also das Minimum gewählt.

Abwechselnd wird in den Ebenen des Baumes also der minimale und der maximale Wert der Kinder vom Elternknoten übernommen. Daher wird dieses Verfahren als Min-Max-Suche bezeichnet.

Abbildung 10.2 verdeutlicht dieses an einem Beispiel. Es ist ein Baum dargestellt. Der Baum hat eine maximale Suchtiefe von 4. Der Baum soll bewertet werden für den Spieler 1. Hierzu werden die Blätter des Baumes für Spieler 1 bewertet mit der

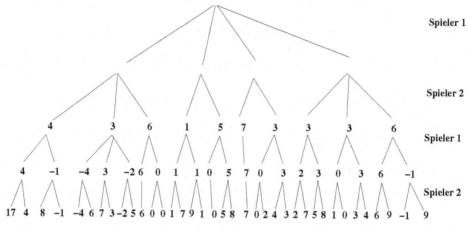

Abbildung 10.2: Ein Beispiel für einen Min-Max-Baum

Methode `evalState` für Spieler 1. Dieses sind die Bewertungen der Blätter mit den Werten 17, 4, 8, -1....

Nun kann der Baum von unten nach oben die Bewertungen jeweils an die Eltern weiter reichen. Der vierte Zug war vom gegnerischen Spieler 2. Daher erhalten die Elternknoten der Blätter das Minimum der Bewertungen der Kinder. Es kommt auf der dritten Ebene des Baumes zu den Bewertung: 4, -1, -4,....

Eine Ebene weiter oben wird, da hier der Baum einen Zug des eigenen Spielers repräsentiert, jeweils das Maximum der Bewertungen der Kinderknoten gewählt. Also 4, 3, 6, 1....

Aufgabe 32 Vervollständigen Sie die oberen zwei Ebenen in der Abbildung 10.2 mit den Bewertungen der Knoten. Welcher der vier Züge, die an der Wurzel möglich sind, stellt sich als der beste Zug heraus?

10.2.1 Algorithmus

Da es sich bei Bäumen um eine klassische rekursive Struktur handelt, lässt sich das Min-Max-Verfahren relativ elegant als rekursiver Algorithmus formulieren. Hierbei ist die Suchtiefe der Parameter, der sich bei jedem rekursiven Aufruf um eins verringert. Die Rekursion terminiert bei einer Suchtiefe von 0.

Algorithmus: *Bewerte Knoten mit Min-Max-Verfahren*:

- Ist die Suchtiefe 0 oder handelt es sich um einen Knoten, der ein Spielende darstellt, so benutze die Evaluierungsfunktion des Spielzustandes für deinen eigenen Spieler, um den Knoten zu bewerten.

- Ist die Suchtiefe noch größer 0, so betrachte alle Kinder und bewerte diese mit diesem Algorithmus, wobei die Suchtiefe um eins verringert wurde.

  - Ist der eigene Spieler am Zug, wähle das Maximum der Bewertungen der Kindknoten.

  - Ist der gegnerische Spieler am Zug, wähle das Minimum der Bewertungen der Kindknoten

10.2.2 Implementierung

Schließlich können wir den obigen Algorithmus relativ direkt in Java umsetzen.

Auch diesen Algorithmus werden wir in eine Klasse kapseln. Das ist zunächst nicht unbedingt notwendig, weil es sich um eine klassische Funktion zu handeln scheint. Eingabeparameter sind der Spielzustand, der zu bewertende Spieler und die Suchtiefe. Ausgabe ist der beste Zug. Es klingt so, als wäre es ausreichend, eine einfache statische Methode zu schreiben, die drei Parameter hat.

Wir haben aber bereits die Schnittstelle GameAI vorgesehen. Wir werden eine Klasse schreiben, die das Min-Max-Verfahren realisiert und die Schnittstelle GameAI implementiert. Der Vorteil liegt darin, dass es so möglich ist, über allgemeine KI Agenten zu sprechen und verschiedene konkrete Agenten an andere Objekte zu übergeben.

So sei die entsprechende Klasse mit den notwendigen Paketinformationen deklariert:

```
                    ———————— MinMaxGame.java ————————
1  package name.panitz.ludens.strategy;
```

Die Klasse MinMaxGame ist, wie wir es ja nun langsam gewohnt sind, generisch über die Art der Spielzüge gehalten. Sie implementiert die Schnittstelle GameAI:

```
                    ———————— MinMaxGame.java ————————
2  public class MinMaxGame<M> implements GameAI<M>{
```

Entscheidend ist die Suchtiefe. Ist diese zu hoch gewählt, wird der Algorithmus zu lange rechnen, um an das Ergebnis zu gelangen, ist sie zu niedrig gewählt, so schaut der Agent nicht genügend Züge voraus und kann kaum erkennen, welche Spielzüge langfristig vorteilhaft sind. Für die Suchtiefe sei eine Methode geschrieben, die standardmäßig einen bestimmten Wert zurückgibt. Für konkrete Spiele kann so eine Unterklasse von MinMaxGame entwickelt werden, in der die Suchtiefe auf das entsprechende Spiel abgestimmt ist:

```
                    ———————— MinMaxGame.java ————————
3    int getDepth(){return 12;}
4    int evalNextState(Game<M> g,byte player,int depth){
5      return minmax(g,player,depth);
6    }
```

Es folgt das Herzstück, die eigentliche Methode für das Min-Max-Verfahren: Sie berechnet die Bewertung, die ein Spielzustand mit dem Min-Max-Verfahren für einen bestimmten Spieler erhält, wenn bis in eine bestimmte Tiefe gesucht wird:

```
──────────────────────── MinMaxGame.java ────────────────────────
 7     int minmax(Game<M> g,byte player,int depth){
```

Der Algorithmus terminiert, wenn der Spielzustand ein Endzustand ist, oder aber wenn die Suchtiefe 0 ist. In diesen beiden Fällen ist kein Zug mehr auszuführen und der Spielzustand wird mit der Evaluierungsmethode des Spiels bewertet:

```
──────────────────────── MinMaxGame.java ────────────────────────
 8       if (depth==0 || g.ended())
 9         return g.evalState(player);
```

Ansonsten kommt es sehr darauf an, ob der Algorithmus sich auf der Maximierungsebene oder auf der Minimierungsebene befindet. Dieses hängt davon ab, ob der Spieler, der am Zug ist, der Spieler ist, für den ein guter Zug errechnet werden soll oder nicht. Diese Information sei in einer lokalen Variablen festgehalten:

```
──────────────────────── MinMaxGame.java ────────────────────────
10       final boolean isMax=g.currentPlayer()==player;
```

Entsprechend wird der initiale Wert für das Ergebnis auf die tiefstmögliche bzw. höchstmögliche Bewertung gesetzt:

```
──────────────────────── MinMaxGame.java ────────────────────────
11       int resultVal
12         = isMax?-Integer.MAX_VALUE:Integer.MAX_VALUE;
```

Jetzt sind alle möglichen Züge zu betrachten:

```
──────────────────────── MinMaxGame.java ────────────────────────
13       for (M m:g.moves()){
```

Jeder dieser Züge ist einmal versuchsweise auszuführen. Dabei wird ein Kindknoten des Spielknotens erzeugt:

```
──────────────────────── MinMaxGame.java ────────────────────────
14         final Game<M> child= g.doMove(m);
```

Für den daraus resultierenden Kind-Spielzustand ist das Min-Max-Verfahren rekursiv mit der verringerten Suchtiefe durchzuführen:

```
──────────────────────── MinMaxGame.java ────────────────────────
15         final int nextVal=minmax(child,player,depth-1);
```

Jetzt kommt es darauf an, ob es sich um die Minimierungs- oder Maximierungsebene handelt. Ist es die Maximierungsebene und der für den Zustand gefundene Wert ist größer als der bisher beste Wert, so wird der Zug mit dem besseren Wert gewählt. Handelt es sich um die Minimierungsebene, so wird jeweils der schlechtere Zug gewählt:

```
─────────────── MinMaxGame.java ───────────────
16        if (  ( isMax && nextVal>=resultVal)
17            ||(!isMax && nextVal<=resultVal)){
18          resultVal=nextVal;
19        }
20      }
```

Schließlich am Ende der Schleife, die über alle möglichen Züge iteriert, wird das Ergebnis zurückgegeben:

```
─────────────── MinMaxGame.java ───────────────
21      return resultVal;
22    }
```

Es bleibt, die eigentliche Methode aus der zu implementierenden Schnittstelle umzusetzen, die den besten Zug ausführt. Zur Durchführung des besten Zugs wird mit dem Min-Max-Algorithmus der beste Zug für den aktuellen Spieler mit der Standardtiefe berechnet und auf dem Spielzustand ausgeführt:

```
─────────────── MinMaxGame.java ───────────────
23  public Game<M> doBestMove(Game<M> g) {
24      return g.doMove(bestMove(g));
25  }
```

Da der Min-Max-Algorithmus in unserer Umsetzung nur die Bewertung eines einzelnen Spielzustands berechnet, müssen wir noch einmal von Hand alle Kindknoten erzeugen und deren Bewertungen über den Min-Max-Algorithmus berechnen. Schließlich sind die Kindknoten mit der maximalen Bewertung als das Ergebnis des durchgeführten Zugs zurückzugeben:

```
─────────────── MinMaxGame.java ───────────────
26  public M bestMove(Game<M> g){return bestMove(g,getDepth());}
27
28    public M bestMove(Game<M> g,int depth){
29      final byte player = g.currentPlayer();
30      int val = Integer.MIN_VALUE;
31      M result=null;
32      for (M m:g.moves()) {
33        final Game<M> s = g.doMove(m);
34        final int eval = evalNextState(s,player,depth-1);
35        if (eval>val) {val=eval;result=m; }
36      }
```

```
37      return result;
38    }
```

Und damit ist die Klasse `MinMaxGame`, unser erster KI Agent vollendet:

```
────────────── MinMaxGame.java ──────────────
39 }
```

10.2.3   Ein Min-Max-Agent für Tic Tac Toe

Im ganzen letzten Abschnitt haben wir uns keinerlei Gedanken über ein spezifisches Spiel gemacht. Und tatsächlich, die gefundene Lösung ist für jedes 2-Spieler Strategie-spiel anwendbar. Bisher haben wir nur das einfache *Tic Tac Toe* implementiert. Der Min-Max-Agent kann für *Tic Tac Toe* eingesetzt werden. Ein einfacher Weg hierzu ist, eine Unterklasse von `TicTacToeControl` zu schreiben, in der auf Mausklick hin der KI-Agent einen Zug durchführt.

Es sei die Unterklasse von `TicTacToeControl` definiert:

```
────────────── MinMaxTicTacToeControl.java ──────────────
1 package name.panitz.ludens.strategy;
2 import javax.swing.*;
3 import name.panitz.ludens.util.Pair;
4
5 class MinMaxTicTacToeControl extends TicTacToeControl{
```

Die eigentliche KI für das Spiel wird in einem eigenen Feld gespeichert und mit dem Min-Max-Agenten initialisiert:

```
────────────── MinMaxTicTacToeControl.java ──────────────
6   GameAI<Pair<Byte,Byte>> ai
7     = new MinMaxGame<Pair<Byte,Byte>>();
```

Der Konstruktor initialisiert weiterhin das Spiel. Hierzu reicht es aus, den Superkon-struktor aufzurufen:

```
────────────── MinMaxTicTacToeControl.java ──────────────
8   MinMaxTicTacToeControl(TicTacToe g){super(g);}
```

Der Standardkonstruktor erzeugt ein neues Spiel:

```
────────────── MinMaxTicTacToeControl.java ──────────────
9   MinMaxTicTacToeControl(){this(new TicTacToe());}
```

Überschrieben wird die Methode, die ausgeführt wird, wenn ein Mausklick erfolgt. Nun werden die Koordinaten des Mausklicks ignoriert und der KI-Agent benutzt, um einen Zug auszuführen:

```
                    ── MinMaxTicTacToeControl.java ──
10   @Override public void whenMousePressed(byte c,byte r){
11     if (board.getGame().ended()) return;
12     board.setGame(
13       (TicTacToe)ai.doBestMove(board.getGame())
14     );
15   }
```

In einer Hauptmethode kann diese Version des *Tic Tac Toe* in einem Fenster gestartet werden:

```
                    ── MinMaxTicTacToeControl.java ──
16   public static void main(String[] args){
17     JFrame f=new JFrame("TicTacToe");
18     f.add(new MinMaxTicTacToeControl());
19     f.pack();f.setVisible(true);
20   }
21  }
```

Aufgabe 33 Wir haben zwei *Tic Tac Toe*-Applikationen entwickelt: eine, in der zwei Spieler über Mauseingabe gegeneinander spielen können, eine, in der ein Mausklick einen automatischen Spielagenten ziehen lässt. Schreiben Sie jetzt eine *Tic Tac Toe*-Applikation, in der ein menschlicher Spieler gegen einen KI-Agenten spielen kann.

10.3 Alpha-Beta Suche

So schön allgemein das Min-Max-Verfahren im letzten Abschnitt auch ist und so gut es auch für das einfache *Tic Tac Toe* funktioniert, so ist es doch für komplexere Spiele ungeeignet. Das liegt daran, dass es sich dabei um ein Hauruck-Verfahren[1] handelt. Dabei wird versucht bis zu einer bestimmten Tiefe den Spielbaum komplett aufzubauen und zu bewerten. Spielbäume explodieren jedoch schnell in ihrer Größe und sie explodieren so schnell in ihrer Größe, dass auch noch so schnelle Rechner überfordert sind, das Hauruck-Verfahren für eine gewisse Größe durchzuführen.

Für komplexe Spiele wie Schach oder Go müssen wir uns von der Vorstellung verabschieden, dass ein allgemeiner Algorithmus wie das Min-Max-Verfahren ohne Ausnutzung von speziellem Wissen über das konkrete Spiel einen spielstarken Agenten bilden kann. Für Spiele wie *Vier Gewinnt*, *Othello* oder *Mühle* ist dieses hingegen mit heutigen Rechnern vorstellbar.

Hierzu lässt sich das Min-Max-Verfahren optimieren. Bei der Betrachtung bestimmter Spielbäume und deren Bewertung über das Min-Max-Verfahren kann man feststellen,

---

[1] Im Englischen wird von *brute force* Verfahren gesprochen.

dass bestimmte Teilbäume gar nicht betrachtet werden müssen, um an der Wurzel den besten Zug zu finden. Das entsprechend optimierte Verfahren wird als Alpha-Beta-Suche bezeichnet.

Abbildung 10.3 zeigt eine Situation, in der ein ganzer Teilbaum zur Berechnung der Wurzelbewertung nach dem Min-Max-Verfahren nicht berücksichtigt zu werden braucht. Durch Bewertung des Teilbaums **A** hat das erste Kind der Wurzel die Bewertung 5 bekommen. Nun ist das zweite Kind der Wurzel zu bewerten. Im Zuge der Maximierung wird dann von beiden Kindern der größere Wert genommen. Zur Berechnung der Bewertung des zweiten Kindes wird minimiert. Im Zuge der Minimierung ist bereits als Zwischenergebnis die Bewertung 4 gefunden worden. Egal wie die Bewertung des Teilbaums **B** ausfällt, das zweite Kind wird mit einem Wert kleiner oder gleich 4 bewertet. Im Maximierungsprozess eine Ebene weiter höher wird dieser Wert dann nicht berücksichtigt, da er auf jeden Fall kleiner als 5 ist. Es kann also darauf verzichtet werden, den Teilbaum **B** zu betrachten. Dieses wird als Alpha-Beta-Schnitt bezeichnet.

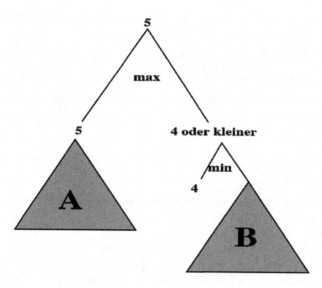

Abbildung 10.3: Beispiel für den Alpha-Beta Schnitt

Algorithmus: Alpha-Beta-Suche   Auf der Minimierungsebene gilt:

Bist du auf einer Minimierungsebene, so führe Buch darüber, was bei der darüber liegenden Maximierungsebene bereits für ein maximaler Wert gefunden wurde. Findest du einen kleineren Wert im Zuge der Minimierung als diesen bereits gefundenen bisherigen Maximalwert der darüber liegenden Maximierungsebene, so kann der Minimierungsprozess abgebrochen werden.

Ebenso ergeht es beim Maximieren:

> Bist du auf einer Maximierungsebene, so führe Buch darüber, was bei der darüber liegenden Minimierungsebene bereits für ein minimaler Wert gefunden wurde. Findest du einen größeren Wert im Zuge der Maximierung als diesen bereits gefundenen bisherigen Minimalwert der darüber liegenden Minimierungsebene, so kann der Maximierungsprozess abgebrochen werden.

Es ist also für diese Art der Optimierung notwendig, zusätzlich Informationen der darüber liegenden Ebene mitzugeben. Diese Information sind die bisher gefundenen Maxima und Minima der darüber liegenden Ebenen. Diese Information wird klassischerweise in Variablen *alpha* und *beta* übergeben, woher dieses optimierte Verfahren seinen Namen hat.

Betrachtet man die Spielbäume genauer, so stellt man fest, dass diese Optimierung nicht nur auf zwei benachbarte Ebenen bezogen durchgeführt wird, sondern global über den gesamten Baum. Es lässt sich also global in der Variablen *alpha* der bisher beste Wert in der Maximierung und in der Variablen *beta* der bisher schlechteste Wert in der Minimierung betrachten.

Die obigen Beschreibungen des Algorithmus jeweils für die Minimierungsebenen und für die Maximierungseben sind sehr ähnlich. Sie unterscheiden sich nur darin, dass jeweils *Min* und *Max* vertauscht sind, und darin, dass *größer* und *kleiner* vertauscht sind. Mit einem simplen aber raffinierten Trick lassen sich die beiden Fälle zusammenfassen. Von Ebene zu Ebene werden die Variablen *alpha* und *beta* vertauscht und negiert.

Mit diesem Trick lässt sich so agieren als sei man immer auf der Maximierungsebene. Im Wert *beta* steht das bisherige Minimum auf einer höher liegenden Minimierungsebene. Im Wert *alpha* ist der bisher beste Maximierungswert gespeichert. Wird im Zuge dieser angenommenen Maximierung ein Wert gefunden, der höher ist als *beta*, so kann die Maximierung abgebrochen werden; die darüber liegende Minimierungsebene wird den Maximalwert weg minimieren.

Für die rekursiven Aufrufe der nächsten Ebene werden nun *alpha* und *beta* vertauscht und negiert. Damit wird auf der nächsten Ebene ein Wert gesucht, der größer als das alte negierte *beta* ist. Unter Berücksichtigung der Negation bedeutet das aber kleiner als das bisherige unnegierte *beta*.

10.3.1 Implementierung

Es handelt sich um einen weiteren KI-Agenten für Strategiespiele. Es bietet sich an eine Unterklasse des ersten KI-Agenten zu definieren:

```
───────────────────── AlphaBetaGame.java ─────────────────
1 package name.panitz.ludens.strategy;
2 public   class AlphaBetaGame<M> extends MinMaxGame<M>{
```

Es folgt die Implementierung des Alpha-Beta-Verfahrens. Es ist erstaunlicherweise in zehn Zeilen implementierbar. Allerdings sind dieses hochgradig mächtige Programmzeilen. Der Algorithmus erhält drei Parameter. Die Rekursionstiefe, die es noch abzusteigen gilt, der *alpha* Wert und der *beta* Wert. Die Rückgabe ist die Bewertung des Spielzustands:

```
───────────────────── AlphaBetaGame.java ─────────────────
3   int negaMax(Game<M> g,int tiefe, int alpha,  int beta){
```

Zunächst kümmern wir uns um die Abbruchbedingung. Wenn die Rekursionstiefe erreicht ist oder das Spiel beendet ist, dann wird die Bewertungsfunktion des Spiels benutzt:

```
───────────────────── AlphaBetaGame.java ─────────────────
4    if (tiefe==0||g.ended())
5       return g.evalState(g.currentPlayer());
```

Für jeden legalen Zug wird nun durch einen rekursiven Aufruf der resultierende Knoten bewertet. Dieses stellt einen Übergang von Maximierungs- zu Minimierungsebene oder umgekehrt da. Daher vertauschen und negieren wir die Grenzvariablen *alpha* und *beta*. Das Ergebnis ist die Bewertung des Nachfolgezustands für den anderen Spieler. Daher negieren wir auch dieses Ergebnis:

```
───────────────────── AlphaBetaGame.java ─────────────────
6    for (M i:g.moves()) {
7       final int wert
8         = -negaMax(g.doMove(i),tiefe-1,-beta,-alpha);
```

Es folgt der eigentliche Alpha-Beta-Schnitt. Ist der Wert höher als das *beta*, dann können wir die Maximierung abbrechen. Die darüber liegende Minimierung wird unseren Wert ignorieren. In dieser wurde mit *beta* ja bereits ein kleinerer Wert gefunden:

```
───────────────────── AlphaBetaGame.java ─────────────────
9     if (wert >= beta) return beta;
```

Ansonsten übernehmen wir im Zuge der Maximierung, den errechneten Wert, falls dieser größer als das bisherige Maximum ist:

```
———————————— AlphaBetaGame.java ————————————
10        if (wert > alpha) alpha = wert;
11      } // end of for
```

Wird die Schleife nicht vorzeitig über den Alpha-Beta-Schnitt verlassen, so stellt das *alpha* den Wert der Bewertung für den Knoten dar:

```
———————————— AlphaBetaGame.java ————————————
12      return alpha;
13    }
```

Um zu entscheiden, welcher der möglichen Züge der beste ist, wird jeder Kindzug von Hand bewertet und das Maximum gewählt:

```
———————————— AlphaBetaGame.java ————————————
14    @Override public M bestMove(Game<M> g,int depth){
15      int val = -Integer.MAX_VALUE;
16      M result = null;
17      for (M m:g.moves()) {
18        final Game<M> s = g.doMove(m);
19        final int eval
20          = -negaMax(s,depth,-Integer.MAX_VALUE,-val);
21        if (eval>val) {val=eval;result=m;}
22        else if(result==null) result=m;
23      }
24      return result;
25    }
26  }
```

10.3.2   TicTacToe mit Alpha-Beta-Verfahren

Jetzt können wir den neuen KI-Agenten *Tic Tac Toe* spielen lassen. Hierzu kann eine Unterklasse von `MinMaxTicTacToeControl` definiert werden, die statt der Klasse `MinMaxGame` eine Instanz der Klasse `AlphaBetaGame` für die KI im Konstruktor instanziiert:

```
———————————— AlphaBetaTicTacToeControl.java ————————————
1  package name.panitz.ludens.strategy;
2  import javax.swing.*;
3  import name.panitz.ludens.util.Pair;
4
5  class AlphaBetaTicTacToeControl
6                    extends MinMaxTicTacToeControl{
7    AlphaBetaTicTacToeControl(TicTacToe g){
8      super(g);
9      ai = new AlphaBetaGame<Pair<Byte,Byte>>();
```

```
10   }
11   AlphaBetaTicTacToeControl(){this(new TicTacToe());}
```

Auch diese Version soll über eine Hauptmethode in einem Fester startbar sein:

```
                        ———— AlphaBetaTicTacToeControl.java ————
12   public static void main(String[] args){
13     JFrame f=new JFrame("TicTacToe");
14     f.add(new AlphaBetaTicTacToeControl());
15     f.pack();f.setVisible(true);
16   }
17 }
```

10.3.3 Profiling

Hat sich die Arbeit wirklich gelohnt? Ist das Alpha-Beta-Verfahren wirklich in der Lage, viele Teile des Spielbaums nicht mehr betrachten zu müssen? Auf heutigen Rechnern lässt sich kaum ein Unterschied in der Laufzeit der zwei *Tic Tac Toe* Agenten feststellen. War das Alpha-Beta-Verfahren tatsächlich schneller als das Min-Max-Verfahren? Das sollten wir am Besten einmal messen. Eine solche Messung lässt sich natürlich selbst programmieren. Es kann eine statische Variable vorgesehen werden, die bei jeder Erzeugung eines Objekts der Klasse `TicTacToe` um eins erhöht wird. Den Wert dieser Variablen könnten wir zum Programmende ausgeben.

Aber wer will schon aus Neugier über den Programmverlauf seinen Code verändern und in statischen Variablen Buch über den Ablauf des Programms führen. Zum Glück brauchen wir das auch nicht selbst zu machen. Hierzu kennen Programmiersprachen so genannte Lauftzeitprofile. Und auch Java bietet an, Laufzeitprofile zu erstellen. Hierzu hat die virtuelle Maschine besondere Parameter, die beim Start eines Javaprogramms mit angegeben werden können, um die Maschine dazu aufzufordern, bestimmte Laufzeitprofile zu erstellen. Der entsprechende Parameter heißt `-Xrunhprof`.

Starten wir einmal das Programm `MinMaxTicTacToeControl` mit dem entsprechenden Parameter zum Erstellen eines Laufzeitprofils, lassen den ersten Spielzug berechnen und brechen dann das Programm ab:

```
sep@pc305-3:~/fh/ludens/student> java -Xrunhprof -cp classes/\
 name/panitz/ludens/strategy/MinMaxTicTacToeControl
Dumping Java heap ... allocation sites ... done.
sep@pc305-3:~/fh/ludens/student>
```

Nach Beendigung des Programms hat die virtuelle Maschine eine Datei Namens `java.hprof.txt` generiert. In dieser finden sich Profilinformationen über den Programmdurchlauf. Die Datei ist zwar eine Textdatei und somit in jedem Texteditor einsehbar, jedoch enthält die Datei viele schwer zu interpretierende Daten. Wir interessieren uns für die Anzahl der angelegten TicTacToe-Objekte. Die Anzahl der angelegten Objekte bestimmter Klassen sind am Ende der Datei java.hprof.txt aufgelistet. Am besten öffnet man die Datei und sucht nach den Wörtern SITES BEGIN, denn so startet der entsprechende Abschnitt in der Profildatei.

Für unseren Durchlauf des MinMax-Programms findet sich hier folgender Eintrag.

```
SITES BEGIN (ordered by live bytes) Thu Aug  9 10:38:26 2007
          percent            live         alloc'ed  stack class
 rank   self  accum      bytes objs      bytes   objs trace name
    1  9,32%  9,32%     225072 3927     225072   3927 300000 char[]
    2  6,80% 16,12%     164016 6834   13198680 549945 304931 java.util
                                                              .LinkedList$Entry
    3  6,76% 22,88%     163152 6798   13198704 549946 304933 byte[][]
    4  5,02% 27,90%     121120 3785    9433312 294791 304275 java.util
                                                              .LinkedList$ListItr
    5  4,51% 32,41%     108944 6809    8797824 549864 304939 name.panitz.ludens
                                                              .util.Pair
    6  4,51% 36,92%     108768 6798    8799136 549946 304932 name.panitz.ludens
                                                              .strategy.TicTacToe
    7  4,51% 41,42%     108768 6798    8799136 549946 304934 byte[]
    8  4,51% 45,93%     108768 6798    8799136 549946 304935 byte[]
    9  4,51% 50,44%     108768 6798    8799136 549946 304936 byte[]
   10  3,92% 54,35%      94544 3925      94544   3925 300000 java.lang.String
   11  3,77% 58,12%      91008 3792    7075128 294797 302576 java.util.LinkedList
   12  3,76% 61,88%      90792 3783    7074648 294777 304937 java.util
                                                              .LinkedList$Entry
   13  1,43% 63,32%      34536  203      34536    203 300000 byte[]
   14  0,64% 63,96%      15472  194      15472    194 300340 char[]
   15  0,52% 64,48%      12544  311      12544    311 300000 java.lang.Object[]
   16  0,44% 64,92%      10680  445      10704    446 303113 java.util
                                                              .Hashtable$Entry
   17  0,39% 65,31%       9504  198       9504    198 302256 sun.java2d.loops.Blit
   18  0,38% 65,70%       9240    1       9240      1 304231 int[]
   19  0,36% 66,06%       8784   48       8784     48 300868 char[]
   20  0,35% 66,41%       8376  349      15144    631 300753 java.util.HashMap$Entry
```

Interessant ist dabei Zeile 6, in der aufgeführt ist, wieviel Objekte der Klasse TicTacToe erzeugt wurden. Die zunächst entscheidende Spalte ist die vorletzte mit dem Wert 549946. Während des Programmdurchlaufs wurden absolut 549946 Objekte der Klasse TicTacToe erzeugt. Die letzte Zeile gibt die Nummer des Stacktrace an, durch den diese Objekte erzeugt wurden. Suchen wir in der Datei nach dieser Nummer, so lässt sich folgender Stacktrace finden:

```
TRACE 304932:
name.panitz.ludens.strategy.TicTacToe.<init>(TicTacToe.java:5)
name.panitz.ludens.strategy.TicTacToe.clone(TicTacToe.java:61)
name.panitz.ludens.strategy.TicTacToe.doMove(TicTacToe.java:69)
name.panitz.ludens.strategy.TicTacToe.doMove(TicTacToe.java:5)
```

Dieses ist keine überraschende Tatsache für uns. Die 549946 `TicTacToe`-Objekte wurden erzeugt durch Aufrufe der Methode `doMove`, die über die Methode `clone` jeweils die neuen Objekte erzeugt hat.

Jetzt führen wir einmal dasselbe für den ersten Spielzug in `TicTacToe` mit der Alpha-Beta-Suche durch. Die so erhaltene Profildatei weist folgende Einträge auf.

```
SITES BEGIN (ordered by live bytes) Thu Aug  9 10:38:52 2007
          percent          live        alloc'ed  stack class
 rank   self  accum     bytes objs    bytes  objs trace name
    1  9,47%  9,47%    266640 11110   687672 28653 304931 java.util
                                                          .LinkedList$Entry
    2  7,99% 17,46%    224960 3926    224960  3926 300000 char[]
    3  7,18% 24,64%    202104 8421    500760 20865 304933 byte[][]
    4  6,30% 30,94%    177360 11085   457152 28572 304939 name.panitz.ludens
                                                          .util.Pair
    5  5,64% 36,58%    158816 4963    397632 12426 304276 java.util
                                                          .LinkedList$ListItr
    6  4,79% 41,36%    134736 8421    333840 20865 304932 name.panitz.ludens
                                                          .strategy.TicTacToe
    7  4,79% 46,15%    134736 8421    333840 20865 304934 byte[]
    8  4,79% 50,93%    134736 8421    333840 20865 304935 byte[]
    9  4,79% 55,72%    134736 8421    333840 20865 304936 byte[]
   10  4,23% 59,95%    119232 4968    298368 12432 302575 java.util.LinkedList
   11  4,23% 64,18%    119040 4960    297888 12412 304937 java.util
                                                          .LinkedList$Entry
   12  3,36% 67,54%     94520 3924     94520  3924 300000 java.lang.String
```

Wie wieder der Zeile sechs zu entnehmen ist, wurden nun nur noch 20865 Objekte der Klasse `TicTacToe` erzeugt. Dieses ist nur noch ein Bruchteil der Spielzustände, die mit dem Min-Max-Verfahren erzeugt werden müssen. Beide Verfahren berechnen dabei das gleiche Ergebnis.

10.3.4 Einfluss der Zugreihenfolge

Es stellt sich heraus, dass der Alpha-Beta-Algorithmus in bestimmten Situationen mit wesentlich weniger Aufwand sein Ergebnis berechnet als der Min-Max-Algorithmus. Beide Algorithmen berechnen dabei immer das gleiche Ergebnis. Ein genauer Blick auf den Alpha-Beta-Algorithmus zeigt, dass es sehr davon abhängt, in welcher Reihenfolge die möglichen Züge betrachtet werden, ob ein Alpha-Beta-Schnitt durchgeführt werden kann. Wenn auf der Maximierungsebene die guten Züge zuerst bewertet werden, so ist eher damit zu rechnen, dass auf der nächsten Minimierungsebene schneller erkannt wird, dass hier schon kein besseres Ergebnis mehr zu erzielen ist. Deshalb lohnt es sich, die Methode `moves` so zu implementieren, dass nach einfachen Erfahrungen und Heuristiken wahrscheinlich bessere Züge weiter vorne in der Ergebnisliste stehen. Beim Spiel *Vier Gewinnt* könnten dieses z.B. Züge in der Mitte des Spielbretts sein, die zumeist besser sind als Züge am Rand des Spielbretts.

10.4 In diesem Kapitel eingeführte Javaeigenschaften

In diesem Kapitel wurden weniger neue Javatechniken eingeführt, sondern Algorithmen aus der KI vorgestellt. So wurde zunächst der Min-Max-Algorithmus vorgestellt und implementiert zum Berechnen optimaler Züge in einem Spielbaum. Dieser wurde in seiner optimierten Form als Alpha-Beta-Algorithmus verfeinert.

Als weitere Technik der Programmiersprache Java wurde wurde das Profiling eines Programmablaufs mit Hilfe der Option -Xrunhprof exemplarisch durchgeführt.

Kapitel 11

Weitere Spiele

In den vorherigen Abschnitten wurde sehr viel Sorgfalt darauf verwandt, Spielagenten zu entwickeln, die für die unterschiedlichsten Spiele benutzt werden können. Nun ist es an der Zeit, den Beweis anzutreten, dass die entwickelten Lösungen tatsächlich diese Allgemeingültigkeit besitzen. So sollen in diesem Abschnitt weitere Spiele entwickelt werden. Sofern es sich um reguläre Spiele handelt, kann die Visualisierung für reguläre Spiele benutzt werden. Damit sind weder Spielagent noch Benutzerschnittstelle neu zu entwickeln.

11.1 Vier gewinnt

> viere seyen stille gestanden
> *William Shakespeare, König Johann*

Vier Gewinnt ist ein reguläres Spiel, das auf einem Spielbrett mit sieben Spalten und sechs Reihen gespielt wird. Die Spieler setzen die Spielsteine durch Angabe der Spalte, in die der Stein gesetzt werden soll. Die Reihe, in der der Stein landet, ist die Reihe mit dem kleinsten Index, so dass auf dem entsprechenden Feld noch kein Stein sitzt.

So reicht es aus, als Spielzug eine einzelne Zahl, die Spaltennummer vorzusehen. Somit lässt sich *Vier Gewinnt* als reguläres Spiel mit dem konkreten Typ Byte für die Spielzüge modellieren.

11.1.1 Spielfeld und Spiellogik

Da es sich wiederum um ein reguläres Spiel handelt, kann viel Funktionalität von der abstrakten Spielklasse für reguläre Spiele geerbt werden:

```
—————————— Vier.java ——————————
1  package name.panitz.ludens.strategy;
2  import java.util.*;
3  class Vier extends AbstractRegularGame<Byte>{
```

Im Konstruktor werden über den Konstruktoraufruf der Oberklasse die Spalten- und Zeilenanzahl gesetzt:

```
—————————— Vier.java ——————————
4  Vier(){super((byte)7,(byte)6);}
```

Beim Setzen eines Steins auf eine bestimmte Position interessiert in diesem Fall nicht der Zeilenwert. Dieser wird über die erste freie Position in der gewählten Spalte bestimmt:

```
—————————— Vier.java ——————————
5  public Vier setAtPosition(byte column,byte row){
6    return doMove(column);
7  }
```

Eine interessante Beobachtung der Alpha-Beta-Suche ist, dass es sehr von der Reihenfolge der Züge, die getestet werden, abhängen kann, welche Teile des Spielbaums nicht mehr betrachtet werden müssen. Intuitiv nehmen wir an, dass Züge in den mittleren Spalten günstiger sind als Züge in weiter am Rand gelegenen Spalten. Die folgende kleine Reihung wird benutzt, um die Reihenfolge der Züge, in der der Spielbaum betrachtet wird, festzulegen:

```
—————————— Vier.java ——————————
8  final static byte[] possibleMoves = {3,2,4,1,5,0,6};
```

Beim ersten Zug und beim zweiten Zug, sofern der erste Spieler seinen Stein in die mittlere Spalte gesetzt hat, besteht eine symmetrische Spielsituation und es brauchen nur die ersten vier Spalten berücksichtigt werden:

```
—————————— Vier.java ——————————
9  final static byte[] startMoves = {3,2,1,0};
```

Zur Berechnung der erlaubten Züge in einem Spielzustand werden alle möglichen Züge darauf durchgetestet, ob in der entsprechende Spalte noch eine Zeile Platz hat. Diese Spalten werden zur Ergebnisliste hinzugefügt:

```
—————————— Vier.java ——————————
10  public List<Byte> moves(){
11    final List<Byte> result = new LinkedList<Byte>();
12    byte[] pms
13      =(movesDone==0|| (movesDone==1&&lastColumn==3))
14        ?startMoves:possibleMoves;
```

```
15
16      for (byte c:pms) if (b[c][rows-1]==NONE) result.add(c);
17
18      return result;
19    }
```

Wie auch schon im Falle des Spiels *Tic Tac Toe* wird ein bestimmter Spielzug aus-geführt, indem zunächst eine Kopie des Spielzustands erzeugt wird und anschließend auf dieser Kopie der neue Stein gesetzt wird. Im Falle von *Vier Gewinnt* ist hierzu die Zeile zu berechnen, in der der Spielstein landet. Dieses ist die erste freie Spalte:

```
──────────────── Vier.java ────────────────
20    public Vier doMove(Byte c){
21      Vier result = (Vier)this.clone();
22      for (byte r = 0;r<rows;r++){
23        if (result.b[c][r]==NONE){
24          result.b[c][r]=player;
25          result.player = nextPlayer();
26          result.lastColumn=c;
27          result.lastRow=r;
28          result.movesDone=movesDone+1;
29          break;
30        }
31      }
32      return result;
33    }
```

Es gibt keine weiteren Züge, wenn alle Felder des Spielbretts belegt sind. Dieses lässt sich über die Anzahl der bereits getätigten Züge erfragen:

```
──────────────── Vier.java ────────────────
34    public boolean noMoreMove(){
35      return movesDone==rows*columns;
36    }
```

11.1.2 Prüfung auf Gewinner

Es ist zu prüfen, ob ein Spieler gewonnen hat. Ein Spieler kann nur gewinnen, wenn er bereits vier Steine setzen konnte. In den ersten sechs Spielzügen also noch nicht. Ansonsten hat er gewonnen, wenn er mit seinem letzten Stein vertikal, horizontal oder auf einer der beiden diagonalen Linien vier Steine in einer Reihe hat:

```
──────────────── Vier.java ────────────────
37    public boolean wins(byte p){
38      if (movesDone<7)  return false;
39      if (b[lastColumn][lastRow]!=p) return false;
```

```
40      return    vertical(p)||horizontal(p)
41               ||diagonal1(p)||diagonal2(p);
42    }
```

Die vier Richtungen, in der auf vier Steine geprüft wird, werden durch eigene Hilfs-
methoden geprüft. Dabei wird immer von dem letzten Feld, auf den ein Stein gesetzt
wurde, ausgegangen, denn der letzte Zug war spielentscheidend. Dementsprechend
muss der letzte Zug in der Viererkette enthalten sein.

Bei der vertikalen Linie kann die Viererkette nur unterhalb des zuletzt gesetzten Steins
liegen:

```
——————————————————————— Vier.java ———————————————
43    private boolean vertical(byte p){
44      byte inRow = 1;
45      for (int cr=lastRow-1;cr>=0&&b[lastColumn][cr]==p;cr--)
46        inRow++;
47      return inRow>=4;
48    }
```

In der horizontalen Linie ist sowohl rechts als auch links neben dem zuletzt gesetzten
Stein nach weiteren Steinen des gleichen Spielers zu schauen:

```
——————————————————————— Vier.java ———————————————
49    private boolean horizontal(byte p){
50      byte inRow = 1;
51      for (int cc=lastColumn-1;cc>=0&&b[cc][lastRow]==p;cc--)
52        inRow++;
53      for (int cc=lastColumn+1
54                      ;cc<columns&&b[cc][lastRow]==p;cc++)
55        inRow++;
56      return inRow>=4;
57    }
```

Die beiden diagonalen Ebenen sind ebenfalls in beide Richtungen zu durchstreifen:

```
——————————————————————— Vier.java ———————————————
58    private boolean diagonal1(byte p){
59      byte inRow = 1;
60      byte cc=(byte)(lastColumn-1);
61      byte cr=(byte)(lastRow-1);
62      while (cc>=0&&cr>=0&&b[cc][cr]==p){
63        inRow++;cc--;cr--;
64      }
65      cc=(byte)(lastColumn+1);
66      cr=(byte)(lastRow+1);
67      while (cc<columns&&cr<rows&&b[cc][cr]==p){
68        inRow++;cc++;cr++;
```

```
69  │    }
70  │    return  inRow>=4;
71  │  }
```

Noch einmal dasselbe für die zweite Diagonale:

```
──────────────────────────── Vier.java ────────
72  │  private boolean diagonal2(byte p) {
73  │    byte inRow = 1;
74  │    byte cc=(byte)(lastColumn-1);
75  │    byte cr=(byte)(lastRow+1);
76  │    while (cc>=0&&cr<rows&&b[cc][cr]==p) {
77  │      inRow++;cc--;cr++;
78  │    }
79  │    cc=(byte)(lastColumn+1);
80  │    cr=(byte)(lastRow-1);
81  │    while (cc<columns&&cr>=0&&b[cc][cr]==p) {
82  │      inRow++;cc++;cr--;
83  │    }
84  │    return inRow>=4;
85  │  }
```

11.1.3 Spielzustand bewerten

Es fehlt noch die eigentliche spielspezifische Bewertung der Spielsituationen zu implementieren. Hierzu ist in der Schnittstelle Game die Methode evalState vorgesehen. Im Spiel *Tic Tac Toe* ließ sich diese Methode denkbar einfach implementieren: Nur Spielzustände, in denen ein Spieler gewonnen hat, wurden nicht mit der neutralen Bewertung 0 evaluiert.

In *Vier Gewinnt* können nicht nur Gewinnzustände evaluiert werden. Hierzu sind diese viel zu selten und vor allen Dingen in der Anfangsphase des Spiels viel zu weit in der Tiefe zu finden. Die meistens Gewinnzustände sind tiefer als die Suchtiefe zu finden. So wird eine spezielle Bewertung für die Spielzustände benötigt, die im Suchbaum auf der Ebene der Suchtiefe zu finden sind, aber in denen kein Spieler gewonnen hat.

Die Methode evalState schaut zunächst, ob ein Spieler gewonnen hat. Im negativen Fall wird eine eigene Bewertungsmethode aufgerufen:

```
──────────────────────────── Vier.java ────────
86  │  public int evalState(byte player) {
87  │    return
88  │      wins()
89  │        ?((lastPlayer()==player)
90  │          ?Integer.MAX_VALUE:-Integer.MAX_VALUE)
91  │        :state(player)-10*state(otherPlayer(player));
92  │  }
```

Die eigentliche Bewertung der Blätter in der Suchtiefe ist der Methode **state** auferlegt worden. Diese sollte eine möglichst gute Bewertung des Spielzustandes vornehmen und dieses auch möglichst effizient durchführen. Immerhin wird es unter Umständen mehrere Millionen Blätter geben, die bewertet werden müssen. Es handelt sich um eine Methode, bei der es sich lohnt, möglichst optimiert zu programmieren. Allerdings, je besser die Methode **state** in der Lage ist den Spielzustand zu bewerten, um so geringer kann die Suchtiefe eingestellt werden.

Im Falle von *Vier Gewinnt* werden hierzu alle potentiellen Viererketten betrachtet. Auf diesen Ketten von vier Feldern, werden die Werte, mit denen die Felder markiert sind, aufsummiert. Die Summe wird schließlich für den Spieler bewertet. Wenn die Summe ein Dreifaches der Spielerkonstante ist, bedeutet dieses, dass genau drei Steine des Spielers in dieser Reihe sind und das vierte Feld unbelegt ist. Wenn die Summe das Zweifache der Spielerkonstante ist, liegen auf der entsprechenden Viererkette genau zwei Steine des Spielers. Beides sind potentielle Situationen, in denen der Spieler diese Viererkette noch vollständig für sich gewinnen kann. Der erste Fall bekommt den Wert 100 der zweite den Wert 10:

```
─────────────── Vier.java ───────────────
93   int ps(byte player,int rV){
94      return (rV==3*player)?100:((rV==2*player)?10:0);
95   }
```

Die eigentliche Evaluationsfunktion betrachtet nun alle Viererketten des Spielfelds. Dieses soll mit möglichst wenig Aufwand durchgeführt werden. Die Abbildung 11.1 veranschaulicht das geplante Vorgehen. Es wird über das obere Viereck der Spalten 0 bis 3 und Zeilen 0 bis 2 iteriert. Von diesen 12 Feldern gehen jeweils drei Viererketten aus. Die waagrechten, die senkrechten und die fallenden Diagonalen. Diese sind im ersten Teil der Abbildung 11.1 angedeutet:

```
─────────────── Vier.java ───────────────
96    int state(byte p){
97       int   result=0;
98       for   (int c=0;c<columns-3;c++){
99        for   (int r =0;r<rows-3;r++){
100       result =   result
101         +ps(p,b[c]  [r]+b[c]   [r+1]+b[c]  [r+2]+b[c]   [r+3])
102         +ps(p,b[c]  [r]+b[c+1][r+1]+b[c+2][r+2]+b[c+3][r+3])
103         +ps(p,b[c]  [r]+b[c+1][r]  +b[c+2][r]  +b[c+3][r]);
```

Dann sind zusätzlich die senkrechten Viererketten für die Spalten größer 3 zu betrachten. Diese sind im zweiten Teil der Abbildung 11.1 angedeutet:

```
─────────────── Vier.java ───────────────
104       final int c2 = columns-1-c;
105       if (c2>3) result = result
106         +ps(p,b[c2][r]+b[c2] [r+1]+b[c2] [r+2]+b[c2] [r+3]);
```

Es fehlen noch die aufsteigenden Diagonalen und die Waagrechten für die Spalten größer 2. Diese sind im letzten Teil der Abbildung 11.1 angedeutet:

```
——————————————————— Vier.java ———————————————————
107        final int s = rows-1-r;
108        result=result
109        +ps(p,b[c][s]+b[c+1][s]  +b[c+2][s]  +b[c+3][s])
110        +ps(p,b[c][s]+b[c+1][s-1]+b[c+2][s-2]+b[c+3][s-3]);
111      }
112    }
113    return result;
114  }
```

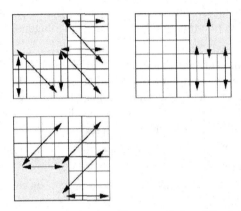

Abbildung 11.1: Erfassen aller möglichen Viererketten.

Die Klasse Vier ist damit ausimplementiert:

```
——————————————————— Vier.java ———————————————————
115 }
```

Jetzt können die Werkzeuge, das GUI, die Steuerung und die KI, die bereits für alle regulären Spiele entwickelt wurden, für das Spiel *Vier Gewinnt* benutzt werden.

11.1.4 Spiel-GUI

Zunächst können wir einmal das einfache GUI mit Benutzerinteraktion per Maus für die Klasse Vier verwenden. Hierzu kann die Klasse RegularControl mit einem Startzustand des Spiels *Vier Gewinnt* instanziiert werden:

```
——————————————————— VierControl.java ———————————————————
1 package name.panitz.ludens.strategy;
2 import javax.swing.*;
3
```

```
 4  class VierControl extends RegularControl<Byte>{
 5    VierControl(Vier v){super(v);}
 6    VierControl(){this(new Vier());}
 7
 8    public static void main(String[] args){
 9      JFrame f=new JFrame("Vier Gewinnt");
10      f.add(new RegularControl<Byte>(new Vier()));
11      f.pack();
12      f.setVisible(true);
13    }
14  }
```

Viel spannender ist natürlich, nun gegen den Alpha-Beta-Agenten für das Spiel *Vier Gewinnt* zu spielen. Hierzu kann eine Unterklasse der obigen GUI-Klasse geschrieben werden.

Entscheidend ist es, eine vernünftige Suchtiefe zu definieren. Ist die Suchtiefe nur um eine Ebene zu hoch, so können wir ewig auf den Spielzug der KI warten, ist sie zu klein, so ist der KI-Agent ein zu schlechter Spieler. Deshalb wird in einer Unterklasse von `AlphaBetaGame` die Methode `getDepth` überschrieben. Dieses lässt sich in einer inneren Klasse innerhalb der neuen Klasse `AlphaBetaVierControl` definieren.

Es haben sich folgende Werte für die Suchtiefe in Abhängigkeit vom Spielfortschritt als recht angemessen erwiesen:

```
                      ──── AlphaBetaVierControl.java ────
 1  package name.panitz.ludens.strategy;
 2  import javax.swing.*;
 3  import java.awt.event.*;
 4  class AlphaBetaVierControl extends VierControl{
 5    GameAI<Byte> ai = new AlphaBetaGame<Byte>(){
 6      @Override int getDepth(){
 7        final Vier v=(Vier)board.getGame();
 8        if (v.movesDone<12) return 10;
 9        if (v.movesDone<22) return 12;
10        return 14;
11      }
12    };
```

Es soll gegen den KI-Agenten gespielt werden. So wird abwechselnd beim Mausklick die KI angestoßen einen weiteren Zug durchzuführen und der manuelle Spielzug durchgeführt:

```
                      ──── AlphaBetaVierControl.java ────
13    AlphaBetaVierControl(Vier g){super(g);}
14    AlphaBetaVierControl(){this(new Vier());}
15
16    @Override public void whenMousePressed(byte c,byte r){
```

```
17    if (board.getGame().ended()) return;
18    if (board.getGame().currentPlayer()
19                ==board.getGame().getPlayerTwo()){
20      super.whenMousePressed(c,r);
21    }else board.setGame((Vier)ai.doBestMove(board.getGame()));
22  }
```

Wird dieses Spiel gestartet, können wir nun gegen den KI-Agenten spielen.

```
——————————— AlphaBetaVierControl.java ———————————
23  public static void main(String[] args){
24    JFrame f=new JFrame("Vier");
25    f.add(new AlphaBetaVierControl());
26    f.pack();f.setVisible(true);
27  }
28 }
```

Es bleibt dem Leser überlassen, zu testen, ob er einen adäquaten Gegner gefunden hat.

Aufgabe 34 Um den Programmcode in diesem Buch kurz zu halten, ist das *Vier Gewinnt* Spiel sehr rudimentär gestaltet. Verschönern Sie das Programm, indem Sie ein ansprechenderes GUI und eine bequemere Benutzerinteraktion schreiben.

11.2 Othello

> Ich will höchst schlau jetzt den Geduldigen spielen;
>
> *William Shakespeare, Othello*

Nachdem soviel Sorgfalt darauf verwandt wurde, möglichst allgemeine Lösungen für Strategiespiele zu entwerfen, und da es auch auf Dauer recht langweilig werden kann, immer dasselbe Spiel zu spielen, soll in diesem Abschnitt ein weiteres reguläres Spiel entwickelt werden. Allerdings werden große Teile der Implementierung dem Leser überlassen.

Das Spiel, um das es sich handelt, ist *Othello*, auch unter den Namen *Reversi* bekannt. Dabei handelt es sich um ein Spiel, das auf einem Brett von 8*8 Feldern gespielt wird. Die Spieler setzen abwechselnd ihre Spielsteine. Es dürfen nur Steine gesetzt werden, so dass eine geschlossene Reihe gegnerischer Steine auf einer Linie zwischen dem gesetzten Stein und einem weiteren eigenen Stein liegen. Dann werden alle diese gegnerischen Steine durch eigene ausgetauscht. In der physikalischen Version des Spiels haben die Spielsteine zwei unterschiedliche Seiten, die jeweils mit der Farbe eines der Spieler eingefärbt sind. Das Austauschen der Steine wird dabei durch Umdrehen der Steine ausgeführt.

Damit besteht ein Zug aus zwei Schritten:

- dem Setzen des eigenen Steins.

- dem Umdrehen (Austauschen) aller mit dem gesetzten Stein eingeschlossenen gegnerischen Steine.

Es bietet sich an für die Spielzüge des Spiels *Othello* eine eigene Klasse zu definieren. Diese hat einmal die Koordinaten des gesetzten eigenen Steins als Paar und des Weiteren die Koordinaten aller umzudrehenden gegnerischen Steine als Liste von Paaren gespeichert:

```
————————————————— OthelloMove.java ——————————————————
1  package name.panitz.ludens.strategy;
2  import java.util.List;
3  import name.panitz.ludens.util.Pair;
4  class OthelloMove{
5    Pair<Byte,Byte> mv;
6    List<Pair<Byte,Byte>> turn;
7    OthelloMove(Pair<Byte,Byte> mv,List<Pair<Byte,Byte>> tu){
8      this.mv=mv;
9      this.turn=tu;
10   }
11 }
```

Laut den Spielregeln von *Othello* setzt ein Spieler aus, wenn er keinen Stein setzen kann, so dass ein gegnerischer Stein umgedreht werden kann. Auch dieses ist in gewisser Weise ein Zug, für den eine weitere Klasse vorgesehen werden kann:

```
————————————————————— NoMove.java ———————————————————
1  package name.panitz.ludens.strategy;
2  class NoMove extends OthelloMove{
3    NoMove(){super(null,null);}
4  }
```

Das Spiel *Othello* ist nun als ein reguläres Spiel mit Spielzügen der Klasse `OthelloMove` zu implementieren:

```
————————————————————— Othello.java ——————————————————
1  package name.panitz.ludens.strategy;
2  import java.util.*;
3  import name.panitz.ludens.util.Pair;
4
5  class Othello extends AbstractRegularGame<OthelloMove>{
```

Im Konstruktor wird die Startstellung, in der bereits vier Steine in der Mitte des Spielfelds liegen, hergestellt:

```
                        ──── Othello.java ────
 6   Othello(){
 7     super((byte)8,(byte)8);
 8     b[3][3]=getPlayerOne();
 9     b[4][4]=getPlayerOne();
10     b[3][4]=getPlayerTwo();
11     b[4][3]=getPlayerTwo();
12     movesDone=4;
13   }
```

Es gibt erst keine Spielzüge mehr, wenn alle Felder belegt sind:

```
                        ──── Othello.java ────
14   public boolean noMoreMove(){return movesDone==64;}
```

Ein Spieler hat gewonnen, wenn alle Felder belegt sind und der Spieler mehr als die Hälfte der Felder mit seinen Spielsteinen besetzt hält:

```
                        ──── Othello.java ────
15   public boolean wins(byte player){
16     return noMoreMove()&&evalState(player)>32;}
```

Das Spiel kann nicht vorzeitig beendet werden, sondern ist erst beendet, wenn alle Felder belegt sind:

```
                        ──── Othello.java ────
17   public boolean ended(){ return noMoreMove();}
```

Anders als beim Spiel *Vier Gewinnt* wird dieses Mal ein Spielzustand sehr einfach evaluiert. Dabei wird lediglich durchgezählt, wieviele Steine der entsprechende Spieler bereits auf dem Spielfeld hat:

```
                        ──── Othello.java ────
18   public int evalState(byte player){
19     int result=0;
20     for (byte trs=0;trs<columns;trs++)
21      for (byte pos=0;pos<rows;pos++)
22       if(b[trs][pos]==player) result=result+1;;
23     return result;
24   }
```

Das Spiel *Othello* ist komplex in der Berechnung der gegnerischen Spielsteine, die umzudrehen sind, wenn der Spieler einen bestimmten Stein setzt. Hierzu sei eine eigene Methode vorgesehen, die als Argument die Koordinaten eines Spielfelds erhält und für dieses Feld die Liste aller Felder, die umgedreht werden können, wenn auf dieses Spielfeld gesetzt wird:

```
 ———————————————— Othello.java ————————————————
25   List<Pair<Byte,Byte>> toTurn(Pair<Byte,Byte> m){
26      final List<Pair<Byte,Byte>> result
27         = new LinkedList<Pair<Byte,Byte>>();
```

Aufgabe 35 Implementieren Sie die Methode `toTurn`, so dass in der Liste `result` alle Feldkoordinaten gesammelt sind für Felder, die nach den Spielregeln von *Othello* umgedreht werden können.

```
 ———————————————— Othello.java ————————————————
28      return result;
29   }
```

Sofern die Methode `toTurn` korrekt implementiert wurde, lassen sich die übrigen Methoden recht schnell umsetzen. Soll ein Stein auf ein Feld gesetzt werden, so sind für diesen die umzudrehenden Steine zu berechnen und mit diesen ein `OthelloMove`-Objekt zu erzeugen. Dieser Zug ist dann auszuführen:

```
 ———————————————— Othello.java ————————————————
30   public Othello doMove(Pair<Byte,Byte> m){
31      if (b[m.fst][m.snd]==NONE){
32         final List<Pair<Byte,Byte>> turn = toTurn(m);
33         if (!turn.isEmpty())
34            return doMove(new OthelloMove(m,turn));
35      }
36      return this;
37   }
```

Mit der geerbten Methode `clone` wird ein Zug wieder in der gewohnten Weise, wie schon bei **Vier Gewinnt** und *Tic Tac Toe* gesehen, ausgeführt. Es sind allerdings die Züge der Klasse `NoMove` vorher auszunehmen. Ansonsten ist für einen Zug auf der Kopie des Spielzustands der Spielstein zu setzen und die eingeschlossenen gegnerischen Steine umzudrehen:

```
 ———————————————— Othello.java ————————————————
38   public Othello doMove(OthelloMove om){
39      final Pair<Byte,Byte> m = om.mv;
40      final Othello result= (Othello)clone();
41      result.player=nextPlayer();
42      if (om instanceof NoMove) return result;
43
44      result.b[m.fst][m.snd]=player;
45      for (Pair<Byte,Byte>t:om.turn)
46         result.b[t.fst][t.snd]=player;
47
48      result.movesDone=this.movesDone+1;
```

```
49      return result;
50    }
```

Wird ein Stein auf einer Position gesetzt, ist der entsprechende Zug durchzuführen:

```
───────────────────────── Othello.java ─────────────────────────
51    public Othello setAtPosition(byte column,byte row){
52      return doMove(new Pair<Byte,Byte>(column,row));
53    }
```

Die Liste der möglichen Züge lässt sich berechnen, indem für jede freie Position auf dem Spielbrett geschaut wird, ob beim Setzen auf diese Position gegnerische Steine eingeschlossen werden. Ist dieses der Fall, so wurde ein legaler Zug gefunden. Der Zug wird der Ergebnisliste zugefügt.

Ist am Ende die Ergebnisliste noch immer leer, so wird ein Objekt der Klasse NoMove dieser zugefügt:

```
───────────────────────── Othello.java ─────────────────────────
54    public List<OthelloMove> moves(){
55      final List<OthelloMove> result
56        = new LinkedList<OthelloMove>();
57      for (byte trs=0;trs<columns;trs++)
58        for (byte pos=0;pos<rows;pos++){
59          final Pair<Byte,Byte> m
60            = new Pair<Byte,Byte>(trs,pos);
61          if (b[trs][pos]==NONE){
62            final List<Pair<Byte,Byte>> turn = toTurn(m);
63            if (!turn.isEmpty())
64              result.add(new OthelloMove(m,turn));
65          }
66        }
67      if (result.isEmpty()) result.add(new NoMove());
68      return result;
69    }
70  }
```

Aufgabe 36 Schreiben Sie jetzt eine Applikation, die die Alpha-Beta-Suche als KI für das Spiel *Othello* verwendet. Experimentieren Sie dabei mit unterschiedlichen Suchtiefen, so dass Sie einen Spielagenten bekommen, der relativ spielstark ist und in erträglich langer Zeit seine Spielzüge berechnen kann.

Die Abbildung 11.2 zeigt eine studentische Arbeit, die ein komplettes Othello-Spiel realisiert.

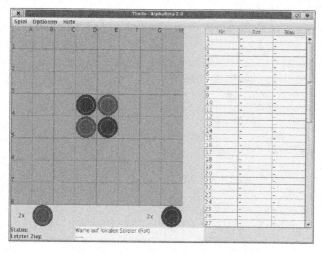

Abbildung 11.2: Jan Gampe: Othello.

Kapitel 12

Vier Gewinnt Turnier

Ein Reiz von Strategiespielen für zwei Personen besteht darin, gegeneinander zu spielen, um sich gegenseitig im Wettstreit zu messen. Ebenso reizvoll ist es, zwei Agenten für ein bestimmtes Spiel gegeneinander antreten zu lassen und ihre Spielstärke zu messen. In diesem Kapitel soll ein einfacher Rahmen geschaffen werden, um Agenten für das Spiel *Vier Gewinnt* gegeneinander in einem Turnier antreten zu lassen.

12.1 Spielerschnittstelle

Die Programme, die gegeneinander spielen sollen, wissen wenig voneinander. Im wahrscheinlichsten Fall wissen sie sogar gar nichts voneinander. Um halbwegs gegeneinander spielen zu können, sollten sie sich allerdings auf eine kleine gemeinsame Schnittstelle geeinigt haben, die sie implementieren. Diese Schnittstelle benötigt nur zwei Methoden:

- eine, die den Spieler auffordert, seinen nächsten Zug zu machen, und diesen Zug als Rückgabe bekannt zu geben.

- eine, die einen Zug als Parameter übergeben bekommt, und den Spieler auffordert, diesen Zug als gegnerischen Zug durchzuführen.

Für das Spiel *Vier Gewinnt* definiert die folgende Schnittstelle diese beiden Methoden[1]:

---

[1] Diese Schnittstelle ist ursprünglich für eine Vorlesung an der Hochschule RheinMain entstanden. Zur Erlangung der Prüfungsleistung sollten die Studenten je einen KI-Agenten entwickeln. Die geschriebenen Programme traten schließlich gegeneinander in einem Turnier an und die Ergebnisse des Turniers wurden zur Notenfindung mit herangezogen.

```
──────────────── FourKI.java ────────────────
1 package name.panitz.ki;
2 public interface FourKI{
3   public int nextMove();
4   public void nextMove(int i);
5 }
```

Zur Beschreibung von Zügen wurde der primitive Typ `int` gewählt. Zahlen von 0 bis 6 drücken aus, dass ein Spielstein in die entsprechende Spalte geworfen wird. Die übrigen Werte sind ungültige Züge.

Der bisher geschriebene KI-Agent hat von dieser Schnittstelle nichts gewusst, kann aber so gekapselt werden, dass die Schnittstelle implementiert wird:

```
──────────── ConnectFourPlayer.java ────────────
1 package name.panitz.ludens.strategy;
2 public class ConnectFourPlayer implements name.panitz.ki.FourKI{
```

Der Spieler braucht dazu ein Spielfeld, auf dem er intern spielt:

```
──────────── ConnectFourPlayer.java ────────────
3   private Vier v = new Vier();
```

Des Weiteren braucht er einen KI-Agenten, der die eigenen Züge berechnet:

```
──────────── ConnectFourPlayer.java ────────────
4    AlphaBetaGame<Byte> ai = new AlphaBetaGame<Byte>(){
5      @Override int getDepth(){
6        if (v.movesDone<6)  return 8;
7        if (v.movesDone<8)  return 9;
8        if (v.movesDone<10) return 10;
9        if (v.movesDone<14) return 11;
10       if (v.movesDone<16) return 12;
11       if (v.movesDone<18) return 14;
12       return 30;
13     }
14   };
```

Wird der Spieler aufgefordert, einen eigenen Zug auszuführen, wird der Zug vom Agenten berechnet, auf dem internen Spielfeld ausgeführt und als Methodenrückgabe dieser Spielzug benutzt:

```
──────────── ConnectFourPlayer.java ────────────
15  public int nextMove(){
16    byte result= ai.bestMove(v);
17    v=v.doMove(result);
18    return result;
19  }
```

Wird der Spieler aufgefordert, einen vorgegebenen Spielzug auszuführen, so wird dieser
Spielzug auf dem internen Spielfeld gesetzt:

```
————————————— ConnectFourPlayer.java —————————————
20  public void nextMove(int i){v=v.doMove((byte)i);}
21  }
```

12.2 XML Turnierdatei

Im letzten Abschnitt haben wir einen Spieler für das Spiel *Vier Gewinnt* entwickelt.
Wir gehen jetzt davon aus, dass es eine Reihe weiterer Implementierungen der Schnittstelle FourKI gibt.[2] Diese Implementierungen sollen in einem Turnier gegeneinander
antreten. Dabei soll aber kein festes Programm geschrieben werden, in dem die Spieler, die gegeneinander antreten mit new instanziiert werden, sondern aus einer XML-
Datei sollen die Namen der Spielerklassen ausgelesen werden und dynamisch aus den
Klassennamen die Spielerobjekte erzeugt werden. Bevor wir betrachten, wie für einen
Klassennamen ein Objekt dynamisch erzeugt werden kann, betrachten wir zunächst
die grundlegenden Eigenschaften des XML Formats.

12.2.1 XML

XML ist eine Sprache, die es erlaubt Dokumente mit einer logischen Struktur zu beschreiben. Dokumente bestehen hierbei aus dem eigentlichen Dokumenttext und zusätzlich aus Markierungen dieses Textes. Die Markierungen sind in spitzen Klammern
eingeschlossen. Die XML-Sprache wird durch ein Industriekonsortium definiert, dem
W3C (http://www.w3c.org). Die aktuelle Empfehlung für XML liegt als Empfehlung in
der Version 1.1 vor [T. 04].

Die grundlegende Empfehlung des W3C legt fest, wann ein Dokument ein gültiges
XML-Dokument ist, die Syntax eines XML-Dokuments.

Jedes Dokument beginnt mit einer Anfangszeile, in der das Dokument angibt, dass es
ein XML-Dokument nach einer bestimmten Version der XML Empfehlung ist:

```
1  <?xml version="1.0"?>
```

Dieses ist die erste Zeile eines XML-Dokuments. Vor dieser Zeile darf kein Leerzeichen
stehen.

Der Hauptbestandteil eines XML-Dokuments sind die Elemente. Dieses sind mit einer
Notation aus spitzen Klammern um Teile des Dokuments gemachte Markierungen. Ein
Element hat einen *Tagnamen*, der ein beliebiges Wort ohne Leerzeichen sein kann.

---

[2]Aus der entsprechenden Vorlesung liegen eine ganze Reihe weiterer Implementierungen vor.

Für einen Tagnamen *name* beginnt ein Element mit `<name>` und endet mit `</name>`. Zwischen dieser Start- und Endmarkierung eines Elements können Text oder auch weitere Elemente stehen.

Es wird für ein XML-Dokument verlangt, dass es genau ein einziges oberstes Element hat.

Beispiel: Somit ist ein einfaches XML-Dokument ein solches Dokument, in dem der gesamte Text mit einem einzigen Element markiert ist:

```
1  <?xml version="1.0"?>
2  <myText>Dieses ist der Text des Dokuments. Er ist
3  mit genau einem Element markiert.
4  </myText>
```

Die wohl wichtigste Beschränkung für XML-Dokumente ist, dass sie eine hierarchische Struktur darstellen müssen. Zwei Elemente dürfen sich nicht überlappen. Ein Element darf erst wieder geschlossen werden, wenn alle nach ihm geöffneten Elemente wieder geschlossen wurden. Anders ausgedrückt: Es muss immer zunächst das zuletzt geöffnete Element wieder geschlossen werden.

Beispiel: Das folgende ist kein gültiges XML-Dokument. Das Element `<bf>` wird geschlossen bevor das später geöffnete Element `<em>` geschlossen wurde.

```
1  <?xml version="1.0"?>
2  <illegalDocument>
3    <bf>fette Schrift <em>kursiv und fett</bf>
4    nur noch kursiv</em>.
5  </illegalDocument>
```

Das Dokument wäre wie folgt als gültiges XML zu schreiben:

```
1  <?xml version="1.0"?>
2  <validDocument>
3    <bf>fette Schrift <em>kursiv und fett</em></bf>
4    <em>nur noch kursiv</em>.
5  </validDocument>
```

Dieses Dokument hat eine hierarchische Struktur.

Die hierarchische Struktur von XML-Dokumenten lässt sich sehr schön veranschaulichen, wenn man die Darstellung von XML-Dokumenten in einem gängigen Webbrowser betrachtet.

Elemente, die den eigentlichen Dokumententext markieren, sind die Hauptbestand-
teile von XML-Dokumenten. Weitere Bestandteile sind: Attribute, Kommentare und
Prozessanweisungen. Diese werden aber nicht weiter innerhalb dieses Buches betrachtet.

12.2.2 Beispielturnierdatei

Für das geplante *Vier Gewinnt* Turnier sollen die Teilnehmer in einer XML Datei beschrieben werden. Von einem Teilnehmer sollen der Name des Entwicklers des Agenten, eine Kurzbeschreibung des Spielagenten und der vollqualifizierte Name der Klasse,
die die Schnittstelle FourKI implementiert, in der XML-Datei beschrieben sein. Hierzu seien die Tagnamen author, description und class gewählt. Ein Spieler wird
durch ein Element player markiert und die Liste der Spieler für das Turnier durch
das Element players.

Die folgende XML-Datei beschreibt drei Spieler für ein Turnier:

```
                        ──── tournament.xml ────
 1  <?xml version="1.0" encoding="utf8" ?>
 2  <players>
 3    <player>
 4      <class>de.fhwiesbaden.mkast001.ki.connect4.Ki</class>
 5      <description>optimized agent using
 6        alpha-beta search</description>
 7      <author>Manuel Kasten</author>
 8    </player>
 9    <player>
10      <class>name.panitz.ludens.strategy.ConnectFourPlayer</class>
11      <description>agent using alpha-beta search</description>
12      <author>Sven Eric Panitz</author>
13    </player>
14    <player>
15      <class>de.fhwiesbaden.athei002tlehn001.win4.Adapter</class>
16      <description>agent using alpha-beta search</description>
17      <author>Thorsten Lehnhoff, André Theiss</author>
18    </player>
19  </players>
```

12.2.3 XML in Java

Prinzipiell gibt es drei logisch unterschiedliche Ansätze, um XML Dokumente mit den
Standard-APIs aus Java zu bearbeiten.

- Das *Document Object Model* (DOM): Hierbei wird das XML-Dokument als
  Baumstruktur im Speicher gehalten. Das Dokument ist ein Baum mit einem

Wurzelelement. Jeder Baumknoten kann nach seinen Kindern gefragt werden. Dieses sind weitere Baumknoten, die in einer listenartigen Struktur zusammengefasst sind.

- Das *Simple API for XML Parsing* (SAX): In diesem API wird nicht die Baumstruktur des XML-Dokuments betont, sondern die Tatsache, dass es sich um ein linear zu lesendes Textdokument mit Zusatzmarkierungen handelt. Der SAX-Parser kann dabei als Vorleser betrachtet werden, der das Dokument von Anfang bis Ende einmal vorliest. Über ein *Handler*-Objekt kann spezifiziert werden, was bei bestimmten Vorleseereignissen geschehen soll. In sofern ist die Programmierung mit SAX nicht unähnlich der Programmierung von Ereignissen in Swing GUIs.

- Das strombasierte API StAX: Auch in diesem API wird die lineare Textstruktur eines Dokuments betont und nicht die hierarchische Baumstruktur. Anders als in SAX ist der Parser hier kein Vorleser, der das Dokument einmal vorliest, sondern eher ein Iterator, der immer gefragt werden muss, wie es im Dokument weitergeht, was als Nächstes kommt. XML Komponenten wie der Start eines Elements, einfacher Text oder das Ende eines Elements sind Ereignisse, eines Iterators. Mit einer Methode `nextEvent` lässt sich das nächste Ereignis anfordern, um mit dessen Daten eine Programmlogik zu gestalten.

Im Folgenden soll mit allen drei APIs exemplarisch die obige XML-Turnierdatei gelesen werden. Das Ergebnis soll dann eine Liste von Turnierspielern sein. Hierzu ist zunächst eine Klasse zu schreiben, die einen Turnierspieler beschreibt.

Ein Turnierspieler habe einen Namen, eine Kurzbeschreibung und den eigentlichen Spieler, der die Schnittstelle `FourKI` implementiert. Für alle diese drei Felder seien **Get**- und **Set**-Methoden definiert:

```
_____ TournamentPlayer.java _____
 1  package name.panitz.ludens.strategy;
 2  import name.panitz.ki.FourKI;
 3
 4  public class TournamentPlayer {
 5    private String name;
 6    public void setName(String name){this.name = name;}
 7    public String getName(){return name;}
 8
 9    private String description;
10    public void setDescription(String description) {
11      this.description = description;}
12    public String getDescription(){return description;}
13
14    private FourKI player;
15    public void setPlayer(FourKI player){this.player = player;}
16    public FourKI getPlayer() {return player;}
```

Zusätzlich seien für einen Turnierspieler noch die im Turnier erreichten Punkte gespeichert. Auch hierfür sei ein Feld vorgesehen, das mit Get- und Set-Methoden gekapselt ist. Initial hat ein Turnierspieler null Punkte:

```
─────────────── TournamentPlayer.java ───────────────
17  private int points=0;
18  public void setPoints(int points){this.points = points;}
19  public int getPoints(){return points;}
```

Ein Standardkonstruktor sei ebenso vorgesehen, wie ein Konstruktor, der die drei Felder initialisiert:

```
─────────────── TournamentPlayer.java ───────────────
20  public TournamentPlayer() {}
21  public TournamentPlayer(String name,String d,FourKI player) {
22    this.name=name;
23    this.description=d;
24    this.player=player;
25  }
```

Java bietet ein hochinteressante Möglichkeit an, Objekte von Klassen zu erzeugen, ohne den **new**-Operator zu verwenden. Hierzu gibt es das so genannte *Reflection*-API. Dieses ermöglicht, während der Laufzeit für einen Klassennamen ein Objekt zu erzeugen, das die Eigenschaften der Klasse beschreibt. Hierzu gibt es die Standardklasse `java.lang.Class`. Ein Objekt dieser Klasse beschreibt eine Javaklasse. Es kann erfragt werden, was für Felder und Methoden diese Klasse hat oder auch, was sie für Konstruktoren hat, welche Schnittstellen sie implementiert oder auch welches ihre Oberklasse ist. Doch damit nicht genug. Es gibt auch die Möglichkeit, von der beschriebenen Klasse ein neues Objekt zu erzeugen. Dieses geht am einfachsten, wenn die Klasse einen Standardkonstruktor ohne Parameter hat. Hierzu gibt es in der Klasse `java.lang.Class` die Methode **newInstance**.

Insgesamt lässt sich für einen Klassennamen mit der Funktionalität der Klasse `java.lang.Class` mit folgenden Ausdruck ein Objekt dieser Klasse über einen Klassennamen erzeugen: `Class.forName(klassenName).newInstance()`. Allerdings kann dieses schief gehen und eine Ausnahme geworfen werden. Dann nämlich, wenn zur Laufzeit keine Klasse mit entsprechenden Namen im Klassenpfad zu finden ist oder diese Klasse nicht den Standardkonstruktor ohne Parameter enthält.

Es lässt sich also insgesamt für die Klasse **TournamentPlayer** eine zweite **Set**-Methode schreiben, die den eigentlichen Spieler setzt, aber im Gegensatz zur ersten Version nicht das Spielerobjekt übergeben bekommt, sondern über einen Klassennamen gesetzt wird:

```
─────────────── TournamentPlayer.java ───────────────
26  public void setPlayer(String playerClassName){
27    try{
28      player=(FourKI)Class.forName(playerClassName).newInstance();
```

```
29    }catch (Exception e){
30       e.printStackTrace();
31    }
32 }
```

Unter Verwendung dieser Methode lässt sich ein weiterer Konstruktor definieren:

```
───────────────── TournamentPlayer.java ─────────────────
33 public TournamentPlayer(String n,String d,String playerClass){
34    this.name=n;
35    this.description=d;
36    setPlayer(playerClass);
37 }
```

Objekte der Klasse `java.lang.Class` lassen sich nicht nur allein über einen String mit der statischen Methode `forName` erzeugen, sondern für jedes Objekt kann ein beschreibendes `Class`-Objekt mit der Methode `getClass()` aus der Klasse `Object` erhalten werden. Dieses wurde in diesem Buch bereits im ersten Teil verwendet, um schließlich an den Klassenlader einer Klasse zu gelangen, mit dem weitere Programmressourcen geladen wurden.

Jetzt kann diese Methode benutzt werden, um für eine bestimmtes Objekt ein neues Objekt der gleichen Klasse zu erzeugen. Es soll dazu genutzt werden, um den eigentlichen Spieler wieder zurückzusetzen:

```
───────────────── TournamentPlayer.java ─────────────────
38 void reset(){
39    try{
40       player=player.getClass().newInstance();
41    } catch (Exception e) {
42       e.printStackTrace();
43    }
44 }
```

Abschließend sei der Klasse noch eine einfache Version der Methode `toString` definiert:

```
───────────────── TournamentPlayer.java ─────────────────
45 @Override public String toString() {return name+" "+points;}
46 }
```

Abstrakte Klasse zum Lesen von Spielerinformation

Im Folgenden sollen für alle drei gängigen APIs zur Verarbeitung von XML-Dokumenten Klassen geschrieben werden, die ein XML-Spieler-Dokument einlesen und für dieses eine Liste von Spielerobjekten erzeugen. Es wird also drei sehr unterschiedliche Implementierungen ein und derselben Funktionalität geben. Der Benutzer des Programms soll die Möglichkeit haben, beim Start des Programms zu spezifizieren, welche dieser Implementierungen er benutzen möchte. Gibt er keine spezielle Implementierung an, soll eine Standardimplementierung gewählt werden.

Alle Implementierungen zum Lesen des XML-Dokuments sollen eine gemeinsame abstrakte Oberklasse haben. Hierzu schreiben wir die Klasse `TournamentReader`:

```
────────────────── TournamentReader.java ──────────────────
1  package name.panitz.ludens.strategy;
2  import java.util.List;
3  public abstract class TournamentReader{
```

Die gewünschte Funktionalität sei für eine XML-Datei deren Name als Parameter angegeben wird, aus dieser Datei die Liste der darin beschriebenen Spieler auszulesen. Dieser Vorgang kann aus vielen Gründen scheitern: Die angegebene Datei kann nicht existieren oder nicht lesbar sein oder das darin enthaltene XML-Dokument kein gültiges XML darstellen. Deshalb sei der Methode erlaubt Ausnahmen zu werfen:

```
────────────────── TournamentReader.java ──────────────────
4   public abstract List<TournamentPlayer> read(String fileName)
5                               throws Exception;
```

Der Benutzer soll jetzt nie eine Unterklasse von `TournamentReader` direkt mit einem `new`-Aufruf instanziieren, sondern sich einer statischen Methode bedienen, die ihm ein Objekt liefert, das eine Unterklasse von `TournamentReader` darstellt. Von welcher Klasse dieses Objekt ist, soll der Benutzer aber beim Start über die Kommandozeile durch Setzen einer Eigenschaft spezifizieren können. Eigenschaften (*properties*) sind in Java Schlüssel-Wert-Paare. Für einen String, der als Schlüssel benutzt wird, liefert die Eigenschaft einen String, der der Wert ist zurück. Der Schlüssel der Eigenschaft die spezifiziert, von welcher Klasse das Objekt des `TournamentReader` erzeugt wird, legen wir als Konstante bereit:

```
────────────────── TournamentReader.java ──────────────────
6   public static String TOURNAMENT_READER_CLASS
7     ="name.panitz.ludens.strategy.TournamentReader.class";
```

Eigenschaften können nicht gesetzt sein. Dann haben sie keinen Wert, sondern sind als `null` gesetzt. Für den Fall, dass die Eigenschaft `TOURNAMENT_READER_CLASS` nicht gesetzt wurde, wird ein Standardwert für diese angenommen. Auch dieser ist in einer Konstanten beschrieben. Er verweist auf die weiter unten entwickelte Klasse, die den `TournamentReader` mit dem DOM-API realisiert:

```
────────────────── TournamentReader.java ──────────────────
8   private static String DEFAULT_READER_CLASS
9     ="name.panitz.ludens.strategy.DOMTournamentReader";
```

Entscheidend ist nun, dass es eine statische Methode gibt, die ein Objekt erzeugt, das einen **TournamentReader** darstellt. Im Prinzip braucht man, egal wieviel XML-Dokumente verarbeitet werden sollen, nur genau ein solches Objekt. So kann, wenn einmal ein **TournamentReader**-Objekt erzeugt wurde, dieses immer wieder verwendet werden. Daher sei ein internes privates statisches Feld vorgesehen, das dieses Objekt speichert, sobald es einmal erzeugt wurde:

```
──────────── TournamentReader.java ────────────
10   private static TournamentReader instance;
```

Schließlich die eigentliche Methode, über die das **TournamentReader**-Objekt erhalten wird. Sollte das interne Feld noch mit **null** belegt sein, so ist ein entsprechendes Objekt zu erzeugen:

```
──────────── TournamentReader.java ────────────
11   static TournamentReader getInstance(){
12     if (instance==null){
```

Dazu wird mit der Methode **getProperty** der Klasse **System** gefragt, ob die Eigenschaft gesetzt ist. Falls dieses nicht der Fall ist, so wird der Standardwert für die entsprechende Eigenschaft gewählt:

```
──────────── TournamentReader.java ────────────
13       String readerClass
14         = System.getProperty(TOURNAMENT_READER_CLASS);
15       if (readerClass==null) readerClass=DEFAULT_READER_CLASS;
```

Mit diesem Klassennamen kann Javas Mechanismus zum Erzeugen von Objekten anhand des Klassennamens benutzt werden. Diesen haben wir weiter oben auch schon zum Erzeugen der Agenten benutzt. Falls dieses aus irgendeinem Grund scheitert, wird eine Instanz der Standardimplementierung für **TournamentReader** benutzt:

```
──────────── TournamentReader.java ────────────
16       try{
17         instance = (TournamentReader)
18               Class.forName(readerClass).newInstance();
19       }catch(Exception e){
20         e.printStackTrace(System.err);
21         instance = new DOMTournamentReader();
22       }
23     }
```

Ist das Feld **instance** gesetzt, so kann das darin enthaltene **TournamentReader** dem Aufrufer zurückgegeben werden:

```
──────────── TournamentReader.java ────────────
24     return instance;
25   }
26 }
```

DOM

Jetzt sollen unter Benutzung des DOM-Apis XML-Dateien, die die Teilnehmer eines *Vier Gewinnt* Turniers beschreiben, verarbeitet werden. Hierzu wird die Unterklasse `DOMTournamentReader` der Klasse `TournamentReader` geschrieben.

Das DOM Api ist in Java im Paket `org.w3c.dom` definiert. Ein Blick in die Dokumentation dieses Pakets zeigt, dass sich hier nur Schnittstellen befinden, aber keine Klassen, die diese Schnittstellen implementieren.

DOM-Knoten Da es sich bei DOM um ein API zur Darstellung von Baumstrukturen handelt, ist als zentrale Schnittstelle die Schnittstelle `Node` zur Beschreibung aller Arten von Baumknoten definiert. Diese allgemeine Knotenschnittstelle hat Unterschnittstellen, um bestimmte Arten von Knoten zu beschreiben. Die wichtigsten hierzu sind:

- `Element`, zur Beschreibung eines mit einem Tag markierten Elements im Dokument.

- `Text`, um auszudrücken, dass es sich jetzt nur noch um einen rein aus Text bestehenden Knoten handelt, der keine weiteren XML-Markierungen enthält.

Weitere Knotenarten sind `Attribute` zum Beschreiben der in diesem Buch ausgesparten Attribute und `Document` zur Beschreibung des kompletten Dokuments. Für unsere Zwecke reicht der Umgang mit Elementknoten und Textknoten.

DOM Parser Wie aber heißen nun die Klassen, die in Java das DOM-API implementieren? Über diese Klassen gibt es in der Dokumentation keine Information. Wie also kommt man an die Objekte, die einen DOM Baum darstellen?

Hierzu wird ein Parser benötigt, der ein XML-Dokument aus einer Ressource z.B. einer Datei einliest und für das darin enthaltene Dokument den DOM Baum aufbaut. Ein solcher Parser findet sich in Javas Standard-API im Paket `javax.xml.parsers` in Form der Klasse `DocumentBuilder`. Objekte der Klasse `DocumentBuilder` enthalten Methoden `parse`, die für XML-Ressourcen die entsprechende Baumstruktur aufbauen. Mit welchen Klassen diese Baumstruktur gebaut wird, ist dabei im API für den Benutzer nicht sichtbar. Es ist nur bekannt, dass es Objekte von Klassen sind, die die Schnittstellen des DOM-APIs implementieren.

Es kann wie folgt an den DOM-Baum für eine XML-Datei gelangt werden: Ein `DocumentBuilder`-Objekt ist zu erzeugen und auf diesem die Methode `parse` aufzurufen. Doch diese Klasse ist abstrakt. Damit kann auch von der Klasse `DocumentBuilder` kein Objekt durch Aufruf eines `new` erzeugt werden. Hier ist noch ein weiterer Umweg zu nehmen. Zum Erzeugen von Objekten, die Instanzen von Unterklassen der abstrakten Klasse `DocumentBuilder` sind, gibt es eine weitere Klasse. Diese Klasse wird als

Fabrik (*factory*) bezeichnet. Diese Fabrik stellt sozusagen `DocumentBuilder` Objekte her. Die Fabrikklasse heißt: `DocumentBuilderFactory`. In dieser Klasse gibt es eine Methode `newDocumentBuilder`, die ein `DocumentBuilder`-Objekt erzeugt, das dann endlich die Methode `parse` enthält, mit der der DOM-Baum für ein XML-Dokument aufgebaut werden kann. Doch noch nicht genug mit den Komplikationen: Auch die Klasse `DocumentBuilderFactory` ist abstrakt. Auch von dieser Klasse können nicht direkt Objekte erzeugt werden. Was ist zu tun? Wird jetzt eine weitere Fabrik benötigt, die Objekte der Klasse `DocumentBuilderFactory` erzeugt? Also entsprechend eine Klasse `DocumentBuilderFactoryFactory` und immer so weiter? Natürlich nicht. Die Klasse `DocumentBuilderFactory` hat eine statische Methode, mit der sich neue Objekte erzeugen lassen. Diese Methode heißt: `newInstance`.

Insgesamt lässt sich über die folgende Verkettung von Methodenaufrufen für eine XML-Datei der DOM-Baum aufbauen:

- Erzeuge mit der statischen Methode `newInstance` der Klasse `DocumentBuilderFactory` ein Objekt der Fabrik.

- Rufe auf dem Fabrikobjekt die Methode `newDocumentBuilder` zum Erzeugen eines `DocumentBuilder`-Objektes auf.

- Rufe auf diesem die Methode `parse` für eine XML-Datei auf.

- Schließlich erhält man ein Objekt, das die Schnittstelle `Document` des DOM-APIs implementiert. Um von diesem das oberste XML-Element zu erhalten, kann die Methode `getDocumentElement` aufgerufen werden.

Die Folge dieser Aufrufe können wir in eine kleine statische Methode kapseln, die für einen Dateinamen einer XML-Datei den XML-Baum im DOM-API liefert:

```
———————————— DOMTournamentReader.java ————————————
 1  package name.panitz.ludens.strategy;
 2  import org.w3c.dom.*;
 3  import javax.xml.parsers.*;
 4  import java.util.*;
 5
 6  public class DOMTournamentReader extends TournamentReader{
 7    static Element getDocumentElement(String fileName)
 8                                          throws Exception{
 9      return DocumentBuilderFactory
10            .newInstance()
11            .newDocumentBuilder()
12            .parse(new java.io.File(fileName))
13            .getDocumentElement();
14    }
```

Warum ist das alles so kompliziert, mag der Leser einwerfen. Warum kann ich nicht einfach `new DocumentBuilder().parse(fileName)` sagen? Hierzu vergegenwärtige man sich zunächst, dass das DOM-API gar nicht allein für die Programmiersprache Java definiert wurde, sondern allgemein für alle Programmiersprachen, die ein objektorientiertes Modell unterstützen. Deshalb gibt es keine implementierungstechnischen Hinweise innerhalb der Definition des DOM-APIs. Es besteht nur aus der Definition von Objektarten und deren Funktionalität. Eine solche abstrakte Beschreibung lässt sich in Java perfekt über Schnittstellen ausdrücken. Daher befinden sich (fast) nur Schnittstellen in dem Paket `org.w3c.dom`.

Die eigentlichen Klassen, die diese Schnittstellen implementieren, lässt das Java API offen. Dieses ist die eigentliche DOM-Implementierung, die benutzt wird. Diese Implementierung wird nicht nur offen gehalten, sondern auch variabel. Es soll möglich sein, die DOM-Implementierung auszutauschen gegen eine andere, vielleicht effizientere. Da ein DOM-Baum zumeist über einen Parser aus einem XML-Dokument erzeugt wird, obliegt es diesem Parser zu entscheiden, mit welcher Implementierung der DOM-Schnittstellen er den DOM-Baum erzeugt. Der Parser entscheidet, mit welchen Klassen er den Baum aufbaut. Soll eine andere Implementierung gewählt werden, ist ein anderes `DocumentBuilder`-Objekt zu benutzen. Solche Objekte werden von `DocumentBuilderFactory`-Objekten erzeugt und diese durch die statische Methode `newInstance`. Und hier kann dynamisch eingegriffen werden, von welcher Implementierung die Fabrik erzeugt wird. Dazu wird eine so genannte Property `javax.xml.parsers.DocumentBuilderFactory` während der Laufzeit berücksichtigt. In dieser kann der Name der Klasse, die zum Bauen von DOM-Bäumen benutzt werden soll, spezifiziert werden.

Der Vorteil ist, dass die benutzte Implementierung des DOM-APIs für ein fertig compiliertes Javaprogramm dynamisch beim Aufruf festgelegt werden kann.

Und genau das ist es ja auch, was wir für die Klasse `TournamentReader` vorgesehen haben. Auch wir haben die eigentliche Implementierung versteckt und austauschbar gemacht.

Die meisten Benutzer von Javaprogrammen interessiert diese Möglichkeit wenig. Sie spezifizieren die entsprechende Fabrikklasse nicht in einer Property, sondern benutzen die Standardimplementierung ihrer Javaumgebung. So wie wir es jetzt auch machen.

Verarbeitung des Turnierdokuments Nachdem wir nun wissen, wie an den DOM-Baum eines XML-Dokuments zu kommen ist, können wir uns der *Vier Gewinnt* Turnierdatei zuwenden. In dieser ist eine Liste von den am Turnier teilnehmenden Spielern beschrieben. Diese Information soll ausgelesen werden. Hierzu sei eine entsprechende Methode geschrieben, die als Ergebnis die Liste der `TournamentPlayer`-Objekte zurück gibt für die in dem Dokument beschriebenen Spieler:

```
───────────── DOMTournamentReader.java ─────────────
15    public List<TournamentPlayer> read(String fileName)
16                                    throws Exception{
```

```
17   List<TournamentPlayer>result=new LinkedList<TournamentPlayer>();
18   final Element el= getDocumentElement(fileName);
```

In der Variablen `el` ist nun der oberste Knoten des Dokuments gespeichert. In der Turnierdatei wird das ein Element mit dem Tagnamen `players` sein. Das entscheidende Wesen einer Baumstruktur ist, dass die Baumknoten Kinderknoten enthalten können. Knoten, die keine Kinderknoten mehr enthalten, bei denen der Baum also nicht weiter verästelt, heißen Blätter. Im DOM-API kann jedes `Node`-Objekt nach der Liste seiner Kinder mit Hilfe der Methode `getChildNodes` befragt werden. Zurückgegeben wird aber nicht, wie vielleicht zu erwarten gewesen wäre, ein Objekt der Javastandardklassen für Sammlungen als `List<Node>`, sondern ein Objekt, das die DOM-Schnittstelle `NodeList` implementiert. DOM definiert also seine eigene spezielle Listenklasse. Der Grund liegt wieder in der Natur, dass DOM nicht speziell für Java definiert wurde, sondern ein allgemeines Objektmodell darstellt. Damit verbietet es sich aber explizit auf Standardklassen von speziellen Programmiersprachen im DOM-API Bezug zu nehmen. Das ist insofern schade, da damit auch nicht die bequeme `for-each`-Schleife für die `NodeList` aus DOM zur Verfügung steht. Zum Iterieren über Objekte der Schnittstelle `NodeList` bietet diese zwei Methoden an: `length` zum Erfragen der Anzahl der Knotenelemente in der Liste, und `item`, um das Element in der Liste an einem bestimmten Index zu erhalten. Mit der Längeninformation und dem Indexzugriff lässt sich in herkömmlicher Weise über eine Sammlung iterieren:

```
———————— DOMTournamentReader.java ————————
19   for (int i=0;i<el.getChildNodes().getLength();i++){
20      final Node n=el.getChildNodes().item(i);
```

Die Kinder eines Baumknotens sind wieder Baumknoten. Da es verschiedene Arten von Baumknoten gibt, muss es eine Möglichkeit geben zu erfragen, welche Art von Baumknoten vorliegt. Ist es ein weiterer Elementknoten oder ein Textknoten? Für diese Art von Abfrage könnte man sich in Java des `instanceof`-Operators bedienen. Dieser ist aber wieder ein javaspezifisches Konstrukt, von dem nicht unbedingt anzunehmen ist, dass auch andere objektorientierte Programmiersprachen es in gleicher Weise besitzen. Somit sieht DOM eine eigene Implementierung zum Erfragen der Knotenart vor. In der Schnittstelle `Node` ist eine Methode `getNodeType` definiert. Diese gibt als Zahl codiert zurück, um was für eine Knotenart es sich bei dem Knoten handelt. Die codierten Zahlen sind als Konstanten in der Schnittstelle `Node` definiert. Folgende Abfrage prüft, ob es sich beim aktuellen Kinderknoten um einen Elementknoten handelt:

```
———————— DOMTournamentReader.java ————————
21   if (    n.getNodeType()==Node.ELEMENT_NODE
```

Jeder Knoten in DOM hat einen Namen und einen Wert. Je nach Knotenart ist definiert, was der Name und der Wert für einen Knoten bedeutet. Für Elementknoten ist als der Name der Tagname definiert. In unserem Fall können wir prüfen, ob der Elementknoten mit dem Tag player markiert ist:

```
———————————— DOMTournamentReader.java ————————————
22          && n.getNodeName().equals("player"))
```

Haben wir uns vergewissert, dass es sich bei dem Kind um einen Elementknoten mit dem Tag player handelt, können wir die weitere Information zu dem speziellen Spieler aus dem DOM-Baum auslesen und ein entsprechendes TournamentPlayer der Ergebnisliste hinzufügen:

```
———————————— DOMTournamentReader.java ————————————
23          result.add(fromXML(n));
24      }
25      return result;
26  }
```

Auf die gleiche Weise kann nun durch die Kinder des player-Knotens iteriert werden, und von diesen, je nachdem um was für Elemente es sich bei ihnen handelt, die gespeicherte Information aus dem Dokument ausgelesen werden:

```
———————————— DOMTournamentReader.java ————————————
27  static public TournamentPlayer fromXML(Node el)throws Exception{
28      String name=null;
29      String desc=null;
30      String pl=null;
31      for (int i=0;i<el.getChildNodes().getLength();i++){
32        Node n = el.getChildNodes().item(i);
33        if (n.getNodeName().equals("author")){
34          name=n.getFirstChild().getNodeValue();
35        }else if (n.getNodeName().equals("description")){
36          desc=n.getFirstChild().getNodeValue();
37        }else if (n.getNodeName().equals("class")){
38          pl=n.getFirstChild().getNodeValue();
39        }
40      }
41      return new TournamentPlayer(name,desc,pl);
42  }
43  }
```

Mit dieser ersten Implementierung der abstrakten Klasse TournamentReader kann die Turnierdatei eingelesen werden. Wichtig ist dabei, dass nicht direkt der Konstruktor der Klasse DOMTournamentReader aufgerufen wird, sondern die statische Methode getInstance der Klasse TournamentReader:

```
———————————— TestTournamentReader.java ————————————
44  package name.panitz.ludens.strategy;
45  public class TestTournamentReader{
```

```
46   public static void main(String [] args)throws Exception{
47     TournamentReader reader=TournamentReader.getInstance();
48     System.out.println(reader.read(args[0]));
49   }
50 }
```

```
sep@pc305-3:~/>java name.panitz.ludens.strategy.TestTournamentReader tournament.xml
[Manuel Kasten 0, Sven Eric Panitz 0, Thorsten Lehnhoff, André Theiss 0]
sep@pc305-3:~/>
```

Insgesamt mögen einige Konstrukte beim Verarbeiten von DOM-Bäumen etwas umständlich erscheinen. Dieses liegt hauptsächlich darin begründet, dass das DOM-API nicht speziell für Java entwickelt wurde, sondern möglichst allgemein in seiner Definition ist. Für bequemeres Arbeiten mit XML als Baumstruktur gibt es für Java eine Bibliothek Namens JDOM (http://www.jdom.org/). Dieses ist allerdings nicht Bestandteil des Java Standard-APIs.

Mit der zuletzt geschriebenen Methode liegt eine Möglichkeit vor, die Turnierinformation für das *Vier Gewinnt* Turnier aus dem XML-Dokument auszulesen. Die nächsten zwei Unterabschnitte zeigen, wie dasselbe mit den Bibliotheken SAX und StAX bewerkstelligt werden kann. Wen dieses nicht interessiert, der kann direkt zum Abschnitt 12.3 springen.

SAX

Für die Umsetzung des SAX-Apis in Java gilt in vielen Punkt das Gleiche wie beim DOM-Api: das API ist nicht speziell für Java sondern allgemein für eine objektorientierte Programmierung definiert. Im Paket `org.xml.sax` von Java sind fast nur Schnittstellen zu finden. Auch hier sind die Klassen, die diese Schnittstellen implementieren nicht explizit im API aufgeführt. Daher ist auch ein SAX-Parser nicht mit `new` zu instanziieren, sondern der Umweg über eine Fabrik zu gehen. Zum Bearbeiten eines XML-Dokuments ist über eine Fabrik ein `SAXParser` zu erzeugen. Dieser hat dann die Methode `parse`, welche das zu bearbeitende XML-Dokument übergeben bekommt. Der Parser liest dann das Dokument quasi einmal vor. Mit einen so genannten *Handler* kann spezifiziert werden, was beim Auftreten von bestimmten XML-Konstrukten während des Durcharbeiten des Dokuments zu unternehmen ist.

Folgende statische Methode erleichtert die Instantiierung und den Start eines SAX-Parsers:

```
────────────────────── SAX.java ──────────────────────
1 package name.panitz.ludens.strategy;
2 import org.xml.sax.helpers.DefaultHandler;
3 import javax.xml.parsers.*;
4 import org.xml.sax.*;
5 import java.io.File;
```

```
 6
 7  public class SAX{
 8    public static void parse(String file,DefaultHandler handler)
 9                                throws Exception{
10      SAXParserFactory.newInstance()
11                    .newSAXParser()
12                    .parse(new File(file),handler);
13    }
14  }
```

Es wird ein Handler, der auf die einzelnen Ereignisse beim Durchlaufen eines XML-Dokuments reagiert, benötigt. Hierzu ist die Schnittstelle `ContentHandler` aus SAX zu implementieren. Ähnlich wie es für die *Listener*-Schnittstellen zur Ereignisbehandlung in der GUI Programmierung Standardimplementierungen mit leeren Methodenrümpfen gibt, bietet SAX auch eine Standardimplementierung für Handler an. Am bequemsten ist es, für diesen `DefaultHandler` eine Unterklasse zu definieren:

```
                 ───── TournamentSAX.java ─────
 1  package name.panitz.ludens.strategy;
 2  import org.xml.sax.helpers.DefaultHandler;
 3  import java.util.*;
 4  import org.xml.sax.*;
 5
 6  public class TournamentSAX extends DefaultHandler{
```

Beim Durchlaufen des Dokuments sollen nacheinander die darin beschriebenen Spieler erzeugt werden. Diese seien in einer Liste gesammelt:

```
                 ───── TournamentSAX.java ─────
 7    List<TournamentPlayer> result=new LinkedList<TournamentPlayer>();
```

Des Weiteren seien Felder definiert, in denen die zuletzt gelesenen Texte des Dokuments vermerkt sind:

```
                 ───── TournamentSAX.java ─────
 8    String currentText;
 9    String name=null;
10    String desc=null;
11    String pl=null;
```

Wie schon im DOM-Beispiel interessieren uns nur Element- und Textknoten. Ein SAX-Parser erzeugt für Elementknoten zwei Ereignisse:

- eines, wenn das öffnende Tag des Elements gefunden ist.

- eines beim schließenden Tag des Elements.

Für beide Ereignisse ruft der Parser eine entsprechende Methode in seinem Handler auf. Die Methode beim öffnenden Tag heißt: `startElement`. Diese sei für unsere Zwecke so umgesetzt, dass das Feld `currentText` wieder mit einem Leerstring initialisiert wird:

```
──────────── TournamentSAX.java ────────────
12    @Override
13    public void startElement
14      (String uri,String localName,String qName,Attributes attrs)
15                                          throws SAXException {
16      currentText="";
17    }
```

Dabei brauchen die vier Parameter der Methode, die genaue Informationen über den Tagnamen geben, sowie die Attribute, die in diesem Tag zu finden sind, nicht berücksichtigt werden. Hingegen sind diese interessant beim Schließen eines Elements. Hierzu ist entsprechend die Methode `endElement` zu überschreiben. Dabei ist nun interessant den Namen des Elements zu betrachten:

```
──────────── TournamentSAX.java ────────────
18    @Override
19    public void endElement(String uri,String localN,String qName)
20                                          throws SAXException{
```

Handelt es sich um eines der drei Elemente, die eine Eigenschaft eines Spielers genauer beschreiben, so wird das entsprechende Feld mit dem zuletzt gelesenen Text initialisiert:

```
──────────── TournamentSAX.java ────────────
21      if (qName.equals("author")) name=currentText;
22      else if (qName.equals("description")) desc=currentText;
23      else if (qName.equals("class")) pl=currentText;
24
```

Handelt es sich um das Element mit Namen `player`, so wird ein neuer Spieler in die Liste der Turnierteilnehmer aufgenommen und die Felder wieder auf `null` gesetzt:

```
──────────── TournamentSAX.java ────────────
25      else if (qName.equals("player")){
26        result.add(new TournamentPlayer(name,desc,pl));
27        name=null;
28        desc=null;
29        pl=null;
30      }
31    }
```

Schließlich ist beim Auftreten eines reinen Textereignisses der vorgelesene Text in dem Feld `currentText` zwischenzuspeichern. Dieser Text wird als Parameter übergeben, allerdings nicht als ein String-Parameter, sondern als eine Reihung von Zeichen mit der Information, ab welchem Index dieser Reihung wie viele Zeichen zu dem Text gehören. Glücklicherweise verfügt die Klasse **String** über einen Konstruktor, dem man diese Information mitgeben kann:

```
                          ─── TournamentSAX.java ───
32   @Override
33   public void characters(char[] ch,int start,int length)
34                                           throws SAXException{
35     currentText=currentText+new String(ch,start,length);
36   }
37 }
```

Damit ist die gleiche Funktionalität, die zuvor mit DOM umgesetzt wurde, in SAX implementiert. Dabei zeigt sich eine vollkommen andere Sichtweise auf ein und dieselbe Datenstruktur. Es verbleibt noch die obige Handler-Klasse so zu kapseln, dass wir eine Unterklasse von **TournamentReader** erhalten, die zum Lesen des XML-Dokuments obige SAX-Implementierung benutzt. Hierzu ist der Handler einem SAX-Parser zu übergeben und anschließend die Ergebnisliste aus diesem auszulesen:

```
                      ─── SAXTournamentReader.java ───
1  package name.panitz.ludens.strategy;
2  import java.util.List;
3  import java.io.File;
4
5  public class SAXTournamentReader extends TournamentReader{
6    public List<TournamentPlayer> read(String fileName)
7                                           throws Exception{
8      TournamentSAX handler=new TournamentSAX();
9      SAX.parse(fileName,handler);
10     return handler.result;
11   }
12 }
```

Es kann jetzt die gleiche Testklasse benutzt werden, die bereits zum Testen der **DOMTournamentReader**-Klasse verwendet wurde. Wird auf der Kommandozeile beim Start des Javaprogramms mit der Option **-D** die Eigenschaft für die zu verwendende **TournamentReader**-Klasse auf die SAX-Implementierung gesetzt, so wird auch diese verwendet.

```
sep@pc305-3:~/> java -Dname.panitz.ludens.strategy.TournamentReader.class=\
name.panitz.ludens.strategy.SAXTournamentReader \
name/panitz/ludens/strategy/TestTournamentReader src/tournament.xml
[Manuel Kasten 0, Sven Eric Panitz 0, Thorsten Lehnhoff, André Theiss 0]
sep@pc305-3:~/>
```

Es ist also möglich, erst beim Aufruf des Programms zu spezifizieren, mit welcher Implementierung die Aufgabe gelöst werden soll.

Wir haben zwei sehr unterschiedliche Techniken gesehen, um ein und dieselbe Aufgabe zu lösen. Wann ist es besser DOM zu benutzen, wann ist SAX zu bevorzugen? Man vergegenwärtige sich, dass für das DOM-API einmal das gesamte Dokument in den Hauptspeicher geladen werden muss und die komplette Baumstruktur als Daten im Speicher zu halten ist. Für große Dokumente kann dies sehr viel Speicher beanspruchen. Wenn nur einmal durch das Dokument zu laufen ist, um bestimmte Information zu sammeln, ist SAX klar im Vorteil. SAX hat nur jeweils einen kurzen Ausschnitt des Dokuments im Speicher. Dafür bietet DOM Funktionalität an, die mit SAX nicht realisiert werden kann. Das Dokument kann beliebig durchlaufen werden, es kann wieder zu den Elternknoten oder Geschwisterknoten zurückgelaufen werden, der Baum kann transformiert und verändert werden. Dieses kann SAX so nicht anbieten. Allerdings wird ein Dokument am häufigsten nur einmal von Anfang bis Ende durchgearbeitet. Dann ist SAX auf jeden Fall effizienter als DOM.

XML Ströme

Der Vollständigkeit halber sei zu guter Letzt die gleiche Funktionalität auch noch mit dem StAX-API umgesetzt. Das entsprechende API ist im Paket `javax.xml.stream` definiert. Ein Strom ist hier in gleicher Weise zu verstehen, wie die Iteratoren aus dem Standard-API. Die Schnittstelle `XMLEventReader`, die wir benutzen werden, um ein XML-Dokument zu durchlaufen, implementiert sogar die Schnittstelle `Iterator`. Allerdings ohne die Generizität zu berücksichtigen. Wie bei DOM und SAX wird auch ein `XMLEventReader` über eine Fabrik instanziiert:

```
————————— StAXTournamentReader.java —————————
1  package name.panitz.ludens.strategy;
2  import javax.xml.stream.*;
3  import javax.xml.stream.events.*;
4  import java.io.*;
5  import java.util.*;
6
7  class StAXTournamentReader extends TournamentReader{
8    public static XMLEventReader createEventReader(String fileName)
9                                               throws Exception{
10     return
11       XMLInputFactory
12       .newInstance()
13       .createXMLEventReader
14          (new FileInputStream(fileName),"utf8");
15   }
```

Ein so erzeugtes Objekt kann jetzt nach Bedarf durch iteriert werden. Es sollen wieder die gleichen Informationen gesammelt werden wie in den Beispielen zuvor. Entsprechende lokale Variablen sind vorgesehen:

```
──────────── StAXTournamentReader.java ────────────
16   public List<TournamentPlayer> read(String fileName)
17                                      throws Exception{
18     XMLEventReader reader = createEventReader(fileName);
19     String currentText=null;
20     String name=null;
21     String desc=null;
22     String pl=null;
23     List<TournamentPlayer> result
24       = new LinkedList<TournamentPlayer>();
```

Solange der **reader** noch weitere Elemente zum Iterieren hat, lassen wir uns das nächste XML-Ereignis geben:

```
──────────── StAXTournamentReader.java ────────────
25     while (reader.hasNext()){
26       XMLEvent n = reader.nextEvent();
```

Ähnlich wie die Schnittstelle **Node** in DOM unterschiedliche Unterschnittstellen hat, die genauer spezifizieren, um was für einen Knoten es sich handelt, so hat die Schnittstelle **XMLEvent** weitere Unterschnittstellen, die die genauere Natur des XML-Ereignisses ausdrücken. Hier gibt es insbesondere die Ereignisse eines öffnenden und eines schließenden Tags. Diese werden durch die Schnittstellen **StartElement** bzw. **EndElement** dargestellt. Im StAX-API gibt es für Ereignisse Methoden, die angeben, ob es sich um ein bestimmtes Ereignis handelt: So lässt sich ein Ereignis fragen, ob es ein öffnendes Tag ist mit der Methode **isStartElement**. Hat man sich mit dieser Methode davon überzeugt, dass es sich um ein **StartElement**-Ereignis handelt, so kann das Ereignis mit der Methode **asStartElement** als ein solches weiter betrachtet werden. Diese Funktionalität ließe sich ebenso wieder mit dem **instanceof**-Operator aus Java und einer anschließenden Typzusicherung ausdrücken. Die Verwendung von **isStartElement** und **asStartElement** ist lediglich minimal lesbarer.

Die Implementierung sei logisch im Aufbau gleich zu der zuvor umgesetzten SAX-Lösung: Wenn das nächste Startelement gefunden wurde, so wird wie in der SAX-Version der aktuelle Text wieder frisch auf einen Leerstring gesetzt. Wird Text in Form des Ereignisses **Characters** gefunden, so wird dessen Text dem Feld **currentText** hinzugefügt. Beim schließenden Tag wird nach den Namen des Tags geschaut und entsprechend ein Feld gesetzt oder ein neuer Spieler in die Ergebnisliste eingefügt:

```
──────────── StAXTournamentReader.java ────────────
27       if (n.isStartElement()){
28         currentText="";
29       }else if ( n.isCharacters()){
30         currentText=currentText+n.asCharacters().getData();
```

```
31        }else if ( n.isEndElement()){
32          final EndElement ee = n.asEndElement();
33          final String en = ee.getName().getLocalPart();
34          if(en.equals("author")) name=currentText;
35          else if(en.equals("description")) desc=currentText;
36          else if(en.equals("class")) pl=currentText;
37          else if (en.equals("player")){
38            result.add(new TournamentPlayer(name,desc,pl));
39            name=null;
40            desc=null;
41            pl=null;
42          }
43        }
44      }
45      return result;
46    }
47 }
```

Und auch für diese dritte Implementierung ein und derselben Funktionalität kann dieselbe Testklasse verwendet werden. Nun wird in der Kommandozeile die entsprechende Eigenschaft auf die Klasse **StAXTournamentReader** gesetzt.

```
sep@pc305-3:~/> java -Dname.panitz.ludens.strategy.TournamentReader.class=\
name.panitz.ludens.strategy.StAXTournamentReader \
name/panitz/ludens/strategy/TestTournamentReader src/tournament.xml
[Manuel Kasten 0, Sven Eric Panitz 0, Thorsten Lehnhoff, André Theiss 0]
sep@pc305-3:~/>
```

12.3 Turniere spielen

Sogar auf dreierlei verschiedene Art und Weise kann die Datei, die die Spieler eines Turniers spezifizieren, eingelesen werden. Lassen wir diese Spieler nun auch gegeneinander spielen:

```
─────────────────────── Tournament.java ───────────
1 package name.panitz.ludens.strategy;
2 import java.util.*;
3 import javax.swing.JFrame;
4 import name.panitz.ki.FourKI;
5
6 public class Tournament {
```

Ein Spiel kann drei verschiedene Spielausgänge haben: Die Heimmannschaft gewinnt, die Gastmannschaft gewinnt, oder es kommt zu einem Unentschieden. Um eine endliche Anzahl von Werten darzustellen, bietet Java das Konzept einer Aufzählung an.

Zur Darstellung der drei verschiedene Spielausgänge definieren wir uns eine entsprechende Aufzählung. Syntaktisch beginnt die Definition eines Aufzählungstypen mit dem Schlüsselwort **enum**. Dem Typnamen folgen in geschweiften Klammern die Werte der Aufzählung:

```
──────────────────── Tournament.java ────────────────────
7   static enum Result {Home,Guest,Draw}
```

Ein Turnier hat eine Teilnehmerliste von Spielern, die über XML-Dokument spezifiziert werden kann:

```
──────────────────── Tournament.java ────────────────────
8
9    private List<TournamentPlayer> ps
10       = new LinkedList<TournamentPlayer>();
11   public List<TournamentPlayer> getPs(){return ps;}
12   public void setPs(List<TournamentPlayer> ps){this.ps=ps;}
13
14   void readPlayer(String fileName) throws Exception{
15      ps=TournamentReader.getInstance().read(fileName);
16   }
```

Spezifizieren wir nun, wie ein Spiel zwischen zwei Spielern abläuft. Das Ergebnis eines Spiels ist einer der drei obigen Werte der Aufzählung:

```
──────────────────── Tournament.java ────────────────────
17   JFrame f = new JFrame();
18   Result play(TournamentPlayer home,TournamentPlayer guest){
```

Damit wir während des Spiels auch etwas Spaß an dem Spiel haben, sei für das Spiel ein Fenster geöffnet. Zu Beginn des Spiels werden beide Spieler zurückgesetzt auf ihren Startzustand. Ein Spielfeld wird erzeugt, auf dem das Spiel abläuft:

```
──────────────────── Tournament.java ────────────────────
19      home.reset();
20      guest.reset();
21      Vier game = new Vier();
22      f.setVisible(true);
```

Das Spiel läuft so lange, bis es aus irgendeinem Grunde zu Ende ist:

```
──────────────────── Tournament.java ────────────────────
23      while (!game.ended()){
```

Vor jedem Zug wird das Spielbrett in dem Fenster als Fensterinhalt sichtbar gemacht:

```
──────────────────── Tournament.java ────────────────────
24      f.add(new RegularBoard<Byte>(game));
25      f.pack();
```

Zunächst wird die Heimmannschaft nach ihren nächsten Zug gefragt. Dieser Zug wird dann auf dem offiziellen Spielbrett **game** ausgeführt. Außerdem wird er der Gastmannschaft mitgeteilt:

```
──────────────── Tournament.java ────────────────
26        int n=home.getPlayer().nextMove();
27        game=game.doMove((byte)n);
28        guest.getPlayer().nextMove(n);
```

Wenn mit diesem Zug ein Sieg erzielt wurde, hat die Heimmannschaft gewonnen. Ist kein weiterer Zug nach diesem Zug mehr möglich, so endet das Spiel unentschieden:

```
──────────────── Tournament.java ────────────────
29        if (game.wins()) return Result.Home;
30        if (game.noMoreMove()) return Result.Draw;
```

Nun ist die Gastmannschaft am Zug. Jetzt wird diese nach ihrer Zugentscheidung gefragt. Auch nach diesem Zug ist zu testen, ob das Spiel beendet ist und wie der Ausgang des Spiels war:

```
──────────────── Tournament.java ────────────────
31        n=guest.getPlayer().nextMove();
32        game=game.doMove((byte)n);
33        f.add(new RegularBoard<Byte>(game));
34        f.pack();
35        home.getPlayer().nextMove(n);
36        if (game.wins()) return Result.Guest;
37        if (game.noMoreMove()) return Result.Draw;
38      }
39    return Result.Draw;
40  }
```

Mit obiger Methode ist es möglich, ein Spiel zwischen zwei Spielern auszutragen. In einem Turnier spielt jeder Spieler gegen jeden genau zweimal. Einmal darf der eine einmal der andere als Startspieler anfangen. Mit einer doppelten Schleife können die Paarungen erhalten werden. Es muss natürlich vermieden werden, dass ein Spieler gegen sich selbst spielt:

```
──────────────── Tournament.java ────────────────
41  void play(){
42    for (TournamentPlayer p1:ps) {
43      for (TournamentPlayer p2:ps) {
44        if (p1!=p2) {
45          System.out.println(p1+" gegen "+p2);
```

Lassen wir die jeweiligen zwei Spieler gegeneinander spielen und verteilen entsprechend des Spielausgangs die Punkte:

```
 ─────────────────── Tournament.java ───────────────
46         Result result=play(p1,p2);
47         if (result==Result.Draw){
48            p1.setPoints(p1.getPoints()+1);
49            p2.setPoints(p2.getPoints()+1);
50         }else if(result==Result.Home)
51            p1.setPoints(p1.getPoints()+3);
52         else p2.setPoints(p2.getPoints()+3);
53         System.out.println(ps);
54       }
55     }
56   }
```

Das Turnier ist beendet. Jeder hat gegen jeden Spieler zwei Partien gespielt und Punkte gesammelt. Wer hat gewonnen? Natürlich der Spieler mit den meisten Punkten. Also sortieren wir doch einmal die Liste der Spieler nach der Anzahl ihrer Punkte. Für die Sortierung der Elemente einer Sammlung gibt es die statische Methode `Collections.sort`. Diese bekommt als erstes Argument das zu sortierende Sammlungsobjekt, als zweites Argument ein Objekt, das die Schnittstelle `Comparator` implementiert. Es wird benutzt, um zu entscheiden, wann ein Objekt größer als ein zweites Objekt ist. Hierzu ist die Methode `compare` zu implementieren. Diese vergleicht zwei Objekte. Bei einem negativen Ergebnis ist das erste Argument das kleinere, bei einem positiven Ergebnis das zweite Argument und bei Null als Ergebnis sind die beiden Objekte als gleich groß definiert. Die Schnittstelle `Comparator` ist generisch über den Typ, den die Objekte haben, die miteinander verglichen werden. So wird verhindert, dass praktisch Äpfel mit Birnen verglichen werden. In unserem Beispiel sollen zwei Spieler miteinander verglichen werden. Deshalb wird eine Instanz von `Comparator<TournamentPlayer>` erzeugt. Das Objekt wird über eine anonyme Klasse erzeugt. Der Spieler mit mehr Punkten ist der größere:

```
 ─────────────────── Tournament.java ───────────────
57   Collections.sort(ps, new Comparator<TournamentPlayer>(){
58      public int compare(TournamentPlayer o1,TournamentPlayer o2){
59         return o2.getPoints()-o1.getPoints();
60      }
61   });
62   }
```

Starten wir nun das Turnier: Ein Turnierobjekt wird erzeugt, die Spielerdatei eingelesen, das Turnier gestartet und schließlich die Ergebnisse ausgedruckt:

```
 ─────────────────── Tournament.java ───────────────
63   static public void main(String[] args) throws Exception{
64      Tournament tor = new Tournament();
65      tor.readPlayer("tournament.xml");
66      System.out.println(tor.getPs());
```

```
67      tor.play();
68      System.out.println(tor.getPs());
69    }
70 }
```

Zum Abschluss dieses Abschnitts sei nicht das Ergebnis des Turniers der drei Spielagenten verschwiegen:

```
sep@pc305-3:~/src> java -cp../classes/:/home/sep/verwaltung/abgaben/vier/kasten\
/connect4\.mkast001.jar:/home/sep/verwaltung/abgaben/vier\/lehnhoff/win4_athei00\
2_tlehn001.jar name/panitz/ludens/strategy/Tournament
[Manuel Kasten 0, Sven Eric Panitz 0, Thorsten Lehnhoff, André Theiss 0]
Manuel Kasten 0 gegen Sven Eric Panitz 0
[Manuel Kasten 3, Sven Eric Panitz 0, Thorsten Lehnhoff, André Theiss 0]
Manuel Kasten 3 gegen Thorsten Lehnhoff, André Theiss 0
[Manuel Kasten 6, Sven Eric Panitz 0, Thorsten Lehnhoff, André Theiss 0]
Sven Eric Panitz 0 gegen Manuel Kasten 6
[Manuel Kasten 9, Sven Eric Panitz 0, Thorsten Lehnhoff, André Theiss 0]
Sven Eric Panitz 0 gegen Thorsten Lehnhoff, André Theiss 0
[Manuel Kasten 9, Sven Eric Panitz 0, Thorsten Lehnhoff, André Theiss 3]
Thorsten Lehnhoff, André Theiss 3 gegen Manuel Kasten 9
[Manuel Kasten 12, Sven Eric Panitz 0, Thorsten Lehnhoff, André Theiss 3]
Thorsten Lehnhoff, André Theiss 3 gegen Sven Eric Panitz 0
[Manuel Kasten 12, Sven Eric Panitz 3, Thorsten Lehnhoff, André Theiss 3]
[Manuel Kasten 12, Sven Eric Panitz 3, Thorsten Lehnhoff, André Theiss 3]
sep@pc305-3:~/fh/ludens/student/src>
```

Es lässt sich nicht verleugnen, dass die Agenten der studentischen Arbeiten besser
abschneiden als der in diesem Buch entwickelte Agent.

Aufgabe 37 Versuchen Sie den den KI-Agenten für das Spiel *Vier Gewinnt* aus
diesem Buch zu verbessern und lassen Sie Ihre verbesserte Version gegen die Ur-
sprungsversion im Turnier antreten.

Hierzu können Sie versuchen die Methode `evalState` zu verändern. Sie können
z.B. die einzelnen Feldposition als unterschiedlich wichtig gewichten und bei der Eva-
luierung berücksichtigen, ob man wertvollere oder weniger wertvolle Feldpositionen
mit seinen Steinen belegt hat.

12.4   Objekte als XML-Dokument

Wir haben im letzten Abschnitt ein handgeschriebenes XML-Dokument gelesen und
für die darin beschriebenen Daten Objekte erzeugt. Manchmal möchte man gerne
ein Objekt als XML-Dokument darstellen lassen, um es später aus diesem Dokument

wieder auszulesen. Programmiert man dieses von Hand, so ist sehr viel langweiliger Standardcode zu erstellen.[3] Java bietet eine Möglichkeit an, dass dieses weitgehend automatisch passiert. Hierzu gibt es aber eine Einschränkung: Es funktioniert nur für Objekte, die einen Standardkonstruktor haben und deren Felder alle über Get- und Set-Methoden gekapselt sind. Solche Klassen werden als *Bean* bezeichnet. Die Klassen `TournamentPlayer` und `Tournament` des letzten Abschnitts genügen diesen Anforderungen. Im Paket `java.beans` befindet sich eine höchst praktische Klasse `XMLEncoder`. Diese hat eine Methode `writeObject`, die das Objekt als XML-Dokument schreibt. In das Ausgabestromobjekt, das dem `XMLEncoder` als Argument im Konstruktor übergeben wurde, wird dieses Dokument geschrieben.

Schreiben wir einmal ein Turnierobjekt mit Hilfe des `XMLEncoders` in eine XML-Datei:

```
———————————————————— TournamentEncoder.java ————————————————————
71  package name.panitz.ludens.strategy;
72  import java.beans.*;
73  import java.io.*;
74  public class TournamentEncoder{
75    static public void main(String[] args) throws Exception{
76      Tournament tor = new Tournament();
77      tor.readPlayer(args[0]);
78      XMLEncoder e=new XMLEncoder(new FileOutputStream(args[1]));
79      e.writeObject(tor);
80      e.close();
81    }
82  }
```

Die von Java erzeugte XML-Datei hat folgenden Inhalt:

```
———————————————————————————— tor.xml ————————————————————————————
1   <?xml version="1.0" encoding="UTF-8"?>
2   <java version="1.6.0_02" class="java.beans.XMLDecoder">
3    <object class="name.panitz.ludens.strategy.Tournament">
4     <void property="ps">
5      <void method="add">
6       <object class="name.panitz.ludens.strategy.TournamentPlayer">
7        <void property="description">
8         <string>optimized agent using
9         alpha-beta search</string>
10       </void>
11       <void property="name">
12        <string>Manuel Kasten</string>
13       </void>
14       <void property="player">
15        <object class="de.fhwiesbaden.mkast001.ki.connect4.Ki"/>
16       </void>
17       <void property="points">
18        <int>0</int>
```

---

[3]Im Englischen wird bei solchem Standardcode auch von *boiler plate code* gesprochen. Der Ausdruck geht auf das Druckwesen zurück. Dort wurden Standardfloskeln als *boiler plates* bezeichnet.

```
19      </void>
20      </object>
21     </void>
22     <void method="add">
23      <object class="name.panitz.ludens.strategy.TournamentPlayer">
24       <void property="description">
25        <string>agent using alpha-beta search</string>
26       </void>
27       <void property="name">
28        <string>Sven Eric Panitz</string>
29       </void>
30       <void property="player">
31        <object class="name.panitz.ludens.strategy.ConnectFourPlayer"/>
32       </void>
33       <void property="points">
34        <int>0</int>
35       </void>
36      </object>
37     </void>
38     <void method="add">
39      <object class="name.panitz.ludens.strategy.TournamentPlayer">
40       <void property="description">
41        <string>agent using alpha-beta search</string>
42       </void>
43       <void property="name">
44        <string>Thorsten Lehnhoff, André Theiss</string>
45       </void>
46       <void property="player">
47        <object class="de.fhwiesbaden.athei002tlehn001.win4.Adapter"/>
48       </void>
49       <void property="points">
50        <int>0</int>
51       </void>
52      </object>
53     </void>
54    </void>
55   </object>
56  </java>
```

Wie man sieht enthält sie sehr genaue Angaben über das Turnierobjekt. Alle drei Spieler sind darin beschrieben. Wie man auch sieht, wird zur Beschreibung der Objekte nicht nur mit Elementen sondern auch den Attributen aus XML gearbeitet. Es lässt sich des Weiteren erkennen, dass nicht nur Informationen zum Objekt sondern auch über die Javaversion, mit der diese Datei erzeugt wurde, in der Datei codiert sind.

Das obige Dokument lässt sich wieder automatisch einlesen und dabei das ursprüngliche Objekt erzeugen. Hierzu gibt es die zum XMLEncoder duale Klasse XMLDecoder, welche die Methode readObject anbietet, mit der ein Objekt wieder aus einem XML-Dokument gelesen werden kann. So kann die eben geschriebene Datei wieder in das Turnierobjekt umgewandelt werden, so dass das Turnier dann gespielt werden kann:

```
                    _____ TournamentDecoder.java _____
57  package name.panitz.ludens.strategy;
58  import java.beans.*;
59  import java.io.*;
60  public class TournamentDecoder{
61    static public void main(String[] args) throws Exception{
62      XMLDecoder e=new XMLDecoder(new FileInputStream(args[0]));
63      Tournament tor = (Tournament)e.readObject();
64      e.close();
65      System.out.println(tor.getPs());
66      tor.play();
67      System.out.println(tor.getPs());
68    }
69  }
```

Aufgabe 38 Überlegen Sie, ob Sie in Ihren Spiel im zweidimensionalen Raum den Spielzustand als Bean-Klasse schreiben können. Wenn dieses der Fall ist, lässt sich auf einfache Weise das Spiel unterbrechen und als XML-Datei abspeichern, um es zu einem späteren Zeitpunkt neu zu laden und weiterzuspielen.

12.5 In diesem Kapitel eingeführte Javaeigenschaften

Dieses Kapitel hat zu guter Letzt noch einmal eine ganze Reihe von Techniken und Konzepten der Javaprogrammierung eingeführt. Die Verarbeitung von XML mit den drei sehr unterschiedlichen Standardbibliotheken DOM, SAX und StAX sowie die automatische Codierung und Decodierung von Objekten als XML-Dokumente. Hierzu müssen die Objekte so genannte *Beans* sein, d.h. jedes Feld muss über Get- und Set-Methoden gekapselt sein und der Standardkonstruktor ohne Parameter muss in der Klasse enthalten sein.

Die Möglichkeit über das `Class`-Objekt Objekte nur über den als einen String bekannten Klassennamen zu erzeugen, wurde gezeigt; des Weiteren, wie Eigenschaften als *Properties* gesetzt und im Programm genutzt werden können.

Fabrikmethoden, ein gängiges Entwurfsmuster, bei dem neue Objekte über eine statische Methode erzeugt werden, ist am Beispiel der XML-Bibliotheken vorgeführt worden.

Aufzählungstypen als `enum`-Deklaration sind eingeführt worden.

Aus dem Standard-Api wurde noch die generische Schnittstelle `Comparable` zum Spezifizieren der Sortiereigenschaft bei der Sortierung von Sammlungsobjekten vorgestellt.

Rück- und Ausblick

Das Spiel ist aus, und Cäsar kehrt zurück.
William Shakespeare, Julius Caesar

Zehn gegen eins, dass unser Spiel nicht allen
behaglich war.
William Shakespeare, König Heinrich der Achte

Und hat Euch alles gut gefallen
so dürft Ihr jetzt da capo lallen.
Sven Eric Panitz, Haudegen

In diesem Buch wurde ein spielerischer Einstieg der objektorientierten Programmierung mit Java gegeben. Das Buch hat unterschiedlichste Techniken der Programmierung eingeführt. Der Leser sollte damit jetzt in der Lage sein, eigene Schritte in der Programmierung zu machen und interessante Programme zu entwickeln. Softwareentwicklung besteht allerdings nur zu einem kleinen Teil aus dem Beherrschen programmiersprachlicher Konzepte. Softwareprojekte werden in der Regel im Team für einen Kunden unter sehr genauen inhaltlichen und zeitlichen Vorgaben durchgeführt. Hierzu sind definierte Prozesse bei der Durchführung eines Projektes einzuhalten. Der Programmierer ist dabei nicht nur der Künstler, der seine Kreativität bei der Lösung von Aufgaben mit programmiersprachlichen Mitteln auslebt, sondern ein Ingenieur, der nach festen Modellen zu einer Lösung kommt. Hierzu gibt es den Zweig des Software-Engineering in der Informatik. Diese definiert Prozesse und Modellierungstechniken zur Durchführung von Softwareprojekten. Fragen der Qualitätssicherung, des Testens sowie der Internationalisierung von Anwendungen werden im Software-Engineering behandelt. Dabei hat sich UML (*unified modelling language*) als Sprache durchgesetzt. Eine umfassende Einführung in alle Bereiche des Software-Engineering gibt das aktuelle Buch meines Kollegen Stephan Kleuker[Kle08].

Obwohl es sich bei allen Beispielen, mit denen Konzepte der Programmierung eingeführt wurden, um Spiele gehandelt hat, ist dieses Buch nicht als Buch zur Spieleprogrammierung im großen Stil konzipiert. Die Grundtechniken hierzu wurden jedoch gelegt. Wer sich mit den frisch erworbenen Programmierkenntnissen tiefer in die Programmierung von Spielen einarbeiten will, dem sei das Buch *Killer Game Programming in Java* von Andrew Davison[Dav05] empfohlen.

Abbildungsverzeichnis

Literaturverzeichnis

[Dav05] Andrew Davison. *Killer Game Programming in Java*. O'Reilly Media, Inc., 2005.

[Kle08] Stephan Kleuker. *Grundkurs Software-Engineering mit UML*. Vieweg+Teubner Verlag, Wiesbaden, 2008.

[Ode07] Martin Odersky. Scala By Example. `http://www.scala-lang.org/docu/files/ScalaByExample.pdf`, 2007.

[T. 04] T. Bray, and al. XML 1.1. W3C Recommendation `www.w3.org/TR/xml11`, February 2004.

[Wir71] N. Wirth. The programming language pascal. *Acta Informatica*, 1:35–63, 1971.

Klassenverzeichnis

T

U

V

W

Sachwortverzeichnis

Programmiersprachen

Dietmar Abts

Masterkurs Client/Server-Programmierung mit Java

Anwendungen entwickeln mit Standard-Technologien: JDBC, UDP, TCP, HTTP,
XML-RPC, RMI, JMS und JAX-WS

3., erw. Aufl. 2010. X, 377 S. mit 81 Abb. und Online-Service.

Br. EUR 34,95   ISBN 978-3-8348-1324-4

Sabine Kämper

Grundkurs Programmieren mit Visual Basic

Die Grundlagen der Programmierung - Einfach, verständlich und mit leicht
nachvollziehbaren Beispielen

3., akt. Aufl. 2009. XII, 188 S. mit 62 Abb. und und Online-Service.

Br. EUR 19,90   ISBN 978-3-8348-0690-1

Wolf-Gert Matthäus

Grundkurs Programmieren mit Delphi

Systematisch programmieren lernen mit Turbo Delphi 2006, Delphi 7
und vielen anderen Delphi-Versionen

3., neu bearb. Aufl. 2010. XVI, 346 S. mit 303 Abb. und und Online-Service.

Br. EUR 29,90   ISBN 978-3-8348-0892-9

Klaus-Georg Deck / Herbert Neuendorf

Java-Grundkurs für Wirtschaftsinformatiker

Die Grundlagen verstehen - Objektorientierte Programmierung - Fortge-
schrittene Konzepte kennenlernen - Betriebswirtschaftlich orientierte Beispiele

2., akt. und verb. Aufl. 2010. XII, 456 S. mit 90 Abb. und und Online-Service.

Br. EUR 31,95   ISBN 978-3-8348-1222-3

**VIEWEG+
TEUBNER**

Abraham-Lincoln-Straße 46
65189 Wiesbaden
Fax 0611.7878-400
www.viewegteubner.de

Stand Juli 2010.
Änderungen vorbehalten.
Erhältlich im Buchhandel oder im Verlag.

Grundlagen verstehen und umsetzen

Wolfgang Ertel
Grundkurs Künstliche Intelligenz
Eine praxisorientierte Einführung
2., überarb. Aufl. 2009. XII, 342 S. mit 127 Abb. und Online-Service.
Br. EUR 22,90   ISBN 978-3-8348-0783-0

Thomas A. Runkler
Data Mining
Methoden und Algorithmen intelligenter Datenanalyse
2010. VIII, 165 S. mit 72 Abb. und 7 Tab. Br. EUR 24,90
                                                ISBN 978-3-8348-0858-5

Stephan Thesmann
Einführung in das Design multimedialer Webanwendungen
2010. VIII, 541 S. mit 304 Abb. und 29 Tab. Br. EUR 39,95
                                                ISBN 978-3-8348-0967-4

Frank Klawonn
Grundkurs Computergrafik mit Java
Die Grundlagen verstehen und einfach umsetzen mit Java 3D
3., erw. Aufl. 2010. XII, 307 S. mit 139 Abb., 6 Tab. und Online-Service.
Br. EUR 24,95   ISBN 978-3-8348-1223-0

VIEWEG+
TEUBNER

Abraham-Lincoln-Straße 46
65189 Wiesbaden
Fax 0611.7878-400
www.viewegteubner.de

Stand Juli 2010.
Änderungen vorbehalten.
Erhältlich im Buchhandel oder im Verlag.